Nachhaltiges Personalmanagement in der Zahnarztpraxis

Julia-Katharina Jonen

Nachhaltiges Personalmanagement in der Zahnarztpraxis

Springer Gabler

Julia-Katharina Jonen
Potsdam, Deutschland

ISBN 978-3-658-47558-1 ISBN 978-3-658-47559-8 (eBook)
https://doi.org/10.1007/978-3-658-47559-8

Die Deutsche Nationalbibliothek verzeichnet diese Publikation in der Deutschen Nationalbibliografie; detaillierte bibliografische Daten sind im Internet über https://portal.dnb.de abrufbar.

Springer Gabler ist ein Imprint der eingetragenen Gesellschaft Springer Fachmedien Wiesbaden GmbH und ist ein Teil von Springer Nature.
Die Anschrift der Gesellschaft ist: Abraham-Lincoln-Str. 46, 65189 Wiesbaden, Germany

Vorwort

Herzlich Willkommen in der Welt des Human Ressource Managements (HRM).

Die Welt des Personalmanagements ist seit Jahren meine Leidenschaft und in Kombination mit der Zahnmedizin aus meinem beruflichen Alltag nicht mehr wegzudenken.

Sie können dieses Buch als Standard für Ihr HRM nutzen. Quasi als eine All-in-one-Lösung, damit Sie sich Ihre eigene Personalabteilung aufbauen können.

„Nachhaltiges Personalmanagement in der Zahnarztpraxis" bietet Ihnen Grundlagen zu allen Bereichen des HRM, die Sie sowohl der Reihe nach durcharbeiten als auch gezielt nachschlagen können. Ich habe mich hierbei bemüht, Fachbegriffe dort zu verwenden, wo es nötig ist, die Inhalte aber bewusst so einfach wie möglich gestaltet – Sie wollen ja kein hauptamtlicher Personaler werden. Dieses Buch ist also ohne jedes Vorwissen aus Human Ressources zu verwenden und kommt in vielen Bereichen schnell und präzise auf den Punkt.

Sie bekommen viele Praxistipps, Beispiele, Handlungsempfehlungen und Dokumente mitgeliefert, damit Sie sofort in der Praxis loslegen können. Wenden Sie die Inhalte strategisch an, werden Sie dazu aufgefordert sich mit vielen Themen bis in die Tiefe zu beschäftigen, was einiges an Selbstlernzeit erfordert.

Ich wünsche Ihnen viel Spaß beim Lesen und erfolgreiches Durchhalten bei der ein oder anderen Strategieentwicklung — In diesem Buch wird zur besseren Lesbarkeit überwiegend die männliche Form verwendet. Wenn zum Beispiel von „Mitarbeitern", „Leitern" oder „Zahnärzten" die Rede ist, sind selbstverständlich alle Geschlechter gleichermaßen gemeint. Diese Entscheidung dient ausschließlich der sprachlichen Vereinfachung und stellt keinerlei Wertung dar.

Potsdam, Deutschland
September 2024

Julia-Katharina Jonen

Inhaltsverzeichnis

Über die Autorin

Julia-Katharina Jonen, LL.M. (geb. 1985) studierte nach ihrer Ausbildung im Gesundheitswesen Wirtschaftsrecht (LL.B.) und legte im Anschluss den Schwerpunkt mit dem Masterstudium im Bereich Arbeitsrecht (LL.M.). Ihre beruflichen Stationen decken das gesamte Personalwesen, insbesondere die Personal- und Organisationsentwicklung im Gesundheitssektor ab.

In ihrer langjährigen Tätigkeit als Personalleitung für vier Medizinische Versorgungszentren hat sie sich besonders auf den strukturellen Aufbau des mittleren Managements sowie der Führungskräfteentwicklung spezialisiert. Ihr aktueller beruflicher Schwerpunkt liegt in der nachhaltigen Beratung zu allen HR-Themen im Bereich der Zahnarztpraxen, insbesondere mit dem Blick auf die Prozessoptimierung und das Praxiswachstum. Durch ihre Funktion als Geschäftsführerin eines zahnärztlichen Medizinischen Versorgungszentrums hat sie stets die Praxis als Gesamtes im Fokus. Parallel dazu ist sie an der APOLLON Hochschule als Lehrende für die Module „Wissens- und Changemanagement im Gesundheitswesen“, „Allgemeine rechtliche Grundlagen“ und „Human Ressource Management“ tätig.

Die Personalabteilung – ein strategischer Partner

1

Das Personal, die Mitarbeiter, spielen eine zentrale Rolle – in kleinen, mittelständischen oder großen Unternehmen. Auch in Zahnarztpraxen ist die Wichtigkeit des Personals zur Sicherstellung der Patientenversorgung längst angekommen, oft nicht jedoch die ganzheitliche Betrachtung des gesamten Personalmanagements. Die Personalabteilung als klassische zuständige Einheit für alle Belange der Mitarbeiter und deren Verwaltung ist für die typische Zahnarztpraxis in der Regel etwas zu viel des Guten. Nichtsdestotrotz sind die Aufgaben, die sie betreffen, der Schlüssel zum Erfolg – wer auch immer diese in Ihrer Praxis innehat. Ausgeführt werden müssten sie bereits dann, wenn Sie auch nur einen einzigen Angestellten in Ihrer Praxis hätten. Die Bedeutung der klassischen Personalabteilung erstreckt sich von der Personalsuche, der Personalverwaltung, über die Personalentwicklung bis hin zur Sicherstellung des täglichen Praxisalltags durch strategische Personalplanung. In diesem Kapitel beleuchten wir das umfassende Aufgabenspektrum einer klassischen Personalabteilung und erörtern, wann diese Bereiche bereits für eine kleinere Praxis – in Ihrem Fall Zahnarztpraxis und Medizinisches Versorgungszentrum (MVZ) – praxisrelevant werden. Dieses Kapitel richtet sich insbesondere an Zahnärzte und Praxismanager, die sich mit dem Aufbau und der Weiterentwicklung von Personalstrukturen auseinandersetzen möchten. Gleich welche Vorkenntnisse Sie haben, finden Sie in diesem Kapitel die Grundlagen, um schnell und unkompliziert zu starten. Sei es direkt mit der Etablierung einer eigenen Personalabteilung oder auch nur mit einer Hilfestellung zur Strukturierung Ihrer Dokumente.

J.-K. Jonen, *Nachhaltiges Personalmanagement in der Zahnarztpraxis*,
https://doi.org/10.1007/978-3-658-47559-8_1

1.1 Die Bedeutung der Personalabteilung

Die Personalabteilung ist zu einer Schlüsselstelle in der strategischen und operativen Ausrichtung eines Unternehmens herangewachsen. Man kann sagen, dass sie sich im Laufe der letzten Jahre weg von der reinen Personalverwaltung, oft wahrgenommen als notwendiges Übel, hin zum strategischen Partner entwickelt hat. Folglich beschäftigen sich die Mitarbeiter hier nicht ausschließlich mit Personalakten und Lohnabrechnungen, sondern vielmehr mit dem gesamten Zyklus des Employee-Lifecycles. Der Employee-Lifecycle bezeichnet die gesamte Laufbahn, die ein Angestellter in Ihrer Praxis durchläuft. Die Personalabteilung trägt maßgeblich zur Unternehmenskultur bei und beeinflusst die Leistungsfähigkeit des gesamten Teams. Zu den Hauptaufgaben gehören Personalplanung, -beschaffung, -entwicklung und -verwaltung. Zudem ist sie verantwortlich für die Einhaltung arbeitsrechtlicher Bestimmungen und die Förderung eines positiven Arbeitsumfelds. Die Mitarbeiter der Personalabteilung sind erster Ansprechpartner für das gesamte Team, wenn es um Belange aus dem Arbeitsalltag geht. Ein offenes Ohr und vor allem aber ein flexibles Zur-Verfügung-Stehen, wenn gerade jetzt „der Schuh drückt", sind unabdingbar. Vermutlich denken Sie jetzt, „ah, das bin ja ich, nur in einer Person" und damit haben Sie in der Regel recht. Solange Sie keine Aufgaben delegieren, sei es in der zahnärztlichen Behandlung oder auch in der Administration, sind Sie für alle Bereiche zuständig und auch verantwortlich. Um Ihr Arbeitspensum folglich zu verringern, müssen Sie delegieren lernen. Alternativ können Sie die Themen aus dem Bereich Human Resources (HR) einfach nicht beachten. Tun Sie dies eine Weile länger, wird Ihnen schnell die Bedeutung der Personalabteilung beziehungsweise der damit verbundenen Aufgaben bewusst. Kümmern Sie sich eine Zeit nicht um die Anliegen Ihrer Mitarbeiter, werden diese Ihre Praxis u. a. aufgrund des Gefühls von mangelnder Wertschätzung verlassen. So wird die Einordnung des HR in den Gesamtpraxiskontext klar: HR ist nicht wegzudenken. HR ist wichtig. HR muss strategisch agieren können, um Ihre Praxis erfolgreich werden zu lassen. Delegieren Sie folglich lieber Aufgaben, die nicht Sie höchstpersönlich erledigen müssen oder wollen, an ausgewählte Mitarbeiter. Für den Bereich des Personalmanagements kann das auch in einer kleinen Praxis ein Mitarbeiter vom Empfang oder aus der Verwaltung sein, doch beginnen wir zunächst mit den klassischen Aufgaben einer Personalabteilung.

Wie Sie der Abb. 1.1 entnehmen können, reichen die klassischen Aufgaben einer Personalabteilung von der Rekrutierung neuer Mitarbeiter und deren Einarbeitung, über die Personalentwicklung, -führung und -bindung, bis hin zum Trennungsmanagement. Darüber hinaus sind die Verantwortlichen aus HR für die Entwicklung und Umsetzung von Strategien zur Mitarbeiterbindung und Kulturentwicklung in Ihrer Praxis und für das Wohlbefinden am Arbeitsplatz zuständig. Im Folgenden soll ein kurzer Überblick gegeben werden, der im weiteren Verlauf des Buchs vertieft wird. Dies hat den Hintergrund, dass Sie bei Bedarf gezielt zu dem für Sie interessanten Kapitel finden, und dieses Buch somit als Nachschlagewerk inkl. passender Checklisten und Handlungsempfehlungen verwenden können.

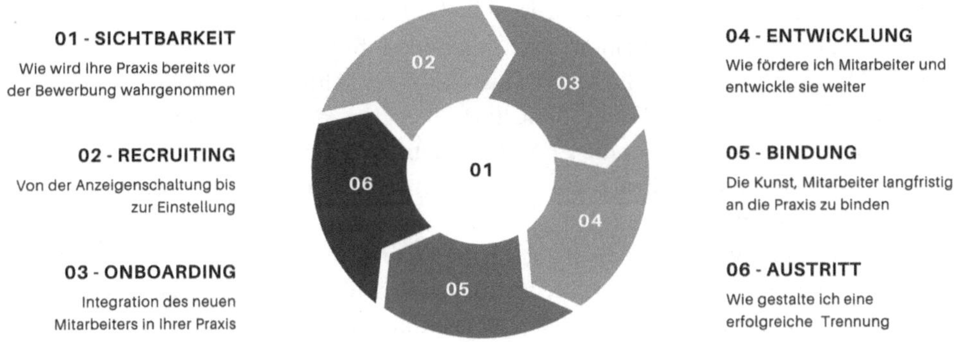

Abb. 1.1 Employee Lifecycle. (Eigene Darstellung)

1.2 Rekrutierung

Die Suche und Einstellung von qualifiziertem Fachpersonal sind zwei der Hauptaufgaben der Personalabteilung und oft die größte Herausforderung in der Zahnarztpraxis. Kern des Recruitings ist die nachhaltige Betrachtung des gesamten Prozesses von der Ermittlung des Personalbedarfs, der Stellenanzeigenerstellung und -schaltung bis hin zum Führen von Vorstellungsgesprächen und der Einstellung der Mitarbeiter als Abschluss dieses Parts.

Der gesamte Recruiting-Prozess stellt Mitarbeiter einer Zahnarztpraxis vor viele Herausforderungen. Hier ein exemplarisches Fallbeispiel zur Veranschaulichung der Problematik, in der Sie regelmäßig stecken:

Beispiel

Sie benötigen bspw. eine ZFA für die Assistenz. Ihr angestellter Zahnarzt arbeitet aktuell allein mit einer Auszubildenden und benötigt die gesuchte ZFA daher sofort, am besten gestern. Da er Fachzahnarzt für Oralchirurgie ist, wäre eine ZFA mit entsprechender Berufserfahrung in diesem Bereich sinnvoll.

Sie hingegen – aktuell selbst zu 100 % Ihres Arbeitstages in der Behandlung tätig – kümmern sich selbst um die Suche nach passendem Personal. Sie delegieren ungern, obwohl Sie sogar eine fähige Praxismanagerin haben, die den Bereich übernehmen kann und gerne übernehmen würde. Doch Einstellen von neuen Mitarbeitern, das muss der Chef schon selbst machen. Die ZFA, die nun kündigen möchte, kommt zu Ihnen und bittet um ein Gespräch, welches Sie kurzfristig absagen, da Sie noch einen Schmerzpatienten behandeln müssen. Die ZFA legt ihr Kündigungsschreiben folglich auf Ihren Schreibtisch und Sie öffnen den Brief am nächsten Tag, der heutige Arbeitstag war einfach zu lang. Tatsächlich öffnen Sie den Brief (da war ja noch was) erst, nachdem Sie von Ihrem Mitarbeiter am Empfang gehört haben, dass die besagte ZFA sich heute Morgen für 4 Wochen krankgemeldet hat. Vielleicht auch, weil Ihr vorheriger Umgang mit dieser Mitarbeiterin nicht das erste Mal so wenig wertschätzend verlaufen ist, wie in der Situation zuvor geschildert. Sie ist also weg und das ab sofort.

Die Woche vergeht und Sie haben – kurz vor Ihrem Urlaub – ein volles Bestellbuch, von morgens bis abends. Freitag fällt Ihnen dann ein, dass Sie ja noch eine Stellenanzeige schalten wollten, für die ZFA, die gekündigt hat. Sie durchsuchen Ihre Ablage und finden eine alte Stellenanzeige, die Sie mal für die Samstagsausgabe der Allgemeinen Dorfzeitung erstellt haben. Prima, denken Sie, und senden diese per Mail (richtig, Fax ist nicht mehr notwendig) an die Zeitung – in der sie dann auch 2 Wochen später (Sommerpause) erscheint, Redaktionsschluss für die Samstagsausgabe morgen, war Mittwoch. Kurzerhand loggen Sie sich bei Ihrer KZV ein und schalten hier die Anzeige „ZFA gesucht, Vollzeit, Chirurgie, gutes Gehalt", das muss jetzt reichen, es ist ja schließlich Freitagabend.

Stolz auf sich selbst, dass Sie sich darum auch noch gekümmert haben, verlassen Sie Ihre Praxis und fahren in den Urlaub. Nach drei Wochen kommen Sie gut erholt wieder und werden erneut von einem vollen Bestellbuch empfangen – schließlich waren Sie weg und einige Patienten möchten ausdrücklich nur von Ihnen behandelt werden. Da Ihnen das schmeichelt, geben Sie ihren jungen Kollegen ungern diese Patienten ab. Die Woche vergeht, und Sie sehen am Freitag, dass sich tatsächlich jemand beworben hat auf Ihre Stellenanzeige. Eine Person, die scheinbar nicht weiter interessiert war an Details zur Stelle, hat sich in Ihrem Mailaccount verirrt. Sie rufen Sie an und hören eine etwas unsichere Stimme, die Ihnen mitteilt, dass das bereits vor 3 Wochen war und sie längst woanders arbeitet. Ihr persönlicher, praxisindividueller Recruiting-Prozess beginnt von vorne. ◀

So oder so ähnlich, vermutlich und hoffentlich zu überspitzt dargestellt, funktioniert HR in einer Zahnarztpraxis, in der wenig bis gar nicht delegiert wird. Ein gewisses Verständnis habe ich sogar für dieses Vorgehen. Wenn Sie Zahnarzt sind, ist Ihre Kernkompetenz die Patientenbehandlung und nicht das Personalwesen. Das soll unbedingt so bleiben, daher plädiere ich auch so sehr für die Delegation.

1.3 Onboarding

Ein strukturiertes Onboarding, also das Willkommenheißen und Einarbeiten trägt dazu bei, dass neue Mitarbeiter sich schnell integrieren und somit zielgerichtet produktiv und effektiv arbeiten können.

Ziel ist es, neue Mitarbeiter strukturiert einzuarbeiten und mit den individuellen Praxisgegebenheiten vertraut zu machen. Im gesamten Onboarding-Prozess sorgen Sie dafür, dass der Mitarbeiter in seinen ersten Arbeitstagen und -wochen in Ihrer Praxis ankommt und sich gut einfindet. Sie stellen ihm das Team vor, zeigen ihm Praxis und zukünftigen Arbeitsbereich und erläutern ihm die nun folgende, für beide Seiten spannende Zeit des gegenseitigen Kennenlernens.

Mithilfe von Schulungsplänen lernt der Mitarbeiter seinen Arbeitsplatz und die damit verbundenen wichtigen Informationen und Aufgaben kennen und eignet sich Ihre Praxiskultur und Gegebenheiten an. Für Sie als Praxisleitung oder Führungskraft bietet das neben der systematischen Überprüfbarkeit von Kenntnissen, Fähigkeiten und Fertigkeiten des Mitarbeiters sowie der Sicherstellung der korrekten Arbeitsweise mit Materialien und Geräten auch ein Stück weit die positive Wahrnehmung als Arbeitgeber. Der Mitarbeiter fühlt sich durch Ihre Vorbereitung gleich zu Beginn willkommen. Durch die strukturierte Planung geben Sie ihm Sicherheit und nehmen das Gefühl der „Verlorenheit" zwischen lauter fremden und neuen Gesichtern. Unsicherheiten entstehen erst gar nicht, wenn der Mitarbeiter das Gefühl hat, das Team freut sich, dass er da ist.

Folglich eine Win-win-Situation für beide Seiten, um den Start optimal zu gestalten – auch wenn im Alltag vielleicht der ein oder andere Punkt nicht immer so eingehalten werden kann wie geplant. Im hektischen Praxisalltag kann manchmal die strukturierte Einarbeitung dem hohen Patientenaufkommen zum Opfer fallen. Doch sollte dies niemals der Grund dafür sein, es erst gar nicht zu versuchen.

▶ **Praxistipp** Planen Sie Einarbeitungs- und Hospitationszeiten immer ein. Geben Sie Ihrem Mitarbeiter die Chance, Ihre Praxis, die Kultur und vor allem das Team von ihrer besten Seite kennenzulernen.

Nur so kann überhaupt die Möglichkeit bestehen, dass eine fundierte Einarbeitung stattfinden kann und der Mitarbeiter sich willkommen fühlt.

Planen Sie nichts und werfen den Mitarbeiter ab der ersten Minute ins so oft zitierte kalte Wasser, kann es gut gehen und er schwimmt freudig los. Die Erfahrung zeigt jedoch, dass viele Mitarbeiter auf dem Weg zum Ziel der erfolgreichen Integration in Ihre Praxis vorher untergehen.

1.4 Mitarbeiterbindung und -entwicklung

Durch regelmäßige Gespräche, Fortbildungen und eine gezielte Karriereplanung fördert die Personalabteilung, oder eben die Mitarbeiter, an die Sie diese Aufgaben delegiert haben, die Fähigkeiten der Mitarbeiter und stärkt das Gefühl der Zugehörigkeit zur Praxis.

Kommunikation auf Augenhöhe ist hierbei das Stichwort. Nehmen Sie sich die Zeit, regelmäßig mit Ihren Mitarbeitern ins Gespräch zu kommen. Sei es das „Tür-und-Angel-Gespräch" am Ende der Patientenbehandlung oder das geplante, jährliche Mitarbeitergespräch. Wenn Sie in regelmäßigem Austausch mit Ihren Mitarbeitern sind, wissen Sie, was sie beschäftigt und an welcher Stelle es vielleicht aus Mitarbeitersicht einmal nicht so gut läuft. Nehmen Sie die Belange ernst und reagieren Sie, wenn nötig und möglich. Das fördert nicht nur die Bindung der Mitarbeiter, sondern kann auch die Eigeninitiative unterstützen und Praxisabläufe, angereichert durch neue Ideen, optimieren.

Damit die Mitarbeiter Ihrer Praxis auch in Ihrer Praxis bleiben, müssen Sie sich mit Ihren Werten und Ihrer Praxiskultur identifizieren. Ein Arbeitsplatz ist längst nicht mehr nur ein Job, den die Mitarbeiter benötigen, um ihr Geld zu verdienen. Die Arbeit soll Spaß machen, sinnerfüllend sein und vor allem müssen Sie dafür sorgen, dass Ihre Mitarbeiter gerne zur Arbeit kommen. Dies gelingt Ihnen nicht nur mit der Zahlung eines angemessenen Gehalts. Weiche Faktoren wie Stimmung, Wohlbefinden, Wertschätzung, Kommunikation und Teamgefühl sind ebenso wichtige Gesichtspunkte, die Sie beeinflussen können und die typischerweise dem HR zugeordnet sind. Hierbei ist es nicht relevant, ob Sie diesen Bereich selbst ausüben oder delegiert haben. Die Praxisführung gibt in der Regel Leitplanken vor und erarbeitet über die Jahre eine Praxiskultur, die ausschlaggebend für die Mitarbeiterbindung und Mitarbeiterentwicklung ist. Gelebt wird diese dann vom gesamten Team.

1.5 Auf die Größe kommt es an

Nicht jedes mittelständische Unternehmen oder jede Zahnarztpraxis benötigt sofort eine eigene Personalabteilung. Es ist entscheidend, eine Balance zwischen Notwendigkeit und Machbarkeit zu finden. Ist es notwendig, dass sich jemand um die Belange eines Mitarbeiters kümmert – ja. Besteht die Notwendigkeit, dass ich hierfür eine Personalabteilung integriere – es kommt darauf an.

Die Einführung verschiedener HR-Bereiche sollte schrittweise und angepasst an die Praxisgröße und -phasen erfolgen. Wann genau welche HR-Strategien und -Prozesse sinnvoll sind, sollte individuell entschieden werden. Besonders wichtig ist jedoch, dass auch kleine Teams klar definierte Strukturen und Prozesse benötigen, um effizient arbeiten zu können. Im Kern geht es also erneut darum: Kümmern Sie sich selbst um alles oder delegieren Sie.

Ein effektives Personalmanagement trägt nicht nur zur Mitarbeiterzufriedenheit bei, sondern steigert auch die Produktivität und Wettbewerbsfähigkeit Ihrer Praxis. Im Folgenden werden Ihnen Leitplanken vorgestellt, an denen Sie sich mit Ihrer individuellen Praxisgröße orientieren können. Ich spreche bewusst von Leitplanken, da die Anzahl an Mitarbeitern als Größenordnung dienen soll, nicht als exakte Zahl, bei der Sie exakt zu diesem Zeitpunkt tätig werden müssen.

1.5.1 Bis 15 Mitarbeiter

In kleineren Praxen bis ca. 15 Mitarbeiter übernimmt oft die Geschäftsführung beziehungsweise die Praxisleitung die grundlegenden HR-Aufgaben in der Regel selbst.

In dieser Praxisgröße haben Sie den klaren Vorteil, dass Sie alle Ihre Mitarbeiter täglich sehen und eine relativ enge Beziehung zu ihnen pflegen. Sie merken sofort, wenn etwas nicht stimmt, und nehmen Stimmungen unmittelbar war. Sie wählen Ihr Personal selbstständig aus und entscheiden, welcher Mitarbeiter zu Ihrer Praxiskultur passt und welcher eben nicht. Folglich ist es nicht notwendig, eine eigene Personalabteilung aufzubauen.

Die Ressourcen, die Sie persönlich für die Betreuung und die Verwaltung des Personals aufwenden, stehen (noch) nicht im Verhältnis zu den Kosten, die Sie aufwenden müssten, wenn Sie sich interne Unterstützung suchen. Externe Dienstleister werden für Spezialaufgaben wie Gehaltsabrechnungen hinzugezogen. Im Rahmen der Rekrutierung können Sie beispielsweise auf Headhunter zurückgreifen, die Ihnen oft das Komplettpaket von der Anzeigenschaltung bis hin zu ersten Vorstellungsgesprächen abnehmen. Die Arbeitsvertragsgestaltung können Sie sich beispielsweise durch einen Fachanwalt für Arbeitsrecht abnehmen lassen, oder Sie bedienen sich auf den Internetseiten Ihrer jeweiligen KZV an den für Sie zur Verfügung gestellten Arbeitsvertragsvorlagen. Wichtig hierbei ist, dass Sie bei jedem neuen Arbeitsverhältnis die aktuelle Version verwenden, in welcher aktuelle arbeitsrechtliche Rahmenbedingungen integriert sind. Verwenden Sie bitte keine Arbeitsverträge aus Ihrer Ablage und überschreiben Sie diese.

Personalakten passen in diesem Größenbereich in der Regel in einen Sammelordner und müssen (noch) nicht zwingend systematisch aufgebaut sein. Streben Sie weiteres Wachstum an, ist eine Grundsteinlegung und langfristige Planung jedoch dringend zu empfehlen. Alles, was Sie bereits jetzt vorbereiten und strukturieren, muss später nicht nachgeholt werden.

▶ **Praxistipp** Je strukturierter Ihre Ablage und Ihre Personalakten sind, umso einfacher ist der tägliche Umgang mit diesen. Auch wenn Sie keine Expansion anstreben, werfen Sie gern auch einen Blick in die Empfehlungen für größere Praxen und ziehen Sie für sich individuelle Learnings heraus.

1.5.2 15 bis 50 Mitarbeiter

Ab einer gewissen Größe ist es sinnvoll, eine feste Person oder ein kleines Team für die Personalangelegenheiten zu etablieren, welche die grundlegenden Aufgaben intern übernehmen und Strategien für das Praxis- und Mitarbeiterwachstum entwickeln können.

Hier bietet es sich oft an, einen Praxismanager auszuwählen, welcher bereits Fort- und/ oder Weiterbildungen im Bereich des Personalmanagements absolviert hat. Die Person, die für diese Position infrage kommt, sollte Basiskenntnisse in der Personalführung, im Arbeitsrecht und in der Organisation vorweisen.

Da bei dieser Praxisgröße noch keine Vollzeitstelle erforderlich ist, empfehle ich hier eine Kombination aus Personalwesen und allgemeiner Praxisorganisation. Themenbereiche wie zum Beispiel Buchhaltung, QM, Bestellwesen und die Korrespondenz mit Dienstleistern für die Praxis sind hier empfehlenswert. Die gängigen Fort- und Weiterbildungen bilden alle genannten Themenbereiche ab und können gut von einer Person in diesem Bereich angewandt werden. Von einer Kombinationsstelle Personalwesen und zahnärztlicher Abrechnung ist abzuraten. Beide Positionen erfordern eine individuelle

Kernkompetenz der jeweiligen Bereiche, sodass die Person leicht überfordert werden kann und schlussendlich beiden Aufgaben nicht gerecht wird. Eine ZMV hat ihre Kernkompetenz in der Abrechnung und hat sicherlich auch ein Organisationstalent. Personen dieser Berufsgruppe haben jedoch in der Regel wenig Erfahrung und Kompetenzen rund um das Thema Personal.

Praktisch bietet es sich ab dieser Praxisgröße an, einzelne Personalakten für jeden Mitarbeiter zu erstellen und eine gewisse Struktur einzuhalten. Die Struktur und der Aufbau einer Personalakte ergibt sich aus den abzuheftenden beziehungsweise zu speichernden Dokumenten und sollte in jeder Personalakte identisch aufgebaut sein. Dies verhindert langes Suchen einzelner Dokumente in einer schlecht gepflegten Ablage – sowohl im Papierordner als auch digital. Diese sollten Sie vor Ort in der Praxis sowie online in digitalisierter Form vorliegen haben um mehreren Personen – Ihnen und der Person, die sich ab jetzt um das Personalmanagement kümmert – Zugriff zu gewähren.

Nähern Sie sich den 30 Mitarbeitern, können Sie überlegen, mithilfe von Teamleitern für jede einzelne Abteilung eine Zwischenebene einzuführen. Für die Mitarbeiter hat es den Vorteil, dass sie ihren direkten Ansprechpartner/Vorgesetzten unmittelbar in ihrem Team finden. Für die Person im Personalwesen ergibt sich eine Zeitersparnis, um nicht für jeden Belang ein offenes Ohr haben zu müssen. Auch Unstimmigkeiten können direkt im Team und weniger auf der Ebene der Praxisführung beigelegt werden. Erster Ansprechpartner für die Teamleitung wäre folglich der Personalverantwortliche.

▶ **Praxistipp** Wenn Sie bisher wenig bis gar nicht delegiert haben, ist nun der Zeitpunkt gekommen, an dem Sie beginnen müssen.

Vertrauen Sie bestimmte Aufgaben qualifizierten Mitarbeitern an und schaffen Sie bei sich Kapazitäten, um sich um andere Themen zu kümmern.

1.5.3 Über 50 Mitarbeiter

Hier wird eine eigene HR-Abteilung unabdingbar, die sich um alle Belange der Mitarbeiterführung kümmert und strategischen Einfluss auf die Praxisentwicklung nimmt. Kernaufgabe ist hier, Ihnen die Arbeit abzunehmen, damit Sie sich der Weiterentwicklung Ihrer Praxis, der Patientenbehandlung oder anderen Interessen und Schwerpunkten widmen können. Von der bisherigen Teilzeitstelle entwickelt sich diese Position zunehmend zur Vollzeitstelle. Von der reinen Administration gewinnt nun die strategische Ausrichtung an Bedeutung. Die Kombinationsstelle wird abgelöst durch eine reine HR-Position.

Ab diesem Punkt ist eine Ausbildung aus dem Bereich HR empfehlenswert. Hier ist weniger die berufliche Historie aus der Zahnarztpraxis relevant, sondern mehr der Schwerpunkt Personalwesen. Wenngleich nicht zwingend ein Studium erforderlich ist, bietet sich hier beispielsweise eine Weiterbildung als Personalfachkauffrau/mann o. ä. an. Da das strategische Denken und Handeln im Vordergrund stehen, ist ebenfalls eine Person mit einem Bachelorabschluss mit dem Schwerpunkt Personalwesen denkbar. Als Basis für fachfremde Mitarbeiter ist dieses Buch eine gute Grundlage, um sich mit den Besonderheiten der Personalabteilung in der Zahnarztpraxis vertraut zu machen.

Für den Zahnarzt, der bis zu dieser Größe inhaltlich noch fester Sparringspartner war, ist es nun an der Zeit zu delegieren und den Kern der Personalabteilung in kompetente und vertrauensvolle Hände abzugeben.

▶ **Praxistipp** Sie haben eine Praxismanagerin, die sich bisher u. a. um den Bereich HR gekümmert hat, die aber Potenzial für mehr hat?

Denken Sie strategisch und bilden Sie sie im HR weiter. Denken Sie immer daran, wertvolle Mitarbeiter zu unterstützen und weiterzuentwickeln. Oft sind Praxismanager im Team anerkannt und geschätzt. Dies bildet eine gute Grundlage für die vollständige Übernahme des HR.

1.6 Mitarbeiter in der Personalabteilung und deren Einordnung in den Gesamtpraxiskontext

Wie im vorangegangenen Abschnitt beschrieben, hängen die Einbindung der Personalabteilung beziehungsweise die Aufgabenbereiche aus HR in einer Zahnarztpraxis maßgeblich von der Größe und der Anzahl der Mitarbeiter ab. Je größer eine Zahnarztpraxis wird und je mehr Mitarbeiter sie hat, umso wichtiger ist es für die Praxisführung, Aufgaben zu delegieren und langfristig abzugeben. Dies erfordert ein hohes Maß an Vertrauen in seine Mitarbeiter, weshalb diese für Schlüsselpositionen wie beispielsweise die Personalabteilung sorgfältig ausgewählt und aus- und weitergebildet werden sollten.

Die Personalabteilung wird oft als strategischer Partner im Gesamtpraxiskontext bezeichnet, was darauf zurückzuführen ist, dass sie in der Regel erste Anlaufstelle für Mitarbeiter und deren Belange ist. Die Personalabteilung muss ein hohes Maß an Vertrauen aufweisen, damit Mitarbeiter sich öffnen und auch bei schwierigen Themen auf die Mitarbeiter zukommen.

Beginnend bei einer kleinen Zahnarztpraxis mit bis zu 15 Mitarbeitern sind die Mitarbeiter gewohnt, dass der Praxisinhaber beziehungsweise die Praxisleitung erster Ansprechpartner für alle Themen rund um die Zahnarztpraxis ist. Hier besteht kein Unterschied, ob es sich um Personalthemen handelt oder um organisatorische Themen wie beispielsweise Qualitätsmanagement oder Terminvereinbarung.

Der Wandel hin zu einer großen Zahnarztpraxis bringt verschiedene Differenzierungen der einzelnen Bereiche mit sich, die sukzessive geplant werden können. Haben Sie vor, oder wissen Sie bereits jetzt, dass Sie Ihre Praxis hin zu einer großen Praxis entwickeln möchten und das Wachstum der Praxis in Ihrem Fokus liegt, können Sie dies von Beginn an bereits mit einer kleineren Mitarbeiteranzahl vorbereiten. Dies erleichtert Ihnen im späteren und weiteren Verlauf die Organisation und den Aufbau erweiterter Strukturen.

Im Detail bedeutet dies Folgendes: Wissen Sie bereits frühzeitig, dass Ihre Praxis sich auf Wachstumskurs befindet, beginnen Sie sofort zu Beginn Abläufe im Personalwesen zu strukturieren, so wie Sie das auch von Ihren Behandlungen gewohnt sind. In der Patientenbehandlung beginnen Sie mit einer Gesamtplanung und blicken auf den Gesamtkontext. Hier beginnen Sie nicht damit, einen Zahn für eine Krone zu präparieren, bevor sie nicht eine Zahnreinigung bzw. eine medizinisch indizierte Parodontitistherapie durchgeführt haben. Überlegen Sie sich also direkt zu Beginn, welche Wachstumsziele Sie haben und wie Sie Ihre Praxis in den nächsten 5–10 Jahren sehen.

Daraus abgeleitet können Sie den Personalbedarf ermitteln und wissen schon jetzt, wie viele Mitarbeiter Sie zu welchem Zeitpunkt einstellen müssen. Für die Etablierung einer Personalverwaltung in Ihrer Praxis sollten Sie mit den Basisthemen beginnen, wie beispielsweise dem Aufbau einer strukturierten Personalakte. Ihre Informationen erhalten Sie hierzu im nächsten Kapitel. Haben Sie diese Basis geschaffen, fällt es Ihnen später leichter, auf Ihr Wachstum einzugehen und dies zu integrieren. Je weiter das Praxiswachstum vorangeschritten ist, umso schneller werden Sie merken, welche Wichtigkeit und welche damit einhergehende Zeitintensität das Personalwesen mit sich bringt. Entsprechend höher wird die Bedeutung der Personalabteilung im Gesamtpraxiskontext.

Da Sie höchstwahrscheinlich kurzfristig nicht für jeden Bereich aus HR einen einzelnen Mitarbeiter ein- oder abstellen möchten, sollten Sie bei der Auswahl des Personals für HR auf die jeweiligen Kernkompetenzen achten, die für die jeweilige Ausübung der Tätigkeit erforderlich sind.

Bevor wir in die Tiefe der jeweiligen Bereiche eintauchen, folgt nun eine Übersicht der unterschiedlichen Personentypen. Machen Sie sich ein Bild, welche Eigenschaften von den individuellen Mitarbeitern mitgebracht werden sollten. Hierbei handelt es sich nicht um die fachliche Expertise, sondern ausschließlich um persönliche Eigenschaften.

Die Personalverwaltung

Mitarbeiter in der Personalverwaltung verbringen den größten Teil ihres Arbeitstages am Computer.

Sie sind organisiert, strukturiert und können Aufgaben gut der Reihe nach abarbeiten.

Für die anfallenden Aufgaben werden weder besondere Kreativität noch Innovation benötigt.

Regelkonformes Arbeiten, Ordnung und Gesetzeskonformität stehen hier im Vordergrund.

(Canva 2024a)

Das Recruiting
Mitarbeiter im Recruiting verbringen ihren Arbeitsalltag sowohl am Computer als auch in Gesprächen.

Sie sind ebenfalls organisiert, haben jedoch den Fokus auf Ihrer offenen Art. Ihr Steckenpferd ist ein Talent zu kommunizieren und auf Menschen zuzugehen.

Flexibilität ist eine Eigenschaft, die ebenfalls mitgebracht werden sollte. Das Einstellen auf unterschiedliche Personentypen fällt Mitarbeitern im Recruiting leicht.

(Canva 2024b)

Das Onboarding

Mitarbeiter, die Sie mit dem Bereich Onboarding betrauen, sind kommunikativ und können sehr gut und adressatengerecht erklären.

Sie sind fachliche Experten ihres individuellen Fachgebiets und gehören daher im Kontext einer Zahnarztpraxis klassischerweise nicht unmittelbar zum Team HR.

Sie können sich gut auf Ihr Gegenüber einlassen und haben jederzeit ein offenes Ohr.

Hinsichtlich der Arbeitsbelastung geben sie eher 110 % und beklagen sich nicht über zu viel Arbeit.

(Canva 2024c)

Die Personalentwicklung

Mitarbeiter aus der Personalentwicklung sind wahre Planungskünstler. Sie setzen sich mit den individuellen Stärken und Schwächen der Mitarbeiter auseinander und können Ihnen sowohl bei der Personalbedarfsplanung als auch bei der Personaleinsatzplanung behilflich sein.

Sie arbeiten strukturiert, bringen eigene Ideen ein und sind kreativ. Sie können gern einmal vom Weg abgehen, um neue Lösungen anzubieten, auf die Sie selbst vielleicht nicht gekommen wären.

(Canva 2024d)

Das Employer Branding

Mitarbeiter, die Sie mit der Aufgabe Employer Branding beauftragen, sind die kreativsten Köpfe aus HR. Aus ihnen sprudeln Ideen, sie arbeiten innovativ und agieren gerne im Team.

Sie erarbeiten dabei Strategien, die von Anfang bis Ende geplant und durchdacht sind, gehen dabei gelegentlich Wege, die Ihnen für die Zahnarztpraxis untypisch und vielleicht auch übertrieben vorkommen.

Sie gehören zu dem Typ Mitarbeiter, der gern visuell arbeitet, sowohl digital als auch analog.

(Canva 2024e)

Dieses bunte Potpourri an Eigenschaften soll verdeutlichen, worauf es bei den Aufgaben im HR ankommt. Sie sollen nicht zu dem Ergebnis kommen, eine Personalabteilung mit fünf weiteren Unterabteilungen aufzubauen – das wäre dann bei dem größten Teil der Zahnarztpraxen doch zu viel des Guten. Worauf ich hinaus will: Schärfen Sie Ihre Wahrnehmung im vorhandenen Team. Nutzen Sie das vorhandene Potenzial in Ihrer Praxis, um verschiedene Aufgaben zu verteilen. Vielleicht haben Sie ja auch Glück und finden die sogenannte eierlegende Wollmilchsau für den Aufbau Ihrer eigenen Personalabteilung.

1.7 Fazit und Learning – Personalabteilung

In diesem Kapitel haben Sie einen Überblick über die Aufgaben einer Personalabteilung bekommen. Der Employee-Lifecycle bildet die Grundlage für das Verständnis der Aufgabenbereiche. Mithilfe dieses Schaubildes haben Sie Basics schnell griffbereit und einfach erläutert vorliegen.

Sie haben einen rudimentären Einblick in die einzelnen Bereiche Recruiting, Onboarding, Personalbindung und Personalentwicklung erhalten, der im weiteren Verlauf des Buchs vertieft und verinnerlicht wird. Das Recruiting, also die Personalbeschaffung, kann nicht beiläufig und halbherzig erfolgen. Sie benötigt Aufmerksamkeit und vor allem schnelles Handeln. Das Onboarding neuer Mitarbeiter war vielleicht bisher noch nicht in Ihrem Fokus, sollte aber nun in diesen rücken, damit sich neue Mitarbeiter in Ihrer Praxis wohlfühlen. Binden Sie Ihre Mitarbeiter und nehmen Sie sich Zeit für die individuellen

Belange. Fordern und fördern Sie Ihre Mitarbeiter und entwickeln Sie sie weiter. Bringen Sie hierbei Ihre Praxisziele und die Ihrer wertvollen Mitarbeiter in Einklang und sorgen Sie für eine angenehme Praxiskultur.

Die unterschiedlichen Darstellungen über die Größe der Praxis bieten Ihnen Leitplanken für Ihre eigene Einschätzung und strategische Planung. Mithilfe dieses Fundamentes, angereichert durch Ihre eigenen, individuellen Praxisgegebenheiten, sind Sie nun in der Lage, Überlegungen zur Praxisstruktur anzustellen. Streben Sie Wachstum an, oder fühlen Sie sich in einer kleineren Teamstruktur wohl? Möchten Sie den Bereich HR professionalisieren, oder sind Sie zufrieden, so wie es ist?

Verschiedene Aufgaben aus HR erfordern unterschiedliche Expertise und Fähigkeiten der jeweiligen Mitarbeiter. Achten Sie darauf, die Mitarbeiter Ihres Teams entsprechend ihrer persönlichen Eigenschaften zielgerichtet einzusetzen, um HR erfolgreich zu implementieren.

Fazit

In diesem Kapitel sollten Sie für sich mitgenommen haben, dass Delegation der Schlüssel zum Erfolg ist. Delegieren Sie Aufgaben frühzeitig, in der Assistenz und vor allem im HR. Konzentrieren Sie sich auf Ihre Kernkompetenz und geben Sie andere Aufgaben ab, an andere Profis.

Personalverwaltung in der Zahnarztpraxis 2

Die klassische Verwaltung Ihres Personals beziehungsweise der Personalangelegenheiten liegt bereits mit Gründung der Praxis und Ihrem ersten angestellten Mitarbeiter in Ihrer Hand. Ihnen ist vielleicht nicht bewusst, dass dies ein eigener Aufgabenbereich ist – Sie haben diesen bisher ähnlich wie QM oder Themen aus der allgemeinen Administration einfach mit erledigt.

Doch möchten Sie die Personalverwaltung ähnlich professionell wie Ihre Patientenbehandlung angehen, benötigt es Expertise, Struktur und Hintergrundwissen zu den einzelnen Bereichen der Personalverwaltung.

Das folgende Kapitel bietet einen umfassenden Überblick über die Schlüsselaspekte der Personalverwaltung in Zahnarztpraxen. Von der Anlage und Führung der Personalakten über das Zustandekommen von Arbeitsverträgen bis hin zu praktischen Tipps für die Gehaltsabrechnung und der Zeiterfassung. Dabei werden spezifische Besonderheiten einer Zahnarztpraxis berücksichtigt, die für Zahnärzte und Praxismanager von besonderem Interesse sind.

Tauchen Sie in dieses Kapitel ein; in die vielschichtige Welt der Administration Ihres Personals und reflektieren Sie am Ende, ob in Ihrer Praxis Optimierungsbedarf herrscht oder Sie mit dem zufrieden sind, was Sie vorfinden.

2.1 Personalverwaltung

Die sich mit der Personalverwaltung befassenden Personen beschäftigen sich tagtäglich mit der gesamten Administration rund um das Arbeitsverhältnis. Wie es das Wort bereits mit sich bringt, handelt es sich hierbei um eine reine verwaltende Tätigkeit. Neben Organisationstalent und strukturierter Arbeitsweise sollten Mitarbeiter in diesem Auf-

J.-K. Jonen, *Nachhaltiges Personalmanagement in der Zahnarztpraxis*,
https://doi.org/10.1007/978-3-658-47559-8_2

gabenbereich Spaß an der Arbeit am PC sowie an Akribie bei der Erledigung von Aufgaben mitbringen. Kreativität und Einfallsreichtum sind nicht in dem Umfang gefragt, wie beispielsweise im Bereich der Personalentwicklung.

Die reine Personalverwaltung umfasst die Gesamtdatenspeicherung aller Mitarbeiter: Bewerbungsunterlagen und Arbeitsvertrag, hier werden praxisrelevante gesetzliche Vorgaben (beispielsweise Pflichtunterweisungen, Kenntnisse im Strahlenschutz) – unter Beachtung der aktuellen Gesetze zum Datenschutz dokumentiert und verwaltet. Darüber hinaus sind die in der Verwaltung tätigen Personen – oft als Übermittler zum Steuerberater – für die korrekte Lohn- und Gehaltsabrechnung oder eine etwaige Ermittlung und Ausschüttung von Umsatzbeteiligungen zuständig: Eine gewisse Zahlenaffinität sollte demnach vorhanden sein. Absolute Konzentrationsfähigkeit sowie ein vertrauensvoller Umgang mit sensiblen Daten sind hierbei weiter beachtenswert. Sie müssen das Gefühl haben, die wichtigen Aufgaben an jemanden delegieren zu können, der in der Lage ist damit umzugehen. Mitarbeiter in der Personalverwaltung haben Zugriff auf alle Gehaltsdaten und müssen dies reflektieren können. Mitarbeiter aus Ihrer Praxis sollen Vertrauen in diese Person haben, die absolut verschwiegen sein muss. Auch wenn das Thema Schweigepflicht in der Zahnarztpraxis bekannt ist, Gerede über andere Mitarbeiter ist in dieser Abteilung absolut tabu.

Die Arbeitsvertragserstellung und das Ausstellen von Bescheinigungen für beispielsweise Mutterschutz und Elternzeit, Korrespondenz mit den Krankenkassen und Versorgungswerken gehört ebenfalls in diesen Aufgabenbereich. Die Administration und die dazugehörige Kommunikation sind ein wichtiger Bestandteil der Personalverwaltung.

Je nach Aufgabenverteilung der anderen Bereiche aus HR fungieren die Mitarbeiter in der Personalverwaltung auch als Ansprechpartner für alle weiteren Mitarbeiter. Hier kommt es sowohl auf die Größe Ihrer Praxis als auch die Organisationsstruktur im Detail an. Überlegen Sie sich, ob Sie ein oder mehrere Mitarbeiter mit dem Personalwesen beschäftigen möchten oder können, in Teilzeit für beispielsweise nur wenige Stunden oder in Vollzeit. Es liegt bei Ihnen.

2.2 Personalakte: Idee, Bedeutung und Struktur

Die Personalakte ist das Herzstück der Personalverwaltung. Sie enthält alle relevanten Dokumente, die das Beschäftigungsverhältnis eines Mitarbeiters betreffen.

Je nachdem wie weit der Aufbau der Personalabteilung vorangeschritten ist, werden Sie täglich mit den Personalakten arbeiten, sei es in Vorbereitung auf ein Mitarbeitergespräch, bei Vertragsanpassungen oder zur Dokumentation von Fort- und Weiterbildungen. Daher empfiehlt es sich, Dokumente nicht unsortiert, nach Erhalt bzw. Eingang übereinander zu heften, sondern mit Einstieg des Mitarbeiters in Ihrer Praxis eine Struktur zu etablieren.

Inhaltlich finden sich in der Regel folgende Dokumente in der Personalakte

- Der **Arbeitsvertrag** sowie **Änderungen und Ergänzungen zum Arbeitsvertrag** zum Beispiel bei Gehaltsanpassungen, Reduzierung oder Erhöhung der Arbeitszeit oder bei Veränderung des Aufgabenbereichs.
- **Einwilligungen**, beispielsweise eine Erklärung zum Datenschutz, eine Erlaubnis der Verwendung für Fotos (beispielsweise für die Website oder Social Media) und der Schweigepflicht (in der Regel im Arbeitsvertrag enthalten). Ergänzend folgen Infos und ggf. Unterschriften zur Auszahlung von Umsatzbeteiligungen bei Behandlern (Behandler meint in diesem Kontext alle Umsatzerbringer, also Zahnärzte und Mitarbeiter aus der Prophylaxe, sofern diese eine Umsatzbeteiligung erhalten).
- **Nachweis der Krankenkasse** bzw. Info des Versorgungswerkes (bei Zahnärzten), sowie Informationen und Bescheinigungen der Krankenkassen bei Mutterschutz, Beschäftigungsverboten und Elternzeit. Hier finden sich in der Regel auch der Elternzeitantrag sowie die Bestätigung Ihrerseits. So haben Sie alle Informationen rund um die Kinder der Mitarbeiter an einem Ort.
- **Zusatzvereinbarungen** wie zum Beispiel für eine Betriebsrente, vermögenswirksame Leistungen, Riester-Verträge, von Ihnen gewährter Zuschuss zu Kinderbetreuungskosten, Übernahme von Kosten für öff. Verkehrsmittel oder Fahrtkosten, Leasingverträge für Fahrrad oder PKW oder alle Informationen, die Sie zusätzlich zu den Inhalten aus dem Arbeitsvertrag mit Ihrem Mitarbeiter vereinbaren.
- **Gespräche, Zielvereinbarungen und Beurteilungen** sollten Sie immer protokollieren und vom Mitarbeiter auf Richtigkeit überprüfen lassen. Hierzu können Sie zum Beispiel entweder das Protokoll nach Verfassen an den Mitarbeiter übersenden, mit der Bitte um Ergänzung, falls Sie etwas missverstanden haben. Alternativ können Sie die Protokolle auch vom Mitarbeiter unterschreiben lassen. Um Missverständnisse zu vermeiden ist eine gegenseitige Kontrolle wichtig.
- **Zeugnisse und Urkunden** von Fort- und Weiterbildungen sowie Zertifikate, die im Laufe der Betriebszugehörigkeit erlangt werden, sowie Infos zum Bildungsurlaub, falls dieser genommen wird. Für die Personalentwicklung im Arbeitsverhältnis ist es hilfreich, alle Informationen zur Qualifikation Ihrer Mitarbeiter an einem Ort zu haben.
- **Bewerbungsunterlagen** inkl. Approbationsurkunde (bei Zahnärzten) und Nachweis der Strahlenschutzkenntnisse, ggf. Arbeitserlaubnis und Aufenthaltstitel sowie Personalfragebogen (für den Steuerberater) und Dokumentation ausgehändigter Geräte, Kleidung etc. (Laptop, Handy, Dienstkleidung, Lupenbrille, Schutzbrille, Schlüssel etc.). Je besser Sie in der Personalakte dokumentieren, umso weniger Missverständnisse entstehen während des laufenden Arbeitsverhältnisses oder bei Austritt des Mitarbeiters.

Hieraus ergibt sich die folgende Struktur für den Aufbau und Überschriften Ihrer Akte (analog und digital)

1. Arbeitsvertrag
2. Einwilligungen
3. Krankenkasse/Versorgungswerk
4. Betriebsrente
5. Gesprächsprotokolle
6. Fort- und Weiterbildung
7. Bewerbungsunterlagen/Einstieg

Es empfiehlt sich, den Papierordner mit Überschriften auf der ersten Seite zu versehen und entsprechende farbliche Register einzuhängen. Führende Registeranbieter stellen kostenfreie Vorlagen zum Download zur Verfügung, in welchen Sie Ihre individuellen Überschriften zum passenden Register eintragen und direkt ausdrucken können. So können Sie im Register auf den ersten Blick sehen, wo sich welche Unterlagen befinden, ohne dass Sie sich für die Struktur lange mit aufwändigen Formatierungen in Ihrem Textverarbeitungsprogramm auseinandersetzen müssen. Den Ordnerrücken sollten Sie mit Vor- und Nachnamen versehen und für schnellen Zugriff alphabetisch in den Schrank stellen.

Für die alltägliche Arbeit legen Sie anschließend den digitalen Ordner in gleicher Weise an. Im Alltag spart diese Vorgehensweise viel Zeit und Sie müssen Ihre Dokumente nicht suchen. Achten Sie auch im weiteren Verlauf der Administration darauf, dass die Ordner parallel gepflegt werden müssen, damit nicht in einem Ordner etwas fehlt, von dem Sie nicht wussten oder nicht mehr in Erinnerung hatten, dass es existiert.

▶ **Praxistipp** Legen Sie sich einmalig Blankoordner mit den o.g. Bezeichnungen 1–7 (oder Ihre individuell angepassten Überschriften) an, die sie bei jeder Neuanlage mit „copy+paste" duplizieren können.

Zur Vollendung Ihrer strukturierten Personalakte scannen Sie alle Dokumente aus dem Papierordner ein und legen die Dateien in den jeweiligen Unterordnern ab. Verwenden Sie hierbei stets die gleiche Bezeichnungsstruktur.

Speichern Sie beispielsweise einen Arbeitsvertrag wie folgt ab:
„AV_Mustermann_Max_Okt_2024".

Zusammenfassend können Sie nun wie folgt starten:

1. **Erstellen von Papierordnern inkl. Register und Deckblatt:**
   Kaufen Sie sich die Ordneranzahl entsprechend Ihrer Mitarbeiteranzahl und sortieren Sie die vorhandenen Unterlagen und Dokumente ein.
2. **Erstellen von digitalem Musterordner analog Papierordner:**
   Eine wichtige Aufgabe, die Sie nur einmal erledigen müssen und die Ihnen im Verlauf der Personalverwaltung und bei der Neuanlage einer neuen Personalakte Zeit erspart.

3. **Erstellen von digitalen Ordnern:**
   Legen Sie sich entsprechend der Papier-Personalakten für jeden Mitarbeiter einen eigenen digitalen Ordner an und definieren Sie, wer in Ihrem Netzwerk Zugriff auf diese Daten haben darf. Achten Sie darauf, dass die digitalen Personalakten nicht in dem Netzwerk gespeichert werden, auf welches alle Mitarbeiter Zugriff haben.
4. **Einscannen der Dokumente und Ablage in digitaler Personalakte:**
   Diese Aufgabe ist zu Beginn Fleißarbeit und wird später zur Routine. Beachten Sie stets, dass alle Dokumente sowohl in Papierform als auch digital vorliegen.

Gelangen Sie mit Ihrer Praxis in eine Größenordnung von 50 Mitarbeitern oder mehr, können Sie darüber nachdenken, eine Personalverwaltungssoftware einzuführen. Diese bietet diverse Vorteile, wie beispielsweise Schnittstellen zur Lohn- und Gehaltsabrechnung, Zeiterfassung, Auswertung von Daten etc.

Hier muss jede Praxis für sich entscheiden, ob die Kosten im Verhältnis zum Nutzen stehen und welchen Mehrwert eine solche Software für Sie persönlich bringt. Beim Etablieren einer eigenen Personalabteilung werden Sie mittelfristig nicht darum herumkommen, da somit vor allem effizienteres Arbeiten möglich ist. Kennzahlen zu Ihrer Praxisstruktur aus HR-Sicht können beispielsweise ebenso automatisch erstellt werden, wie zum Beispiel das Recruiting ausgehend von der Schaltung der Stellenanzeige bis hin zur Bewerberverwaltung.

Bis Sie jedoch diese Größenordnung erreicht haben, sind Sie mit einem strukturierten Aufbau der Personalakten bestens aufgestellt. Sollten Sie sich zu einem späteren Zeitpunkt dazu entscheiden, eine HR-Software zu implementieren, haben Sie wertvolle Vorarbeit geleistet, die Ihnen beim „Füttern" der Software mit Informationen auf jeden Fall zugutekommt. Je akribischer und strukturierter Sie in der Vergangenheit vorgegangen sind, umso schneller ist eine Software einsatzbereit und für Sie nutzbar.

▶ **Praxistipp** Kommen Sie an den Punkt, an dem Sie überlegen, eine HR-Software einzuführen?

Überlegen Sie sich vorher, was der Zweck sein soll und was die Software Ihnen an Output oder Zeitersparnis in der Administration bringen soll.

Schauen Sie sich verschiedene Software-Lösungen an und machen Sie eine Pro-Kontra-Liste.

2.3 Das Arbeitsverhältnis

In Deutschland regelt das Arbeitsrecht das Arbeitsverhältnis; vom Zustandekommen bis zum Beenden eines Arbeitsvertrages. Es orientiert sich dabei an allgemeinen Grundsätzen des Vertragsrechts.

Das Arbeitsrecht hat kein eigenes Gesetzbuch, sondern bedient sich diverser Gesetzestexte. Im Einzelnen sind dies u. a.:

- **Das Bürgerliche Gesetzbuch (BGB)**
  Das BGB regelt als wichtigsten Punkt das Zustandekommen und das Beenden eines Arbeitsvertrages.
- **Das Bundesurlaubsgesetz (BurlG)**
  Hier finden Sie alle relevanten Regelungen zum Mindesturlaub, den Sie Ihren Mitarbeitern gewähren müssen. Darüber hinausgehende Urlaubstage sind Verhandlungssache und auf freiwilliger Basis.
- **Das Entgeltfortzahlungsgesetz (EntgFG)**
  Im EntgFG befinden sich Regelungen rund um die Erkrankung des Mitarbeiters und die damit verbundenen Pflichten auf beiden Seiten.
- **Das Mutterschutzgesetz (MuSchG)**
  Insbesondere schwangere Arbeitnehmer genießen bestimmte Schutzvorschriften, an die Sie sich als Arbeitgeber halten müssen. Dazu werden Sie im MuSchG fündig.
- **Das Kündigungsschutzgesetz (KSchG)**
  Das KSchG ist für Sie erst dann relevant, wenn Sie mehr als zehn Arbeitnehmer beschäftigen. Auszubildende werden hierbei nicht mitgerechnet.
- **Das Arbeitszeitgesetz (ArbZG)**
  Im ArbZG finden sich Regelungen zur Arbeitszeit, Pausenzeiten, Ruhezeiten und zum grundsätzlichen Umgang mit Überstunden.
- **Das Teilzeit- und Befristungsgesetz (TzBfG)**
  Hier finden Sie zum Beispiel Grundlagen zur Befristung von Arbeitsverträgen. Die heranzuziehenden Begründungen sollten Sie bei der Befristung eines Arbeitsvertrages unbedingt beachten.
- **Das Mindestlohngesetz (MiLoG)**
  Die aktuellen Regelungen zum Mindestlohn finden Sie hier. Azubis sind hiervon ausgenommen. Für ausgebildete Fachkräfte in Ihrer Praxis ist dieses Gesetz vermutlich nicht relevant, da diese im Normalfall über dem geltenden Mindestlohn verdienen.
- **Das Nachweisgesetz (NachwG)**
  Hinsichtlich der Arbeitsvertragsgestaltung wurde das Nachweisgesetz novelliert. Hier finden Sie nun Regelungen zum Schriftformerfordernis und dessen Bestandteile.
- **Das Arbeitsschutzgesetz (ArbSchG)**
  Das ArbSchG regelt alle Bedingungen zum Schutz des Arbeitnehmers am Arbeitsplatz. Darüber hinaus finden Sie hier auch Rechte und Pflichten des Arbeitnehmers.
- **Das Jugendarbeitsschutzgesetz (JArbSchG)**
  Insbesondere bei Azubis kommt das JArbSchG für Sie zum Tragen. Beschäftigen Sie minderjährige Arbeitnehmer, ist dieses Gesetz zu beachten.

Der Umfang der unterschiedlichen für jedes Arbeitsverhältnis relevanten Gesetzestexte verdeutlicht die Notwendigkeit eines Arbeitsrechtlers in einigen Situationen. Geht es um die reine Erstellung eines Arbeitsvertrages, können Sie mit den Vorlagen Ihrer jeweiligen KZV zurechtkommen, obgleich Sie auch hier auf aktuelle Rechtsprechung achten müssen. Kommt es zu Streitigkeiten, ist der Arbeitsrechtler die beste Adresse, um Sie zu unterstützen und Ihre Interessen zu vertreten.

Für Führungskräfte in Ihrer Praxis genügt oft schon eine Fort- oder Weiterbildung, um ein erstes Gespür und Verständnis des deutschen Arbeitsrechts zu erhalten. Wenn man zumindest eine Idee hat, worum es sich in der Flut an Gesetzestexten handelt, fällt es leichter Entscheidungen aus diesem Kontext zu treffen.

2.3.1 Zustandekommen eines Arbeitsvertrages

Sie haben es bestimmt nicht nur einmal gemacht, sind schon viele Male ein Arbeitsverhältnis eingegangen und haben dies mit einem Arbeitsvertrag gemeinsam mit Ihrem Mitarbeiter besiegelt. Es dabei zu belassen und weiter zu agieren, wie Sie es schon immer getan haben, ist in Ordnung, jedoch nicht empfehlenswert. Für Ihr Hintergrundwissen und das gesamte Verständnis der Aufgaben der Personalverwaltung erarbeiten wir im Folgenden noch einmal den Ablauf des Zustandekommens eines Arbeitsvertrages aus juristischer Sicht:

Angebot und Annahme
Ein Arbeitsvertrag kommt wie jeder andere Vertrag durch zwei übereinstimmende Willenserklärungen zustande. Sie erstellen das Angebot und durch die Annahme Ihres zukünftigen Arbeitnehmers ist der Arbeitsvertrag zustandegekommen. Juristische Grundlage für diese zwei übereinstimmenden erforderlichen Willenserklärungen finden Sie in den §§ 145 ff. BGB.

Angebot
Sie als Arbeitgeber unterbreiten dem Arbeitnehmer ein Angebot, mit ihm ein Arbeitsverhältnis eingehen zu wollen. Dies erfolgt in der Praxis in der Regel in einem Gespräch, im weiteren Verlauf dann mittels Übergabe eines Arbeitsvertrags. Teil Ihres Angebots sind die gängigen zu verhandelnden Themen wie beispielsweise Gehalt, Arbeitszeiten, und Regelungen zum Erholungsurlaub.

Annahme
Ihr zukünftiger Arbeitnehmer nimmt Ihr Angebot im besten Falle an. Diese Annahme erfolgt in der Regel ebenfalls zunächst mündlich, indem er Ihnen Bescheid gibt, dass er gerne in Ihrer Praxis arbeiten möchte und im Anschluss schriftlich, durch Unterzeichnen des von Ihnen erstellten Arbeitsvertrages.

Geschäftsfähigkeit
Beide Parteien, also Arbeitgeber und Arbeitnehmer, müssen geschäftsfähig, folglich volljährig sein. Die Geschäftsfähigkeit stellt sicher, dass nur Personen, die die Konsequenzen ihrer Handlungen verstehen und überblicken können, rechtlich bindende Erklärungen abgeben und Verpflichtungen, wie beispielsweise einen Arbeitsvertrag, mit Ihnen eingehen dürfen. Dies schützt insbesondere Minderjährige und Menschen mit schweren geistigen

Beeinträchtigungen vor den möglichen negativen Folgen unbedachter oder missbrauchter Rechtsgeschäfte. Da der Arbeitsvertrag zu den (mehrseitigen) Rechtsgeschäften gehört, finden hier §§ 104 ff. BGB Anwendung. Minderjährige Arbeitnehmer benötigen in der Regel die Zustimmung ihrer gesetzlichen Vertreter (Eltern oder Vormund). Denken Sie also unbedingt daran, bei Auszubildenden zu überprüfen, ob diese bereits geschäftsfähig sind, oder minderjährig und ihre gesetzlichen Vertreter folglich Ihre ersten Ansprechpartner sind.

Einverständnis über wesentliche Vertragsinhalte

Ihr Arbeitnehmer und Sie müssen sich über die wesentlichen Inhalte des Arbeitsvertrages einig sein. Dies führt im Praxisalltag nicht selten zu Vertragsverhandlungen, die noch vor der finalen Unterzeichnung erfolgen. Die häufigsten Themen hierbei sind in der Regel Arbeitszeit und Vergütung. Zu diesen Inhalten gehören darüber hinaus:

- Art der Tätigkeit
- Arbeitsort
- Beginn des Arbeitsverhältnisses und ggf. vereinbarte Befristung

Formvorschriften

In Deutschland kann ein Arbeitsvertrag grundsätzlich formfrei geschlossen werden, d. h. er ist auch dann gültig, wenn er mündlich abgeschlossen wird. Dennoch gibt es gesetzliche Vorschriften, die eine schriftliche Fixierung bestimmter Vertragsinhalte verlangen.

Das Nachweisgesetz (NachwG), insbes. § 2 NachwG, gibt Ihnen in jeweils aktueller Fassung rechtssichere Auskunft über Mindestinhalte und wesentliche Vertragsbedingungen. Für die Richtigkeit Ihrer zu schließenden Arbeitsverträge sollten Sie diese Norm zwingend beachten.

Probezeit

Während der Probezeit kann das Arbeitsverhältnis in der Regel mit einer kürzeren Kündigungsfrist (mindestens zwei Wochen) gekündigt werden als nach der Probezeit. Bitte vereinbaren Sie die Probezeit schriftlich, dann gilt in dieser Zeit das Kündigungsschutzgesetz (KSchG) noch nicht. Die ersten Wochen und Monate dienen für Sie und Ihren Arbeitnehmer als Erprobungszeit. Nutzen Sie diese Zeit, um für sich und Ihren Praxisbetrieb zu überprüfen, ob der Mitarbeiter ein Gewinn ist. Beide Parteien müssen sich einig sein, dass es die richtige Entscheidung war, das Arbeitsverhältnis einzugehen. Sind Sie sich als Arbeitgeber unsicher, oder liefert der Arbeitnehmer trotz wiederholter Gespräche und Ideen zur Verbesserung doch nicht das Ergebnis, das Sie sich vorgestellt haben, beenden Sie das Arbeitsverhältnis besser noch in der Probezeit als danach. Jedenfalls dann, wenn Sie regelmäßig mehr als 10 Arbeitnehmer beschäftigen und das KSchG in Ihrer Praxis zum Tragen kommt. Entgegen landläufiger Meinung kann eine Probezeit nicht verlängert werden, um die Erprobungsphase auf eine längere Zeitspanne auszudehnen.

Kündigungsfristen
Nach Ablauf der Probezeit gelten die gesetzlichen oder vertraglich vereinbarten Kündigungsfristen. Die gesetzlichen Kündigungsfristen finden Sie in § 622 BGB, welche oft im Arbeitsvertrag ergänzend vereinbart werden.

Ein Arbeitsvertrag in Deutschland kommt zusammenfassend durch das Angebot des Arbeitgebers und die Annahme des Arbeitnehmers zustande, wobei beide Parteien geschäftsfähig sein müssen und sich über die wesentlichen Vertragsinhalte einig sein müssen. Während ein mündlicher Vertrag grundsätzlich gültig ist, erfordert das Nachweisgesetz eine schriftliche Fixierung der wichtigsten Vertragsbedingungen.

▶ **Praxistipp** Wenn Sie nicht bei jedem neu abzuschließenden Arbeitsvertrag die Dienstleistung eines Arbeitsrechtlers in Anspruch nehmen möchten, schauen Sie auf die Internetseiten Ihrer jeweiligen KZV oder ZÄK. Bitte sehen Sie davon ab, vorhandene Arbeitsverträge zu kopieren und zu überschreiben, da die Ihnen zur Verfügung gestellten Arbeitsverträge stets auf dem aktuellen Stand der Rechtsprechung sind.

2.3.2 Beenden eines Arbeitsvertrages

Ein Arbeitsverhältnis kann auf verschiedenen Wegen beendet werden. Eine Kündigung muss immer schriftlich erfolgen, mündliche Kündigungen hingegen sind unwirksam. Der Zugang der Kündigung beim Arbeitnehmer bzw. Arbeitgeber ist entscheidend für deren Wirksamkeit. Stellen Sie also durch Aushändigung per Einschreiben oder persönliche Aushändigung durch direkte Übergabe an Ihren Mitarbeiter sicher, dass die Kündigung, die Sie ausgesprochen haben, beim Empfänger angekommen ist.

Im Folgenden finden Sie die gängigsten Methoden, die zur Beendigung eines Arbeitsverhältnisses führen:

Kündigung
Ordentliche Kündigung: Die Einhaltung der vertraglich oder gesetzlich festgelegten Kündigungsfristen ist hierbei erforderlich. Die entsprechenden Fristen können je nach Dauer der Betriebszugehörigkeit oder der individuellen arbeitsvertraglichen Vereinbarungen variieren, siehe ein Unterkapitel zuvor. Nach Kündigung und Ablauf der entsprechenden Frist ist das Arbeitsverhältnis beendet. Die gesetzlichen Kündigungsfristen in Deutschland sind in § 622 BGB geregelt: Für Arbeitnehmer gelten in der Regel und wenn arbeitsvertraglich nichts anderes vereinbart wurde, vier Wochen zum 15. oder zum Ende eines Kalendermonats. Für Sie als Arbeitgeber verlängern sich die Fristen mit der Betriebszugehörigkeit des Arbeitnehmers. Sie beginnen bei vier Wochen und können bis zu sieben Monate zum Ende eines Kalendermonats betragen.

Außerordentliche Kündigung: Eine außerordentliche Kündigung ist in der Regel eine fristlose Kündigung und wird sofort wirksam. Sie erfordert einen wichtigen Grund, zum

Beispiel schweres Fehlverhalten Ihres Mitarbeiters. Lassen Sie sich unbedingt vor Ausspruch der Kündigung arbeitsrechtlich beraten.

Aufhebungsvertrag

Der Aufhebungsvertrag stellt eine einvernehmliche Beendigung des Arbeitsverhältnisses zwischen Ihnen und Ihrem Arbeitnehmer dar. Beide Parteien einigen sich schriftlich auf die Beendigung des Arbeitsverhältnisses zu einem bestimmten Zeitpunkt, auch zum Beispiel mit sofortiger Wirkung. Es sind folglich keine Kündigungsfristen zu beachten, ein Aufhebungsvertrag kann jederzeit geschlossen werden. Wichtigstes Merkmal hierbei ist die Einigkeit, d. h. Sie beide wollen das Arbeitsverhältnis nicht weiterführen. Sollte im Anschluss an den Aufhebungsvertrag bei Ihrem Arbeitnehmer eine Arbeitslosigkeit folgen, kann es hier zu einer Sperrfrist bei der Auszahlung von Arbeitslosengeld führen.

Zeitablauf bei befristeten Verträgen

Ein befristeter Arbeitsvertrag endet automatisch mit Ablauf der vereinbarten Vertragsdauer. Es ist keine Kündigung erforderlich, es sei denn, es wurde eine vorzeitige Kündigungsmöglichkeit im Vertrag vereinbart. Befristete Arbeitsverträge kommen in der Zahnarztpraxis beispielsweise bei Auszubildenden oder Assistenzzahnärzten zum Einsatz. Hier wird die Beendigung automatisch mit Erfüllung des Zwecks herbeigeführt. Folglich bei Assistenzzahnärzten nach Ablauf der Assistenzzeit und bei Auszubildenden mit Bestehen der mündlichen Abschlussprüfung. Achten Sie insbesondere bei Auszubildenden darauf, dass hier final nicht das vereinbarte Enddatum, beispielsweise der 31.07., wenn der Auszubildende am 01.08. drei Jahre zuvor begonnen hat gültig ist, sondern das tatsächliche Datum, an dem die mündliche Abschlussprüfung erfolgreich bestanden wurde.

► Praxistipp *Bei Ausbildungsverträgen müssen Sie Folgendes beachten:*

Beginnt die Berufsausbildung am 01.08. eines Jahres, endet sie gem. Ausbildungsvertrag am 31.07. drei Jahre später. Praktisch ist die Ausbildung jedoch mit Bestehen der mündlichen Abschlussprüfung beendet und somit der Zweck der Befristung erfüllt, auch wenn die Prüfung bspw. bereits am 02.05. erfolgreich bestanden wurde. Nimmt der Arbeitnehmer nach erfolgreich bestandener Abschlussprüfung bspw. am 03.05. seine Arbeit auf und Sie beschäftigen Ihn wie bisher, haben Sie ein neues Arbeitsverhältnis als ZFA mit ihm geschlossen.

Anfechtung des Arbeitsvertrages

Wenn der Arbeitsvertrag beispielsweise aufgrund von Irrtum, Täuschung oder Drohung abgeschlossen wurde, kann er angefochten werden. Eine Anfechtung muss unverzüglich nach Kenntnis des Anfechtungsgrundes erfolgen. Juristische Grundlage hierfür sind die §§ 119, 123 BGB. Dies ist ebenfalls ein Themenbereich, bei welchem Sie sich arbeitsrechtlich beraten lassen sollten, um keine Fehler zu begehen.

Tod des Arbeitnehmers

Das Arbeitsverhältnis endet automatisch mit dem Tod des Arbeitnehmers. Dies resultiert aus der höchstpersönlich zu erbringenden Arbeitsleistung nach § 613 (1) BGB. Das bedeutet, Ihr Arbeitnehmer kann seine Aufgaben nicht einfach an andere Personen delegieren, sondern muss die Aufgaben selbst ausüben. Der Arbeitsvertrag kann nicht auf Erben übertragen werden, der Anspruch auf noch zu zahlende Vergütung geht jedoch auf die Erben über.

Rente oder Pension

Viele Arbeitsverhältnisse enden mit dem Erreichen des Rentenalters des Arbeitnehmers, wenn dies im Arbeitsvertrag so festgelegt ist. Das Renteneintrittsalter beendet jedoch nicht automatisch den Arbeitsvertrag. Eine Aufhebung oder Kündigung wäre vonnöten, jedoch dürfen Sie eine Kündigung aufgrund des Alters nicht aussprechen. Vereinbaren Sie daher schriftlich, dass das Arbeitsverhältnis automatisch endet, sobald das Renteneintrittsalter erreicht ist. Ob und wie Sie Ihren Arbeitnehmer darüber hinaus beschäftigen möchten, können Sie erneut vereinbaren.

Sie haben nun eine Übersicht, wie Sie Arbeitsverhältnisse eingehen und beenden können. Weitere Besonderheiten, denen Sie Beachtung schenken sollten, folgen zum Schluss.

Kündigungsschutzgesetz

In Praxen mit mehr als zehn Mitarbeitern genießen Arbeitnehmer nach sechs Monaten Betriebszugehörigkeit einen besonderen Kündigungsschutz. Hier sind Kündigungen nur unter bestimmten Voraussetzungen möglich, zum Beispiel aus betriebsbedingten, personenbedingten oder verhaltensbedingten Gründen. Daher ist die Beachtung der Probezeit hier besonders wichtig.

Schwerbehinderte Arbeitnehmer

Hier ist zusätzlich die Zustimmung des Integrationsamtes erforderlich. Wichtig, Sie müssen Kenntnis darüber haben, dass Ihr Mitarbeiter schwerbehindert ist.

Schwangere und Elternzeit

Es besteht ein besonderer Kündigungsschutz. Sehen Sie folglich in dieser Zeit von einer Kündigung ab, wenn Sie Rechtsstreitigkeiten vermeiden wollen.

2.4 Lohn- und Gehaltsabrechnung

In diesem Abschnitt widmen wir uns einem reinem Verwaltungsthema, das für den ein oder anderen Mitarbeiter aus HR nicht zu den Lieblingsthemen gehört. Insbesondere kreative und ideenreiche Mitarbeiter werden Sie mit der Übertragung der Lohn- und Gehaltsabrechnung als Aufgabe nicht glücklich machen.

Basis der Lohn- und Gehaltsabrechnung in einem Arbeitsverhältnis bildet der Arbeitsvertrag. Dieser gibt Auskunft darüber, welche Gehaltsbestandteile zwischen Arbeitgeber und Arbeitnehmer vereinbart wurden. Dies können neben dem Grundgehalt (Achtung, aktuellen Mindestlohn beachten!) auch beispielsweise eine Kombination aus mehreren Bausteinen sein:

Umsatzbeteiligung
In der Regel kommt die Umsatzbeteiligung bei Behandlern zum Einsatz, zuzüglich zum eigentlichen Grundgehalt. Üblicherweise wird hier ein bestimmter Prozentsatz vereinbart, der auf das eigenständig erwirtschaftete Honorar ausgerechnet wird. Je nach Sockel (zu erbringender Mindestumsatz und/oder Grundgehalt) findet man Werte zwischen 10 % und 35 %.

Fahrtkostenzuschuss
Bei der Übernahme der Fahrtkosten oder bei der Gewährung eines Fahrtkostenzuschusses sind individuelle steuerliche Regelungen zu beachten. Da diese Beträge in der Regel geringer versteuert werden als das Grundgehalt, ist dies ein attraktiver Gehaltsbestandteil für beide Parteien.

Kinderbetreuungszuschuss
Die Übernahme der Betreuungskosten für noch nicht schulpflichtige Kinder ist sowohl für Sie als Arbeitgeber als auch für den Arbeitnehmer steuerfrei. Er eignet sich hervorragend als Mittel zur Gehaltserhöhung, eine Entgeltumwandlung vom Bruttogrundgehalt ist jedoch nicht möglich. Denken Sie bei diesen Vereinbarungen daran, eine Bescheinigung über die tatsächliche Höhe der zu entrichtenden Beträge einzuholen.

Vergütung von Überstunden
Regelungen zu in der Regel von Ihnen angeordneten Überstunden finden sich üblicherweise im Arbeitsvertrag. Werden diese regelmäßig ausgezahlt, geschieht dies über die Lohn- und Gehaltsabrechnung.

Urlaubsgeld/Weihnachtsgeld
Die Gewährung von Urlaubs- und/oder Weihnachtsgeld wird ebenfalls zu den entsprechenden Zeitpunkten mit der Lohn- und Gehaltsabrechnung abgewickelt. In der Regel finden diese Zahlungen im Juni bzw. November jeden Jahres Anwendung.

Betriebliche Altersversorgung
Die betriebliche Altersversorgung mit ihren unterschiedlichen Durchführungswegen kann in HR zu hoher Administration führen. Neue Mitarbeiter bringen oft Altverträge mit, bei welchen Sie gebeten werden, diese weiterzuführen. Viele Zahnarztpraxen arbeiten mit einem Anbieter zusammen, um den Organisationsaufwand so gering wie möglich zu halten.

Sachbezugskarte
Sachbezugskarten gibt es von unterschiedlichen Anbietern und diese bieten Ihren Mitarbeitern die Möglichkeit, mit der Karte bei Vertragspartnern einzukaufen. Sie als Arbeitgeber laden die Karten automatisch einmal pro Monat (oder individuell vereinbartem Zyklus) auf und der Mitarbeiter kann Sie sofort verwenden. Bis zu einer gewissen Grenze (aktuell 50,- € pro Monat) ist der Betrag steuerfrei.

Einmalprämien
Möchten Sie aufgrund besonderer Leistung oder anderen Gründen eine Einmalprämie ausschütten, können Sie dies jederzeit über die Lohn- und Gehaltsabrechnung tun. Beachten Sie dabei Folgendes. Gewähren Sie diese Prämie mehr als nur einmal, im Besonderen dreimal hintereinander zu einem gleichen Zeitpunkt, ist dies ggf. als sogenannte betriebliche Übung zu werten. Als Resultat hat der Mitarbeiter ab dem letzten Zeitpunkt automatisch Anspruch auf die von Ihnen gewährte Leistung, ohne dass dies arbeitsvertraglich vereinbart werden muss. Diese Pflicht zur regelmäßigen Zahlung können Sie umgehen, in dem Sie bei Auszahlung mittels eines sog. Freiwilligkeitsvorbehalts schriftlich darauf hinweisen, dass die Zahlung eine freiwillige Leistung darstellt und hier kein Rechtsanspruch in der Zukunft besteht.

Insbesondere bei den Bestandteilen Betreuungskosten, Fahrtkosten und Sachbezügen kann es für den Arbeitnehmer interessant sein, diese in seinem Gehaltspaket mit zu verhandeln, da diese steuerfrei beziehungsweise steuerbegünstigt sind. Hierzu kann Sie – auch im Hinblick auf die aktuelle Rechtsprechung – Ihr Steuerberater beraten und unterstützen.

▶ **Praxistipp** Kommen Sie bei Gehaltsverhandlungen an Ihre Grenzen hinsichtlich des Grundgehalts, bieten Sie ein etwas niedrigeres Grundgehalt in Verbindung mit auch für Sie steuerfreien Gehaltsbestandteilen oder mehr Urlaubstagen an. So kann oft im Nachgang Einigkeit erfolgen, auch wenn die Gehaltsvorstellungen zuvor augenscheinlich zu weit auseinanderlagen. Bitten Sie Ihren potenziellen Arbeitnehmer an den Verhandlungstisch und erfragen Sie, was ihm wichtig ist.

2.4.1 Zuständigkeiten

Wie bereits angedeutet, ist Ihr Steuerberater die Anlaufstelle der Wahl rund um das Thema Lohn- und Gehaltsabrechnung. Doch beginnen wir von Vorn.

Wer kümmert sich in Ihrer Praxis um das gesamte Thema Entgelt? Üblicherweise machen dies die Praxisinhaber sehr lange höchstpersönlich, da das Thema Finanzen sehr sensibel ist und auf diese Daten – wie auch auf die gesamte Personalakte – absolut beschränkter Zugriff herrschen muss. Haben sie jedoch bereits die Größe erreicht, dass Sie im Bereich Personalmanagement eine eigene Stelle etabliert haben, sollten Sie auch diesen Bereich delegieren. Zum einen an die Person aus HR, zum anderen an Ihren Steuerberater.

Der monatliche Zyklus der Gehaltsabrechnung läuft in der Regel immer gleich ab. Die Stammdaten der Mitarbeiter bleiben unangetastet und lediglich Änderungen werden bearbeitet.

Änderungen können beispielsweise sein

- Adressänderung bei Umzug
- Namensänderung bei Hochzeit oder Scheidung
- Steuerklassenwechsel
- Krankenkassenwechsel, innerhalb der Krankenkassen oder von der gesetzlichen Krankenkasse zur privaten Krankenversicherung
- Krankheit über die Entgeltfortzahlung (6 Wochen) hinaus, wenn der Mitarbeiter sich im Krankengeldbezug befindet
- Beschäftigungsverbot
- Geburt eines Kindes (Freibetrag)
- Elternzeit
- Ein- und Austritte von Mitarbeitern bei Neueinstellung und/oder Beendigung eines Arbeitsverhältnisses
- Gehaltsanpassungen
- Auszahlung von Überstunden
- Auszahlung von Umsatzbeteiligungen
- Etc.

Diese Änderungen werden vom Personalverantwortlichen überwacht und bearbeitet und dann – zur finalen Abrechnung an den Steuerberater übermittelt. Dies erfolgt regelmäßig über gesicherten Mailverkehr oder Ihre Personalverwaltungssoftware.

Hierzu gibt Ihnen Ihr Steuerberater Auskunft hinsichtlich der Fristen. Zahlen Sie die Gehälter zum Monatsende aus (die Fälligkeit der Zahlung des Gehaltes wird im Arbeitsvertrag geregelt), ist dies üblicherweise der sechstletzte Bankarbeitstag, an dem der Steuerberater die Daten für die Abrechnung des laufenden Monats benötigt.

Im weiteren Verlauf bearbeitet dieser die Änderungen und sendet Ihnen zur finalen Kontrolle und Freigabe sog. Probeabrechnungen zu. Sollte dies nicht der Fall sein, können Sie ihn jederzeit darum bitten. Probeabrechnungen sind grundsätzlich identisch mit den finalen Gehaltsabrechnungen, mit dem Unterschied, dass bei Fehlern noch Änderungen im aktuellen Lohnlauf durchgeführt werden können. Sobald Sie die Abrechnungen kontrolliert und freigegeben haben, sind Änderungen in der Regel nur noch mit einer Korrekturabrechnung im Folgemonat möglich.

► **Praxistipp** Im Speziellen sollten Sie auf die Probeabrechnungen bestehen, wenn Sie das Thema Lohn- und Gehaltsabrechnungen an einen Mitarbeiter übergeben und delegieren möchten. So hat diese Person die Chance, Änderungen noch einmal zu kontrollieren, bevor die Gehälter final angewiesen werden.

Steuern Sie auf eine Praxisgröße von über 100 Mitarbeitern zu und haben Sie schon einmal überlegt, einen Steuerfachangestellten einzustellen, der die Lohn- und Gehaltsabrechnung inhouse in Ihrer Praxis komplett allein erledigt? Dann sollten Sie sich zuvor intensiv mit der Entscheidung „Make or Buy" auseinandersetzen.

„Make or Buy" ist eine strategische Entscheidung, die Sie treffen müssen, um zu bestimmen, ob Sie bestimmte Produkte oder Dienstleistungen selbst herstellen beziehungsweise erledigen möchten oder sie von externen Anbietern einkaufen, folglich auslagern sollen. Diese Entscheidung hängt von verschiedenen Faktoren ab, einschließlich Kosten, Qualität, Verfügbarkeit von Ressourcen und strategischer Bedeutung. Grundsätzlich kann diese Entscheidung auch bei anderen Teilbereichen sinnvoll sein (Beispielsweise eigenes Praxislabor vs. gewerbliches Labor), hier wird nun jedoch Bezug auf die Lohn- und Gehaltsabrechnung genommen.

Dies sind die Hauptaspekte, die bei einer „Make or Buy"-Entscheidung berücksichtigt werden:

1. **Kosten**
   - **Direkte Kosten**: Welche Kosten fallen an, die der Steuerberater Ihnen in Rechnung stellt? Wie hoch sind die Personalkosten, wenn Sie diese Stelle neu einrichten?
   - **Indirekte Kosten**: Benötigen Sie neue Räumlichkeiten oder Büroausstattung?
   - **Vergleich der Kosten**: Nun müssen die internen mit den Kosten für den Einkauf von externen Leistungen durch den Steuerberater verglichen werden.
2. **Qualität**
   - **Kontrolle**: Die Abrechnung in Ihrer Praxis ermöglicht eine bessere Kontrolle über die Qualität, sofern Sie einen Experten einstellen.
   - **Lieferantenqualität**: Die Qualität Ihres Steuerberaters muss überprüft und gewährleistet werden.
3. **Ressourcenverfügbarkeit**
   - **Know-how**: Verfügt Ihre Praxis über das notwendige Wissen und die Fähigkeiten zur eigenen Abwicklung der Abrechnung? In der Regel haben Steuerfachangestellte eine Spezialisierung absolviert, bevor sie Profi auf dem Gebiet der Lohn- und Gehaltsabrechnung sind.
   - **Kapazitäten**: Hat Ihre Praxis die Kapazitäten, um die Abrechnung durch jemanden aus dem vorhandenen HR-Team abzuwickeln?
   - **Technologie und Ausrüstung**: Sind die notwendigen Technologien (Software, beispielsweise Datev) vorhanden oder müssen sie kostenpflichtig beschafft werden?
4. **Strategische Bedeutung**
   - **Kernkompetenzen**: Handelt es sich bei der Bearbeitung inhouse um eine Kernkompetenz Ihrer Praxis?
   - **Vertraulichkeit**: Muss die Dienstleistung aufgrund von Geschäftsgeheimnissen intern hergestellt werden? In Ihrem Falle einer Zahnarztpraxis kann dieser Punkt verneint werden.

- **Abhängigkeit von Lieferanten**: Wie riskant ist es, sich auf Ihren Steuerberater zu verlassen? Wie verlief die bisherige Zusammenarbeit? Bewerten Sie hier kritisch und fragen Sie ggf. direkt beim Steuerberater nach, wer im Krankheitsfall die Vertretung übernimmt.

5. **Flexibilität und Reaktionsfähigkeit**
   - **Anpassungsfähigkeit**: Wie schnell können Sie reagieren, wenn der Mitarbeiter, der in Ihrer Praxis tätig und vollständig für die Lohn- und Gehaltsabrechnung verantwortlich ist, erkrankt, kündigt oder im Urlaub ist?

All diese Aspekte sollten Sie intensiv betrachten, bevor Sie die Dienstleistung Ihres Steuerberaters nicht mehr in Anspruch nehmen möchten und eine Stelle hierfür ausschreiben und besetzen. Üblicherweise wird die Praxis von einem externen Steuerberater unterstützt.

2.4.2 Besonderheiten einer Zahnarztpraxis – Lohn und Gehalt

Der Themenbereich der Umsatzbeteiligung bei Behandlern stellt die wohl größte Besonderheit einer Zahnarztpraxis im Kontext von Lohn und Gehalt dar. Da Umsatzbeteiligungen freie Verhandlungen mit sich bringen, soll hier keineswegs auf Empfehlungen zu bestimmten Prozentzahlen eingegangen werden.

Vielmehr geht es abschließend darum, auf bestimmte Basics aufmerksam zu machen, die Sie bei der Verhandlung und der täglichen Verwaltung beachten sollten

1. Die Umsatzbeteiligung ist zwar ein variabler Anteil des Gehaltes, weil er abhängig vom (typischerweise eigenen) erwirtschafteten zahnärztlichen Honorar ist. Betrachten wir jedoch die Themen Entgeltfortzahlung im Krankheitsfall, Vergütung zu Urlaubszeiten oder Berechnungen des Mutterschutzlohnes oder des Elterngeldes, wird die Umsatzbeteiligung dem Grundgehalt hinzugerechnet und darf bei der jeweiligen Auszahlung keinesfalls vernachlässigt werden.
2. Es empfiehlt sich, monatlich Abschläge vom erwarteten Umsatz zu zahlen, um die Höhe des Gehaltes so gleichmäßig wie möglich zu halten.
3. Berechnen Sie die Differenzzahlung zu den Abschlägen mind. quartalsweise, um nicht beispielsweise am Anfang des Jahres, rückwirkend für das Vorjahr, hohe Summen auf einmal zahlen zu müssen.
4. Vermeiden Sie Umsatzbeteiligungen bei Assistenzzahnärzten. Diese sollen Zeit für das Erlernen handwerklicher Fertigkeiten bekommen und nicht den Druck verspüren müssen, schnell und unter Qualitätsverlusten zu behandeln.

2.5 Zeiterfassung

Die Zeiterfassung ist ein wesentlicher Bestandteil zur korrekten Abrechnung der Arbeitszeiten in der Praxis. Hierzu können elektronische Zeiterfassungssysteme genutzt werden, die Start, Ende und Pausenzeiten exakt dokumentieren. Auch Ihre Praxismanagementsoftware bietet Ihnen üblicherweise die Möglichkeit hierüber beim Log-in Arbeitszeiten zu erfassen.

Die rechtliche Grundlage für die Erfassung der Arbeitszeit in der Praxis ist in Deutschland im Arbeitszeitgesetz (ArbZG) und teilweise im Arbeitsrecht auf europäischer Ebene geregelt. Hier sind die wichtigsten gesetzlichen Grundlagen und Regelungen:

2.5.1 Arbeitszeitgesetz (ArbZG)

Das Arbeitszeitgesetz regelt die Höchstdauer der Arbeitszeit, Pausen und Ruhezeiten. Wichtige Paragrafen sind:

- **§ 3 ArbZG**: Höchstarbeitszeit von 8 h täglich, die auf bis zu 10 h verlängert werden kann, wenn innerhalb von sechs Kalendermonaten oder innerhalb von 24 Wochen im Durchschnitt 8 h werktäglich nicht überschritten werden.
- **§ 5 ArbZG:** Eine Ruhezeit zwischen zwei Schichten von mind. 11 h ununterbrochen muss grundsätzlich eingehalten werden. Für Minderjährige gelten mind. 12 h (§ 12 JArbSchG).
- **§ 16 ArbZG**: Aufzeichnungs- und Dokumentationspflicht. Arbeitgeber sind verpflichtet, die über die werktägliche Arbeitszeit von 8 h hinausgehende Arbeitszeit der Arbeitnehmer aufzuzeichnen und die Aufzeichnungen mindestens zwei Jahre aufzubewahren.

2.5.2 Europäische Arbeitszeitrichtlinie (Richtlinie 2003/88/EG)

Die europäische Arbeitszeitrichtlinie legt Mindeststandards für die Arbeitszeitgestaltung in den EU-Mitgliedstaaten fest, darunter:

- **Artikel 3**: Mindestruhezeit von 11 aufeinanderfolgenden Stunden innerhalb von 24 h.
- **Artikel 5**: Wöchentliche Ruhezeit von mindestens 24 zusammenhängenden Stunden, zuzüglich der täglichen Ruhezeit.
- **Artikel 6**: Begrenzung der wöchentlichen Arbeitszeit auf durchschnittlich 48 h, einschließlich Überstunden.

2.5.3 Europäischer Gerichtshof (EuGH): Urteil zur Arbeitszeiterfassung (2019)

Ein bedeutendes Urteil des EuGH aus dem Jahr 2019 besagt, dass Arbeitgeber in den EU-Mitgliedstaaten verpflichtet sind, ein objektives, verlässliches und zugängliches System zur Messung der täglichen Arbeitszeit ihrer Arbeitnehmer einzuführen. Dieses Urteil basiert auf der Auslegung der europäischen Arbeitszeitrichtlinie und zielt darauf ab, die Rechte der Arbeitnehmer auf Einhaltung der Höchstarbeitszeiten und Ruhezeiten besser zu schützen.

Grundsätzlich können Sie dies auch in Form einer Excel-Tabelle umsetzen oder wie bereits angedeutet, mit Ihrer Praxismanagementsoftware. Haben Sie bereits eine eigene Personalverwaltungssoftware etabliert, stellt die Möglichkeit digital Arbeitszeiten zu erfassen, ein Basic-Tool aller Softwarelösungen dar.

2.5.4 Umsetzung in nationales Recht

Das Urteil des EuGH hat die EU-Mitgliedstaaten dazu verpflichtet, die entsprechenden Regelungen in nationales Recht zu überführen. In Deutschland wird darüber diskutiert, wie die Anforderungen des EuGH-Urteils konkret umgesetzt werden sollen. Dies könnte eine Änderung des Arbeitszeitgesetzes oder ergänzende Regelungen bedeuten.

Die Erfassung der Arbeitszeit in Praxis basiert auf dem deutschen Arbeitszeitgesetz und der europäischen Arbeitszeitrichtlinie. Das EuGH-Urteil von 2019 verstärkt die Notwendigkeit eines verlässlichen Systems zur Erfassung der Arbeitszeit, um die Rechte der Arbeitnehmer zu schützen. In Ihrer Praxis müssen Sie daher diese rechtlichen Anforderungen umsetzen und sicherstellen, dass die Arbeitszeiten Ihrer Mitarbeiter korrekt dokumentiert und aufgezeichnet werden.

2.6 Besonderheiten einer Zahnarztpraxis zur Personalverwaltung

2.6.1 Leistungserbringer und Umsatzträger

Wie bereits im vorangegangenen Abschnitt beschrieben, gelten hinsichtlich der Leistungserbringer und Umsatzträger der Praxis gewisse Sonderregelungen, die Sie beachten sollten. Neben den Zahlungsmodalitäten empfehle ich zwei wichtige Aspekte.

Zunächst sollten Sie allen umsatzbeteiligten Mitarbeitern die Möglichkeit geben, ihre Umsätze im System einzusehen. Berechtigungen können Sie in jeder Software individuell anpassen, sodass die Mitarbeiter ihre Umsätze tagesgenau überblicken können. Mitarbeiter, die eine Umsatzbeteiligung als Bestandteil ihres Gehaltes erhalten, haben ein hohes Interesse daran, Ihre Leistungen regelmäßig zu überprüfen, da diese unmittelbare Auswirkungen auf ihr Gehalt haben.

Führen Sie regelmäßig Umsatzgespräche und analysieren Sie mit ihrem Mitarbeiter gemeinsam Höhen und Tiefen in der Erbringung der Umsätze. Vereinbaren Sie Ziele, die realistisch und erreichbar sind. Diese Umsatzgespräche bieten sich beispielsweise immer dann an, wenn Sie die Differenz zu den monatlichen Abschlägen auszahlen, im besten Fall quartalsweise. So haben Sie die Gelegenheit zu einem fest vereinbarten Zeitpunkt das vergangene Quartal zu analysieren, Lob auszusprechen und Empfehlungen zu geben. Denken Sie immer daran, Umsatzerbringer sind die Leistungserbringer Ihrer Praxis. Ohne sie ist das Betreiben einer Zahnarztpraxis nicht möglich.

2.6.2 Beschäftigungsverbote und Elternzeiten

Schwangerschaft und Elternzeit gehen in der Zahnarztpraxis mit besonderen Schutzbestimmungen einher, die in der Personalverwaltung Beachtung finden müssen.

Sind Mitarbeiterinnen in Ihrer Praxis schwanger, erhalten Sie dazu in der Regel unmittelbar Kenntnis. Dies hat den Hintergrund, dass einige Arbeitsplätze in der Praxis im Rahmen der Schwangerschaft oder Stillzeit für das ungeborene Kind gefährlich sein können und Mitarbeiterinnen in der Weiterbeschäftigung am bisherigen Arbeitsplatz ein Risiko sehen.

Mittels einer Gefährdungsbeurteilung des Arbeitsplatzes und natürlich Ihrer persönlichen Einschätzung und einem Gespräch mit der Mitarbeiterin, erhalten Sie schnell einen Überblick, ob die Mitarbeiterin weiterhin an ihrem bisherigen Arbeitsplatz tätig sein kann. Sollte dies nicht der Fall sein (in der Regel in der zahnärztlichen Assistenz, der Prophylaxe und der zahnärztlichen Behandlung), können Sie überlegen, ob eine Versetzung sinnvoll und möglich ist.

Hier bieten sich verschiedene Wechselmöglichkeiten an, wie beispielsweise

- ZFA → Empfang, Verwaltung
- ZMP/DH → Verwaltung, Schulungen anderer Mitarbeiter
- Zahnärztinnen → Erstellung von Behandlungsplänen, Schulungen anderer Mitarbeiter

Auch Sonderprojekte wie zum Beispiel Aufarbeiten von QM-Handbüchern oder Bereiche, die im Alltag etwas zu kurz kommen sind vorübergehend denkbar. Im Anschluss an das Projekt können Sie eine erneute Gefährdungsbeurteilung durchführen und das Beschäftigungsverbot beginnt. Andersherum stellen Gynäkologen ebenfalls individuelle Beschäftigungsverbote aus, wenn es gesundheitliche Bedenken bei der Fortführung der Arbeit gibt. Reine Verwaltungsmitarbeiter sind in der Regel weder von einem Beschäftigungsverbot durch die Gefährdungsbeurteilung noch von einem vollumfänglichen Beschäftigungsverbot durch den Gynäkologen betroffen. Hier kann es sein, dass auch

Teil-Beschäftigungsverbote ausgesprochen werden, nach denen die Mitarbeiterin beispielsweise nicht mehr als 4 h am Tag arbeiten kann.

▶ **Praxistipp** Der Urlaubsanspruch im Beschäftigungsverbot verfällt nicht. Da die Mitarbeiterin ihren Urlaub nicht vor Beginn nehmen kann, planen Sie für den Wiedereinstieg die erhöhte Anzahl an Urlaubstagen mit ein. Ich empfehle, die Urlaubstage unmittelbar nach Wiedereinstieg zu gewähren, damit sich die Tage nicht weiter anhäufen.

Für das Stillbeschäftigungsverbot gelten die gleichen Regelungen wie für das bereits erläuterte Beschäftigungsverbot. Insbesondere Behandler greifen auf dieses Instrument nach der Entbindung zurück, um die Höhe des Gehaltes beizubehalten. In der Zeit des Stillbeschäftigungsverbotes, wird das Durchschnittsgehalt berechnet und ausgezahlt. Mit einer Bescheinigung von Gynäkologen und/oder Hebamme darüber, dass die Mitarbeiterin aktuell stillt, wenden Sie sich anschließend an die Krankenkasse zur Erstattung der Kosten.

Bisher habe ich noch keinen Fall erlebt, in dem die Ausgaben nicht erstattet wurden, auch wenn die Stillzeit bereits über ein Jahr andauerte. Beachten Sie auch hier, dass weiterhin Urlaubsanspruch besteht. Im Gegensatz zur Elternzeit müssen Sie den Urlaubsanspruch bei Wiedereinstieg für den gesamten Zeitraum der Stillzeit gewähren.

Im Rahmen der Elternzeit ist dies nicht der Fall – sofern Sie bei der Bestätigung der Elternzeit schriftlich darauf hinweisen, dass in diesem Zeitraum kein Anspruch auf Erholungsurlaub besteht. Dieser Hinweis ist zwingend erforderlich.

2.6.3 Pflichtunterweisungen

Das zahnmedizinische Personal muss regelmäßig unterwiesen werden, teils jährlich, teils halbjährlich. Diese Pflichtunterweisungen sowie entsprechende Nachweise sind wichtige Bestandteile der Personalakte und sollten dort aufbewahrt werden. Sollten Sie die entsprechenden allgemeinen Nachweise der Unterweisung nicht in jeder Personalakte aufbewahren wollen, bietet sich eine Gesamtübersicht für alle Mitarbeiter zu jeder individuellen Unterweisung an, die sie separat abheften und speichern.

Ihre zuständige Zahnärztekammer stellt Ihnen neben vorgefertigten Listen und Unterweisungsintervallen oft auch bereits vorgefertigte Präsentationen mit den erforderlichen Inhalten zum Download bereit. Die Landeszahnärztekammer Baden-Württemberg ist hier exemplarisch zu nennen. Sollten Sie nicht alle Mitarbeiter zeitgleich zu Schulungszwecken an einen Tisch bekommen, können Sie Ihren Mitarbeitern die Präsentation aushändigen. Im Rahmen einer von Ihnen zur Verfügung gestellten Selbstlernzeit können die Mitarbeiter diese durcharbeiten. Bieten Sie unbedingt an, dass sie bei Fragen oder Unklarheiten auf Sie zukommen können, um das Durchdringen der Inhalte sicherzustellen. Lediglich bei Auszubildenden und neuen, fachfremden Mitarbeitern rate ich dringend dazu, in den ersten zwei Jahren Pflichtunterweisungen persönlich durchzuführen.

2.7 Fazit und Learning – Personalverwaltung

Die Personalverwaltung in der Zahnarztpraxis ist ein komplexes und vielfältiges Aufgabengebiet, das sorgfältig und gewissenhaft ausgeführt werden muss.

Neben den rechtlichen Vorgaben gibt es zahlreiche organisatorische Aspekte zu beachten, um eine reibungslose Personalverwaltung zu gewährleisten. Eine gut organisierte Personalakte und regelmäßige Unterweisungen sind dabei unerlässlich. Es lohnt sich daher, Zeit und Ressourcen in die Personalverwaltung zu investieren und diese kontinuierlich zu optimieren, um langfristig professionell und erfolgreich agieren zu können.

So kann eine gut organisierte Personalverwaltung dazu beitragen, dass sich Mitarbeiter in der Praxis wohlfühlen und effektiv arbeiten können – ein wichtiger Baustein für den Erfolg Ihrer Zahnarztpraxis.

Durch die Einhaltung von rechtlichen Vorgaben und eine sorgfältige Personalverwaltung können zudem finanzielle Risiken minimiert werden, beispielsweise bei arbeitsrechtlichen Auseinandersetzungen. Insgesamt ist die Personalverwaltung also ein entscheidender Teil einer erfolgreichen Zahnarztpraxis und sollte entsprechend wertgeschätzt und gepflegt werden.

Fazit

Die Personalakte ist das Herzstück Ihrer Verwaltung und Administration. Auch wenn Sie 10 Mitarbeiter beschäftigen, legen Sie Wert auf Struktur und Vollständigkeit. Ich hatte kürzlich ein Gespräch mit einer Mitarbeiterin, die einen Blick in ihre Personalakte werfen wollte. Nun stellen Sie sich einmal vor, ich müsste alle Dokumente aus meiner Ablage durchsuchen, um die Unterlagen zusammenzubringen. Welchen Blick wirft das auf mich als Arbeitgeber?

Personal finden – Recruiting

3

Recruiting, also die Suche und vor allem das Finden von Mitarbeitern, ist ein essenzieller Bestandteil des Human Resources Managements und spielt eine entscheidende Rolle für den Erfolg Ihrer Praxis. Dieses Kapitel führt Sie durch die verschiedenen Aspekte der heutigen Personalbeschaffung, von den Grundlagen bis hin zu spezifischen Methoden und Strategien, die Ihre Suche nach dem passenden Personal optimieren.

3.1 Basics des Recruitings

Insgesamt ist eine strategische Herangehensweise an das Recruiting unerlässlich, um im Wettbewerb um qualifizierte Mitarbeiter erfolgreich zu sein. Die Nutzung von modernen Technologien, eine klare Positionierung Ihrer Praxis als attraktiver Arbeitgeber und die Schaffung einer positiven Praxiskultur sind nur einige der Komponenten, die dazu beitragen können, Top-Talente für sich zu gewinnen.

Mit den richtigen Strategien und Maßnahmen können Sie mit Ihrer Praxis langfristig wettbewerbsfähig bleiben und Ihre Personalbeschaffung effizient gestalten. Die Investition in ein qualifiziertes und motiviertes Praxisteam zahlt sich letztendlich in allen Bereichen Ihrer Praxis aus und ist somit von großer Bedeutung für den langfristigen Erfolg. Daher sollte das Thema Mitarbeitergewinnung und natürlich auch deren Bindung stets eine hohe Priorität in der Zahnarztpraxis haben und kontinuierlich weiterentwickelt werden.

Es ist wichtig, dass Recruiting-Strategien regelmäßig überprüft und angepasst werden, um den sich ständig verändernden Anforderungen und Trends auf dem Arbeitsmarkt gerecht zu werden. Eine offene Kommunikation mit den Mitarbeitern und ein regelmäßiger Austausch über deren Bedürfnisse und Wünsche können dabei helfen, die richtigen

J.-K. Jonen, *Nachhaltiges Personalmanagement in der Zahnarztpraxis*,
https://doi.org/10.1007/978-3-658-47559-8_3

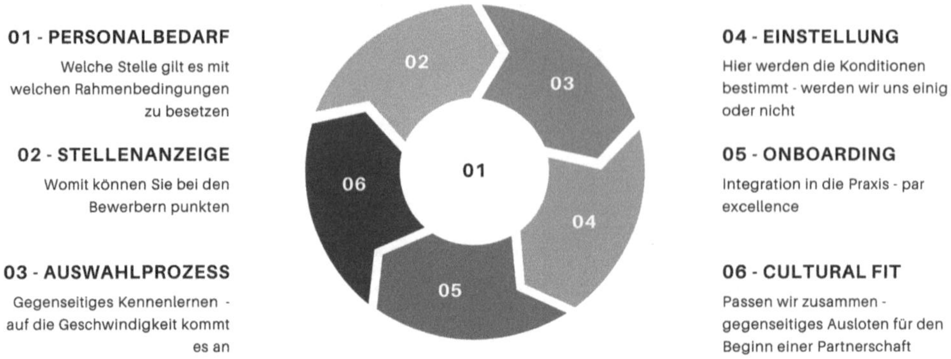

Abb. 3.1 Recruiting-Prozess

Maßnahmen zur Mitarbeitergewinnung herauszufinden. Beachten Sie immer: wichtig ist, was Ihrem Mitarbeiter wichtig ist, nicht was Sie denken, was ihm wichtig ist. Hier besteht oft ein großer Unterschied, der häufig nicht zum gewünschten Effekt führt und beide Seiten frustrieren kann.

Recruiting beginnt mit dem Verständnis für die notwendigen Schritte, um den geeigneten Mitarbeiter für eine Stelle zu finden. Abb. 3.1 soll den Recruiting-Prozess einmal veranschaulichen, an dem Sie sich orientieren können.

Beginnen Sie immer mit der Ermittlung Ihres Personalbedarfes – ohne diese Grundlage sollten Sie nicht starten, neues Personal zu suchen. Die Feststellung des Personalbedarfs ist ein wichtiger Prozess in der Personalplanung, der sicherstellt, dass Ihre Praxis die richtige Anzahl von Mitarbeitern mit den richtigen Fähigkeiten zur richtigen Zeit zur Verfügung hat.

Bevor Sie folglich eine Stellenanzeige schalten, überprüfen Sie zunächst, welchen Bedarf Sie konkret haben. Hier sind die Schritte zur Ermittlung des Personalbedarfs:

Analyse des Ist-Zustands

- **Ermittlung der aktuellen Mitarbeiterzahl**
  Erstellen Sie eine Liste der aktuellen Mitarbeiter und ihrer Positionen und Aufgabenbereiche. Ergänzen Sie die Liste um die vereinbarte wöchentliche Arbeitszeit, um Ihre Auswertung so genau wie möglich zu gestalten.
- **Analyse der vorhandenen Fähigkeiten**
  Bewerten Sie die vorhandenen Fähigkeiten und Qualifikationen der Mitarbeiter. Wer arbeitet aktuell auf welcher Position, wer hat ggf. den Wunsch sich zu verändern. Durch das Führen regelmäßiger Mitarbeitergespräche wissen Sie (oder alternativ Ihre Teamleiter), mit welchen Menschen Sie regelmäßig zusammenarbeiten und wohin diese sich gegebenenfalls entwickeln möchten.
- **Bewertung der aktuellen Arbeitsbelastung**
  Analysieren Sie die aktuelle Arbeitsbelastung und ob die Mitarbeiter überlastet sind oder in gewissen Bereichen vielleicht sogar zu wenig Aufgaben vorhanden sind. Ziehen

Sie als Informationsgrundlage die Dokumentation der Arbeitszeiten Ihrer Mitarbeiter sowie abgerechnete Überstunden hinzu.

Zukunftsprognose

- **Analyse Ihrer Praxisziele**
  Überprüfen Sie die kurz- und langfristigen Ziele Ihrer Praxis und deren Auswirkungen auf den Personalbedarf. Streben Sie eine Expansion an? Möchten Sie weitere Standorte eröffnen? Dann empfiehlt es sich, ggf. frühzeitig den Mitarbeiterstamm aufzustocken, um eine gute Einarbeitung zu gewährleisten und den zukünftigen Personalbedarf sicherzustellen.

Ermittlung des Soll-Personals

- **Anforderungen an zukünftige Projekte**
  Bestimmen Sie, welche Projekte in Zukunft anstehen und welchen Personalbedarf diese haben. Haben Sie einen Wechsel der Praxismanagementsoftware geplant? Stellen Sie Ihre Praxis um, auf eine völlig digitale und papierlose Praxis? Möchten Sie weitere Fachgebiete integrieren? Aufgaben dieser Art benötigen Vorbereitung und gegebenenfalls zusätzliche Ressourcen. Sprechen Sie hierzu auch mit Ihrem Team: Wer hat Lust und Zeit sich mit diesen Themen zu beschäftigen? Wann ist ein passender Zeitpunkt sich damit zu befassen?
- **Identifikation von Fähigkeiten**
  Bestimmen Sie, welche neuen Fähigkeiten und Kompetenzen in Zukunft benötigt werden. Insbesondere im Hinblick auf ein Praxiswachstum kann hier ein hoher Neubedarf entstehen. Überprüfen Sie parallel dazu, welche bereits in der Praxis vorhanden sind und eventuell anders eingesetzt werden können als bisher.
- **Berechnung des quantitativen Bedarfs**
  Ermitteln Sie dann die Anzahl der Mitarbeiter, die für zukünftige Anforderungen benötigt werden. Berücksichtigen Sie hierbei auch durch eventuelle Versetzungen innerhalb des Teams frei werdende Positionen und bewerten diese individuell.

Gap-Analyse

- **Vergleich von Ist- und Soll-Zustand**
  Vergleichen Sie die aktuelle Situation mit der zukünftigen Prognose, um festzustellen, wo Lücken bestehen. Verwenden Sie im besten Fall für Ist- und Soll-Zustandserhebung identische Tabellen, um den Vergleich so einfach wie möglich zu machen. Vorherige Fleißarbeit zahlt sich somit schnell aus.
- **Identifizierung von Abweichungen**
  Bestimmen Sie, in welchen Bereichen ein Mangel oder Überschuss an Personal besteht. Mit dem Ergebnis können Sie zukünftig arbeiten und dies bei Veränderung der Praxisstrategie kontinuierlich überprüfen und anpassen.

Und zum Schluss – Maßnahmenplanung

- **Recruiting**
  Entwickeln Sie Strategien zur Rekrutierung neuer Mitarbeiter, um Lücken zu schließen. Auch wenn diese potenziellen Lücken erst in naher Zukunft bestehen, planen Sie diese unbedingt mit ein. Priorisieren Sie die Stellen, die zuerst besetzt werden müssen, um Ihre Praxisziele zu erreichen.
- **Weiterbildung**
  Planen Sie Schulungen und Weiterbildungsmaßnahmen, um vorhandene Mitarbeiter für zukünftige Anforderungen zu qualifizieren. Welche Mitarbeiter wechseln ihren Arbeitsplatz? Welche zusätzlichen Kenntnisse sind hierfür erforderlich? Welchen zeitlichen und finanziellen Invest müssen Sie hierzu einplanen?
- **Umstrukturierung**
  Überlegen Sie, ob eine Umstrukturierung von Abteilungen oder die Umverteilung von Aufgaben sinnvoll ist. Im Rahmen der Personalentwicklung gewonnene Kenntnisse unterstützen Sie in Ihren Ideen und Umsetzungen. Nutzen Sie die Chance, um Veränderungen einzuplanen, die Sie schon immer einmal umsetzen wollten. Eine Um- oder Restrukturierung ist hierfür der perfekte Zeitpunkt.

Widmen wir uns nun im weiteren Verlauf dieses Kapitels dem konkreten Ablauf des Recruiting-Prozesses. Zunächst mit den unterschiedlichen Generationen am Arbeitsmarkt, um Ihr Gespür für die aktive Personalsuche zu schärfen.

3.2 Die unterschiedlichen Generationen am Arbeitsmarkt

Der Arbeitsmarkt ist vielfältig und umfasst mehrere Generationen, die sich in ihren Wertevorstellungen, ihrer Technologieaffinität und ihren Arbeitsweisen unterscheiden. Um eine passende Ansprache sicherzustellen, ist es wichtig, diese Unterschiede zu verstehen und in der Rekrutierung zu berücksichtigen. Doch beachten Sie Folgendes: Die Ansätze, Arbeitsweisen und Moral der Mitarbeiter durch verschiedene Generationen zu beschreiben, stellen aus meiner Sicht lediglich Ansätze dar, mit denen Sie lernen, Ihre Mitarbeiter besser zu verstehen. Keinesfalls soll aus dieser Eingruppierung eine Art Schubladendenken resultieren.

Die verschiedenen Generationen am Arbeitsmarkt zeichnen sich durch unterschiedliche Werte, Erwartungen und Verhaltensweisen aus, die von den sozioökonomischen, technologischen und kulturellen Entwicklungen ihrer jeweiligen Zeit geprägt wurden.

Hier sind die charakteristischen Merkmale der häufig diskutierten Generationen:

Babyboomer (ca. 1946–1964)

- **Arbeitsmoral:** Sehr engagiert und loyal gegenüber ihrem Arbeitgeber. Sie neigen dazu, lange Arbeitszeiten zu akzeptieren und ihre Karriere an erste Stelle zu setzen. Diese Generation nimmt zum Teil bereits nicht mehr am Arbeitsleben teil.

- **Technologie:** Viele Babyboomer haben sich erst im späteren Berufsleben an die Technologie angepasst. Sie bevorzugen oft traditionelle Kommunikationsmethoden und beispielsweise weniger E-Mails.
- **Werte:** Stabilität, finanzielle Sicherheit und Anerkennung für harte Arbeit sind wichtige Werte.
- **Karriere:** Häufig lange bei einem Arbeitgeber tätig, sie schätzen Arbeitsplatzsicherheit und klare Karrierewege. Auf diese Generation brauchen Sie sich zumindest im Recruiting nicht mehr zu fokussieren.

Generation X (ca. 1965–1980)

- **Arbeitsmoral:** Unabhängig und pragmatisch. Sie legen Wert auf ein ausgewogenes Verhältnis zwischen Berufs- und Privatleben, der sog. Work-Life-Balance. Haben nicht so eine ausgeprägte Feedbackkultur wie beispielsweise die Generation Y.
- **Technologie:** Sind mit der Einführung von Computern und dem Internet in ihrer Jugend vertraut und haben sich gut an technologische Veränderungen angepasst. Sind jedoch längst nicht so technologieaffin wie die folgenden Generationen.
- **Werte:** Flexibilität, Autonomie und Weiterentwicklungsmöglichkeiten sind zentral.
- **Karriere:** Tendieren zu häufigeren Jobwechseln als die Babyboomer, um bessere Chancen und Arbeitsbedingungen zu finden.

Generation Y (Millennials, ca. 1981–1996)

- **Arbeitsmoral:** Die Generation Y agiert teamorientiert und technologieaffin. Sie suchen nach Sinn und Zweck in ihrer Arbeit und bevorzugen eine kollaborative Arbeitsumgebung. Für Zahnärzte dieser Generation ist der interdisziplinäre Austausch unter Kollegen wichtig, teilweise sogar essenziell. Dies spricht für eine Praxisgröße mit mehreren angestellten Zahnärzten.
- **Technologie:** Aufgewachsen mit dem Internet und Mobiltechnologie, sind sie digital sehr versiert. Keine Scheu vor weiteren digitalen Prozessen und KI.
- **Werte:** Flexibilität, Diversität, soziale Verantwortung und Work-Life-Balance sind wichtig.
- **Karriere:** Sie streben nach kontinuierlichem Feedback und Entwicklungsmöglichkeiten. Jobwechsel sind häufig, um neue Erfahrungen und Herausforderungen zu suchen. Keine andere Generation fragt so oft „why", was hier namensgebend ist.

Generation Z (ca. 1997–2012)

- **Arbeitsmoral:** Die Generation Z wird oft als „Digital Natives" bezeichnet, die eine starke Affinität zu Technologie und sozialen Medien hat. Sie bevorzugen flexible Arbeitsbedingungen und suchen nach Jobs, die ihre Werte und Lebensstile unterstützen. Für diese Generation müssen Zahnarztpraxen umdenken. Wie können wir die patientengebundenen Arbeitsplätze so flexibel wie möglich gestalten? Wo ist remote- und Arbeit im Homeoffice denkbar?

- **Technologie:** Absolut vertraut mit Smartphones, sozialen Medien und digitaler Kommunikation. Mit Anamnesebögen in Papierform punkten Sie hier nicht.
- **Werte:** Authentizität, Transparenz, soziale Gerechtigkeit und Nachhaltigkeit. Dies sollte zukünftig Teil Ihres Employer Brandings sein.
- **Karriere:** Sie legen Wert auf eine gute Praxiskultur, flexible Arbeitszeiten und -orte sowie die Möglichkeit zur Selbstverwirklichung. Jobwechsel sind oft noch häufiger als bei den Millennials, da sie schnell nach besseren Möglichkeiten suchen.

Generation Alpha (ab ca. 2013)

- **Arbeitsmoral:** Diese Generation tritt gerade erst in das Bildungssystem ein und wird den Arbeitsmarkt in den kommenden Jahrzehnten erreichen, etwas Zeit haben wir also noch, diese Generation kennenzulernen und uns dieser anzunähern. Erste Prognosen gehen davon aus, dass sie noch stärker digital vernetzt sein werden und möglicherweise hohe Erwartungen an Flexibilität und technologische Integration in ihren zukünftigen Arbeitsumgebungen haben.
- **Technologie:** Sie wachsen vollständig in einer Welt der Künstlichen Intelligenz, Robotik und umfassender digitaler Vernetzung auf.
- **Werte:** Es wird erwartet, dass sie sehr auf Nachhaltigkeit, soziale Verantwortung und persönliche Erfüllung bedacht sind.
- **Karriere:** Voraussichtlich noch mehr auf Projektarbeit und flexible Arbeitsmodelle ausgerichtet. Dies kann zu einer großen Herausforderung im Hinblick auf das Arbeiten in einer Zahnarztpraxis werden.

Diese Unterschiede zwischen den Generationen führen oft zu verschiedenen Erwartungen und Herangehensweisen am Arbeitsplatz oder im Auswahlprozess, was sowohl Herausforderungen als auch Chancen für Praxen bietet, die eine vielfältige Belegschaft managen möchten.

Die aus meiner Sicht größte Herausforderung für eine Zahnarztpraxis ist es, dem Wunsch der jüngeren Generation zu entsprechen, die vollständig digitalisiert und flexibel arbeiten möchte.

Hybrides Arbeiten in einer Zahnarztpraxis stellt eine große Herausforderung dar, die je nach Position schwer umsetzbar ist. Als in die Zukunft gerichteter Arbeitgeber muss man hier die Chancen nutzen, die es gibt – beispielsweise Remote-Arbeit für eine ZMV oder Teamleiter. Auf der anderen Seite ist jeder Arbeitgeber noch mehr gefordert, seine Benefits individuell herauszuarbeiten, um sich in der Suche nach Personal von anderen Praxen abheben zu können.

3.3 Ansprache und Zielgruppe

Die richtige Ansprache der Zielgruppe ist essenziell, um die gewünschten Talente zu erreichen. Dies kann durch zielgerichtete Jobanzeigen, Social-Media-Kampagnen oder Networking-Events erfolgen.

Das exakte **Verständnis der Zielgruppe** im Recruiting ist aus mehreren Gründen entscheidend. Eine klare Vorstellung der Zielgruppe ermöglicht es, Stellenausschreibungen und Kommunikationsinhalte so zu gestalten, dass Sie die richtigen Talente ansprechen können und diese sich auch direkt angesprochen fühlen. Hat der potenzielle Bewerber nicht binnen Sekunden das Gefühl, er wird von Text und Bildsprache Ihrer eigenen entworfenen Stellenanzeige abgeholt, widmet er sich anderen Inhalten. Sei es im klassischen Jobportal einer anderen Stellenanzeige oder in der Social-Media-Welt, anderen Postings. Mit gezielter Ansprache können spezifische Bedürfnisse, Wünsche und Erwartungen der Zielgruppe besser berücksichtigt werden und Ihre Inhalte erregen Aufmerksamkeit.

Mit einem klaren Zielgruppenverständnis können Sie als Praxis Ihre Ressourcen effizienter einsetzen, indem sie sich auf die vielversprechendsten Kanäle und Methoden konzentrieren. Das verringert zumindest langfristig den Aufwand für die Suche nach geeigneten Kandidaten und Sie profitieren von einer erheblichen Zeitersparnis. Zunächst kommt hier jedoch Fleißarbeit auf Sie zu. Weiter können Sie durch die gezielte Ansprache Ihr Budget für Recruitingmaßnahmen effektiver einsetzen, da weniger Streuverluste entstehen und teure Fehlbesetzungen vermieden werden können. Die Wahl der richtigen Recruiting-Kanäle spielt hier eine große Rolle.

Hinsichtlich der Qualität der Bewerbungen hilft Ihnen eine präzise Zielgruppenansprache, eine höhere Qualität der eingehenden Bewerbungen zu erhalten. Die Wahrscheinlichkeit steigt, dass sich Kandidaten bewerben, die besser zu den Anforderungen und Ihrer Praxiskultur passen. Hier ist die Qualität der eingehenden Bewerbungen relevant, nicht jedoch die Quantität. Kommt es dann im weiteren Verlauf zu einer Einstellung des Bewerbers, ist die Wahrscheinlichkeit höher, dass die eingestellten Mitarbeiter langfristig in Ihrer Praxis bleiben, wenn Sie die Bedürfnisse und Erwartungen Ihrer Zielgruppe verstanden haben und diese auch erfüllt werden. Lassen Sie sich jedoch nicht dazu hinreißen, Versprechungen zu machen, die Sie im Praxisalltag nicht halten können. Eher früher als später fällt dies auf und wirft ein schlechtes Licht auf Sie als Arbeitgeber. Sowohl für die eingestellten Mitarbeiter, die Ihr Versprechen nicht wiederfinden als auch für zukünftige Mitarbeiter, bei denen sich Ihr Verhalten bereits herumgesprochen hat.

3.3.1 Die Persona-Methode

Die Persona-Methode stellt ein Hilfsmittel dar, mit welchem Sie sich dem Thema Zielgruppenanalyse Schritt für Schritt nähern können, ohne hierfür ein Experte im Recruiting oder Marketing sein zu müssen. Um eine Zielgruppe für eine Stellenanzeige mithilfe der

Persona-Methode zu analysieren, folgen Sie diesen Schritten und kommen Sie der perfekten Stellenanzeige einen Schritt näher:

Analyse Ihrer Mitarbeiterstruktur

Das Ziel hierbei ist, ein Verständnis der Eigenschaften erfolgreicher Mitarbeiter in ähnlichen Positionen zu erhalten. Wenn Sie wissen, mit welchen Mitarbeitern Sie gerne und erfolgreich zusammenarbeiten, können Sie schnell herausfinden, nach welchen Mitarbeitern Sie suchen müssen, die Ihre Praxis bereichern.

Analysieren Sie hierzu Ihre Erfahrungen und gegebenenfalls schon vorhandene Leistungsbewertungen Ihrer Mitarbeiter. Nutzen Sie hierzu die Ergebnisse aus Mitarbeitergesprächen, holen Sie sich Feedback von Vorgesetzten (bei einer ZFA vom behandelnden ZA oder der Teamleitung) und machen Sie sich selbst ein genaues Bild.

Identifizieren Sie gemeinsame Fähigkeiten, Erfahrungen und Persönlichkeitsmerkmale, von verschiedenen Mitarbeitern einer Berufsgruppe. Versuchen Sie beispielsweise herauszufinden, warum ein Zahnarzt eine hohe Umsetzungsrate seiner geplanten HKPs hat und andere Zahnärzte hingegen viele spontane Absagen verzeichnen müssen. Wie schafft es der erfolgreiche Zahnarzt, seine Patienten zu binden und einen Patientenstamm aufzubauen und welche Eigenschaften helfen ihm dabei. Gegebenenfalls helfen Ihnen auch Umfragen und gezielte Interviews mit aktuellen Mitarbeitern, um tiefere Einblicke zu gewinnen. Nehmen Sie sich die Zeit, Ihre Belegschaft zu verstehen.

Interviews und Umfragen

Das Ziel sollte es sein, noch tiefer in das Verständnis der benötigten Fähigkeiten und Eigenschaften einzutauchen.

Finden Sie heraus, was High-Performer ausmacht. Führen Sie hierzu Interviews mit Teamleitern (sofern vorhanden), um die Anforderungen an die Position zu klären. Wenn Sie noch keine weitere Führungsebene etabliert haben, stellen Sie selbst genaue Überlegungen an, was Sie von Ihren Mitarbeitern auf den jeweiligen Positionen erwarten. Führen Sie Gespräche mit erfolgreichen Mitarbeitern, um deren Werdegang und Erfolgsfaktoren zu verstehen.

Für eine noch tiefer gehende Analyse nutzen Sie Fragebögen und Umfragen zur Erfassung weiterer relevanter Informationen. Wichtig hierbei ist, dass Sie im Umkehrschluss die Zeit für die Auswertung haben und der Nutzen für Sie erheblich ist. Ansonsten empfehle ich, es bei den ersten Schritten zu belassen, um den Analyseteil für Ihre Zwecke nicht aus dem Ruder laufen zu lassen.

▶ **Praxistipp** Für einen Mittelweg aus intensiven Gesprächen und umfangreichen Umfragen, hier 3 Fragestellungen:

1. Was motiviert Sie am meisten bei Ihrer Arbeit und wie nutzen Sie diese Motivation, um Ihre Ziele zu erreichen?

2. Können Sie mir ein konkretes Beispiel aus Ihrer Arbeit nennen, bei dem Sie besonders erfolgreich waren?
3. Welche Fähigkeiten und Kenntnisse, glauben Sie, tragen am meisten zu Ihrem Erfolg bei?

Bewerberdaten analysieren
Schauen Sie sich Ihre aktuellen Bewerbungsunterlagen an und identifizieren Sie gemeinsame Merkmale erfolgreicher Bewerber. Dies kann auch bei Bewerbern hilfreich sein, die Sie gerne eingestellt hätten, die sich aber am Ende doch gegen Ihre Praxis entschieden haben.

Analysieren Sie hierzu Lebensläufe, Anschreiben und Bewerbungsformulare aktueller oder früherer erfolgreicher Kandidaten, sofern Sie die Unterlagen noch gespeichert haben. Aus Datenschutzgründen ist es Ihnen nicht gestattet, die Bewerbungsunterlagen nicht eingestellter Bewerber über Jahre hinweg zu speichern.

Fallen Ihnen hierbei Muster oder häufige Qualifikationen auf?

Im Anschluss an die grundlegenden Analysen steigen Sie nun ein ins Detail, sofern Ihnen die bisherigen Auswertungen nicht ausreichend erscheinen. Wenn Sie bis hierhin alles erarbeitet und analysiert haben, betrachte ich den nun folgenden Teil als Bonus, nicht als Must-have. Um die Persona-Methode von A bis Z anzuwenden, ist der folgende Teil erforderlich, in Anbetracht Ihrer zeitlichen Ressourcen, fraglich. Delegieren Sie ansonsten den nun folgenden Teil an Ihren Praxismanager oder an personalverantwortliche Personen, Sie haben perfekte Ergebnisse und eine langfristige Basis für Ihre Recruiting-Strategie, Ihr Mitarbeiter eine neue, abwechslungsreiche Projektaufgabe.

3.3.1.1 Demografische Merkmale
Ziel ist es, eine Beschreibung der Grundmerkmale des idealen Kandidaten für die Besonderheiten und erfolgreiche Zusammenarbeit Ihrer Praxis zu erstellen.

Sammeln Sie hierzu folgende Details – für Sie intern, ohne Berücksichtigung des AGG
- Wie alt ist der typische Kandidat für Ihre Stelle, wieviel Berufserfahrung weist er vor?
- Welches Geschlecht hat er?
- Hat er eine Ausbildung, eine Weiterbildung oder ein Studium absolviert?
- Wohnt er in der Stadt oder auf dem Land?
- Ist er aus der Branche oder kann er auch fachfremd sein, beispielsweise für die Besetzung einer Position an der Rezeption?

3.3.1.2 Berufliche Qualifikationen
Bei der Ermittlung der beruflichen Optimalqualifikation geht es um die Definition der erforderlichen beruflichen Fähigkeiten und Erfahrungen für eine passgenaue Besetzung ohne Kompromisse.

Weitere Details sind erforderlich

- Berufserfahrung, zum Beispiel Anzahl der Berufsjahre in einer bestimmten Position
- Fachkenntnisse, beispielsweise Curriculum oder Master bei Zahnärzten, Kenntnisse im QM in der Verwaltung, Kinderzahnheilkunde in der Assistenz
- Zertifikate und Qualifikationen wie beispielsweise ZMP für die Prophylaxe, ZMV für die Abrechnung
- Besondere berufliche Erfolge, zum Beispiel Einführung einer Personalmanagementsoftware, falls Sie sich entschließen, diesen Bereich neu zu besetzen und eine eigene Stelle für das Personalwesen besetzen möchten

3.3.1.3 Persönliche Eigenschaften

Ermitteln Sie hier die Soft Skills und persönlichen Eigenschaften. Greifen Sie hier unbedingt auf die Analyse zu Beginn zurück. Hier haben Sie sehr detailliert ermittelt, was Sie benötigen. Beginnen Sie von den Grundlagen ausgehend nun in Richtung konkreter Position zu denken.

Definieren Sie Details

- Teamfähigkeit, für eine Zahnarztpraxis unerlässlich
- Kommunikationsfähigkeiten, für die Besetzung einer Position am Empfang essenziell, in der Abrechnung beispielsweise nicht Priorität Nummer eins
- Souveränes Auftreten, für einen Zahnarzt die Basis, um Patienten zu binden und einen Patientenstamm aufzubauen
- Neugier und Offenheit, insbesondere für Azubis relevant

3.3.1.4 Verhaltensmuster

Ihr Ziel ist es zu verstehen, wie und wo der ideale Kandidat nach Jobs sucht, sich informiert und auf Ihre Praxis aufmerksam werden kann.

Folgende Details sind für Sie von Interesse

- Nutzung von Jobbörsen und Karrierenetzwerken, zum Beispiel Ihre Zahnärztekammer, auch LinkedIn sowie Indeed gewinnen an Bedeutung
- Präferierte Kommunikationskanäle wie zum Beispiel E-Mail, soziale Medien
- Interessen und Hobbys des Kandidaten sind relevant, wo finden Sie Ihre neuen Mitarbeiter? Wo halten diese sich regelmäßig auf?
- Teilnahme an Fachveranstaltungen und Konferenzen, besonders für Zahnärzte interessant. Nutzen Sie das Netzwerken auf Veranstaltungen der Deutschen Gesellschaften der einzelnen Fachdisziplinen, der IDS oder dem Dental Summer

3.3.1.5 Beispiel-Persona: Julia, ZMP

Konkret und an einem Beispiel dargestellt, habe ich für Sie folgende Persona entwickelt:

Zahnmedizinische Prophylaxeassistentin

- **Name:** Lisa Meier
- **Alter:** 29 Jahre
- **Beruf:** Zahnmedizinische Prophylaxeassistentin
- **Eigenschaften:** organisiert, eigenständig, selbstbewusst, berufserfahren

Berufliche Situation:

Lisa ist seit fünf Jahren als Zahnmedizinische Prophylaxeassistentin tätig. Sie schätzt eigenständiges Arbeiten und hat ein starkes Organisationstalent – Fähigkeiten, die sie auch in ihrer Rolle als Mutter von zwei kleinen Kindern täglich unter Beweis stellt. Sie ist zuverlässig und ihre Patienten schätzen ihre sorgfältige sowie patientenorientierte Arbeitsweise.

Persönliche Situation:

Als Mutter von zwei Kindern sucht Lisa eine Stelle als Prophylaxeassistentin, die es ihr ermöglicht, Beruf und Familie in Einklang zu bringen. Sie möchte ihrer Leidenschaft für die Zahnmedizin nachgehen, aber auch genug Zeit mit ihrer Familie verbringen. Deshalb ist sie auf der Suche nach einer Teilzeittätigkeit, bei der sie möglichst wenige Spätschichten leisten muss. 2 Tage in der Woche ist die Kinderbetreuung am Nachmittag sichergestellt, an diesen Tagen kann sie auch Spätschichten übernehmen.

Bedürfnisse und Herausforderungen:

Lisa möchte in einer Praxis arbeiten, die hochwertige Prophylaxe anbietet und ihr die Möglichkeit gibt, ihre Fähigkeiten voll einzusetzen. Sie wünscht sich eine Arbeitsumgebung, in der sie ihre organisatorischen Talente nutzen kann – und das ohne ständige Überwachung durch Vorgesetzte. Flexible Arbeitszeiten und wenig Spätschichten sind für sie ein Muss, damit sie sowohl den Ansprüchen ihres Berufs als auch den Bedürfnissen ihrer Kinder gerecht werden kann.

Fazit:

Die Persona Lisa repräsentiert eine Zahnmedizinische Prophylaxeassistentin, die ein Gleichgewicht zwischen beruflichem Engagement und familiärer Fürsorge sucht. Zahnarztpraxen, die diese Persona als Zielgruppe haben, sollten flexible Teilzeitarbeitsmodelle, eine angenehme Arbeitsatmosphäre und Strukturen, die selbstständiges Arbeiten fördern, anbieten, um solche Fachkräfte zu gewinnen und langfristig zu halten. Vertrauen in Ihre Mitarbeiter ist hier sehr wichtig.

Mit diesem Persona-Beispiel können Sie in Ihrer Praxis effektivere Rekrutierungsstrategien entwickeln und Arbeitsumgebungen schaffen, die den Bedürfnissen von Fachkräften wie Lisa entsprechen. Durch die Berücksichtigung der Bedürfnisse und Herausforderungen von Mitarbeitern können Sie nicht nur talentierte Mitarbeiter gewinnen, sondern auch sicherstellen, dass diese motiviert und engagiert bleiben.

3.3.2 Anwendung der Persona auf die Stellenanzeige – das müssen Sie beachten

Sie haben nun umfassende Informationen gesammelt und Ihre Zielperson im Detail beleuchtet. Diese Informationen können Sie nun für Ihre Stellenanzeige nutzen.

3.3.2.1 Die Stellenanzeige

Erstellen Sie nun eine ansprechende und zielgerichtete Stellenanzeige. Verwenden Sie die im Persona-Profil identifizierten Schlüsselwörter und -begriffe. Die intensive Grundarbeit, die Sie geleistet haben, kommt Ihnen nun zugute. Betonen Sie Aspekte der Position und Ihrer Praxis, die für die Zielperson attraktiv sind (zum Beispiel Schwerpunkt beim Kieferorthopädie, selbstständiges Arbeiten in der Assistenz). Stellen Sie sicher, dass die Jobbeschreibung klar und präzise ist. Kommen Sie folglich auf den Punkt und verwenden Sie eine einfache Sprache.

3.3.2.2 Auswahl geeigneter Kanäle

Durch die Nutzung der bevorzugten Plattformen und Medien der Zielperson, sprechen Sie sie dort an, wo diese sich regelmäßig aufhält. Platzieren Sie die Stellenanzeige demnach auf Jobbörsen und Plattformen, die von der Zielgruppe frequentiert werden. Nutzen Sie soziale Medien und berufliche Netzwerke gezielt für die Rekrutierung.

Bitten Sie Ihre Mitarbeiter um Unterstützung, beispielsweise haben Azubis im dritten Lehrjahr viele Kontakte, die sie regelmäßig persönlich antreffen. Wenn Sie Ihre Azubis als Arbeitgeber überzeugen, überzeugen diese vielleicht Kolleginnen, in Ihr Team zu wechseln.

Auch Mitarbeiter in Weiterbildung, beispielsweise zur ZMP, haben regelmäßigen Austausch mit Gleichgesinnten. Nutzen Sie die Ausbildungsinstitute und hängen sie Stellenanzeigen am schwarzen Brett auf, in denen sich genau die Mitarbeiter aufhalten, die Sie suchen.

3.3.2.3 Anpassung der Kommunikation

Stellen Sie sicher, dass die Kommunikation mit potenziellen Kandidaten effektiv ist. Passen Sie hierzu den Ton und Stil der Kommunikation an die Präferenzen der Zielgruppe an. Denken Sie aber immer daran, Ihren eigenen, persönlichen und Stil der Praxis und Ihrer Praxiskultur beizubehalten und sich nicht zu verstellen. Verwenden Sie personalisierte E-Mails und Nachrichten, um potenzielle Kandidaten anzusprechen. Werfen Sie regelmäßig einen Blick in die Job-Suchen auf den Internetseiten Ihrer jeweiligen Zahnärztekammer.

Bieten Sie klare und transparente Informationen über den Bewerbungsprozess und erklären Sie die nächsten Schritte. Bleiben Sie verbindlich, unkompliziert und zügig im Bewerbungsprozess.

▶ **Praxistipp** Schreiben Sie suchende Kandidaten sofort an und zögern Sie nicht. Wenn Kontaktdaten hinterlegt sind, recherchieren Sie vorab über die Person, um eine persönliche Ansprache sicherzustellen und einen Aufhänger zu haben. Anrufen ist immer die priorisierte Wahl der Kontaktaufnahme.

3.3.2.4 Feedback und Anpassung

Denken Sie an eine kontinuierliche Verbesserung der Recruiting-Strategie und haken Sie niemals eine Anzeigengestaltung als erledigt ab. Sammeln Sie Feedback von Bewerbern und neuen Mitarbeitern über deren Erfahrungen. Wie zufrieden waren die Kandidaten mit der Kommunikation von Ihnen? Fordern Sie sie auf, ehrlich und transparent zu sein, mit dem Hinweis, Ihr Vorgehen stetig verbessern zu wollen.

Analysieren Sie die Effektivität der Stellenanzeige und der genutzten Kanäle. Gängige Anbieter können Ihnen Auswertungen zur Schaltung zusenden und Empfehlungen geben. Passen Sie das Persona-Profil und die Recruiting-Strategie basierend auf den gewonnenen Erkenntnissen an.

Durch die Anwendung der Persona-Methode können Sie eine gezielte und effektive Recruiting-Strategie entwickeln, die darauf abzielt, die besten Kandidaten für Ihre Stellenanzeigen anzusprechen. Indem Sie ein tiefes Verständnis für die Eigenschaften und Bedürfnisse Ihrer Zielgruppe entwickeln, können Sie Ihre Stellenanzeigen optimieren und Ihre Recruiting-Bemühungen erfolgreicher gestalten.

Wichtig für Sie ist es, dass Sie regelmäßig Arbeitsstrukturen und -bedingungen überprüfen, um sicherzustellen, dass sie den Bedürfnissen Ihrer Mitarbeiter entsprechen und somit eine effektive und angenehme Arbeitsumgebung schaffen.

3.4 Los geht's: Gestaltung einer Stellenanzeige

Eine gut gestaltete Stellenanzeige ist das Aushängeschild Ihrer Suche. Sie sollte klar und ansprechend sein und gleichzeitig die wesentlichen Informationen über die Stelle und Ihre Praxis enthalten.

3.4.1 Grundlagen der Gestaltung einer Stellenanzeige

Eine attraktive Stellenanzeige ist nicht nur ein einfacher Text, der eine freie Position beschreibt, sondern ein strategisches Werkzeug, um die besten Talente speziell für Ihre Praxis zu gewinnen.

Hier sind die grundlegenden Elemente und Prinzipien für die Gestaltung einer Stellenanzeige:

1. Titel der Stellenanzeige

Der Titel sollte die Position und den Namen Ihrer Praxis enthalten. Er sollte präzise und ansprechend sein. Sehen Sie ab von Begrifflichkeiten wie beispielsweise „Wattebäuschchendompteur" oder „Zahnfee". Auch wenn die typischen Titel nicht auf den ersten Blick so viel Aufmerksamkeit erhalten wie ausgedachte Jobbezeichnungen. Die Auffindbarkeit im Internet bei fiktiven Bezeichnungen ist gleich null. Folglich werden diese beispielhaften Titel bei Google nicht ausgespielt und Ihre Anzeigen im Ergebnis nicht sichtbar.

Besseres Beispiel: *„Zahnmedizinische Fachangestellte (m/w/d) in etablierter Zahnarztpraxis in München“*

2. Einleitung

Hier wird die Vorstellung Ihrer Praxis platziert: Eine kurze, prägnante Einführung in die Praxis, um das Interesse der Bewerber zu wecken.

Heben Sie **Besonderheiten hervor:** Erwähnen Sie Alleinstellungsmerkmale, wie die langjährige Etablierung und der gute Patientenstamm. Bieten Sie viele Fachdisziplinen an? Betonen Sie, dass der Patient bei Ihnen „Alles unter einem Dach“ vorfindet. Das ist nicht nur für die Patienten ein Vorteil, auch Mitarbeiter fühlen sich in diesen Strukturen wohl. Seien Sie hier kreativ und bleiben Sie authentisch. Wiederholen Sie zum Schluss der Einleitung Berufsbezeichnung und Ort der Tätigkeit, um die Auffindbarkeit im Internet zu unterstützen.

3. Aufgabenbereich

Als nächster Punkt folgen die typischen Aufgaben, die in der Position anfallen: Eine Auflistung der standardmäßigen Aufgaben einer Zahnmedizinischen Fachangestellten ist wichtig. Passen Sie auch hier unbedingt Ihre individuellen Praxisgegebenheiten an. Betonen Sie zusätzliche Verantwortungen und die Erwartungen, beispielsweise an selbstständiges Arbeiten. Integrieren Sie Schlüsselwörter bestimmter Fachbereiche, wenn Ihre Stellenanzeige bei den jeweiligen Suchbegriffen aufgefunden werden soll. Listen Sie nur die relevanten Bereiche auf und lassen Sie die Zusammenstellung nicht zu umfangreich werden.

Hier lässt sich auch vertreten, den Bereich Benefits vorzuziehen. Es ist sicherlich Geschmacksache und individuell vom Leser abhängig, was er sich zuerst anschaut: Benefits oder den Aufgabenbereich.

4. Anforderungen

Hier geht es um die beruflichen Qualifikationen: Denken Sie an relevante Abschlüsse und Erfahrungen. Beachten Sie hier den Grundsatz: „So wenig wie möglich, aber so viel wie nötig“.

Sorgen Sie mit Ihrer Auflistung dafür, dass genau die Personen, die Sie suchen sich angesprochen fühlen.

Überprüfen Sie für sich selbst, ob die Bewerber wirklich alle Weiterbildungen für die jeweilige Position mitbringen müssen, oder ob Sie auch bereit sind, diese zukünftig weiterzuentwickeln. Nicht jeder Bewerber bringt die gewünschten Kenntnisse mit, erkennen Sie Talente und fördern Sie diese. Denken Sie in diesem Absatz auch an persönliche Eigenschaften wie beispielsweise Erwähnung von Soft Skills wie Fingerspitzengefühl und professionelles Auftreten.

5. Benefits

Attraktive Arbeitsbedingungen finden hier ihren Platz: Geben Sie genaue Infos und Details zu den speziellen Vorteilen, wie Dienstwagen, 4-Tage-Woche und leistungsorientierter Vergütung.

Achten Sie besonders darauf, worauf Ihre Zielgruppe Wert legt und versuchen Sie, sich vom Wettbewerb abzuheben. Analysieren Sie hierzu auch aktuelle Stellenanzeigen aus Ihrem unmittelbaren Umfeld. Was können Sie noch mehr anbieten als Ihre Konkurrenz? Was bieten Sie, was die Zahnarztpraxis mit ähnlichem Behandlungsspektrum gegenüber nicht anbietet?

Beschreiben Sie darüber hinaus, was das positive Arbeitsumfeld in Ihrer Praxis ausmacht und welche Weiterbildungsmöglichkeiten Sie anbieten. Warum möchte man gerne bei Ihnen arbeiten?

6. Bewerbungsverfahren

Ein kurzer Ausblick zum Bewerbungsweg sollte nicht fehlen: Teilen Sie in Ihrer Stellenanzeige mit, wie Bewerbungen eingereicht werden sollen (zum Beispiel E-Mail, Online-Formular). Verzichten Sie nach Möglichkeit auf zu viel Formerfordernis. Grundsätzlich sollte ein Lebenslauf ausreichen.

Bei Schaltungen in Social Media müssen Sie in der Regel mit reinen Kontaktdaten – also Telefonnummer und Mailadresse – vorliebnehmen und den Bewerber bei Interesse kontaktieren und telefonisch entscheiden, ob Sie ihn kennenlernen möchten.

Nennen Sie Ansprechpartner und Kontaktdaten, unter denen interessierte Kandidaten Sie oder die Person, die sich um die Bewerbungen kümmert, unmittelbar erreichen können. Vermeiden Sie die Praxisnummer der Rezeption und seien Sie selbst erreichbar. Der Weg zur Kontaktaufnahme mit Ihnen muss so einfach wie möglich sein, um einen Abbruch im Bewerbungsprozess zu vermeiden.

7. Farben, CI, Bildmaterial

Damit Ihre Stellenanzeigen zur Optik Ihrer Praxis passen ist es ratsam, identische Farben und Logos zu verwenden. Die sogenannte Corporate Identity (CI) beschreibt den einheitlichen Praxisauftritt nach innen – innerhalb Ihrer Praxis – und nach außen – Praxiswebsite, Briefpapier etc.

Grundsätzlich empfehle ich für Stellenanzeigen die Bilder zu verwenden, die Sie bereits vorliegen haben. Für Ihre Website haben Sie beispielsweise Bilder einzelner Teams, der Praxis und Behandlungssituationen erstellt. Diese können Sie im Sinne der CI auch für Ihre Stellenanzeigen nutzen.

Achten Sie darauf, für jeden Stellenanzeigentyp Bilder auszuwählen, die der Stelle entsprechen. Suchen Sie beispielsweise einen Mitarbeiter für den Empfang, ist es nicht ratsam ein Bild eines Zahnarztes zu verwenden, nur weil Sie eine Zahnarztpraxis haben. Ihre Zielgruppe für diese Anzeige würde sich hierdurch nicht angesprochen fühlen.

Fehlt Ihnen passendes Bildmaterial, werden Sie im Internet fündig. Achten Sie auf Lizenzfreiheit oder wählen Sie kostenpflichtige Bilder mit Erlaubnis zur Verwendung. Abb. 3.2 zeigt ein paar Beispiele.

Abb. 3.2 Beispielbilder für Stellenanzeigen

3.4.2 Beispiel einer klassischen Stellenanzeige: ZFA

Hier ein Beispiel, unter Berücksichtigung aller relevanten Aspekte. Welches Bild und welche Farbwelt würden Sie wählen, um die Anzeige grafisch zu gestalten?

Zahnmedizinische Fachangestellte (m/w/d) in etablierter Zahnarztpraxis in München
Unsere etablierte Zahnarztpraxis in München freut sich über eine/n erfahrene/n und engagierte/n Zahnmedizinische/n Fachangestellte/n (m/w/d) zur Verstärkung unseres Teams. Wir begeistern Sie mit einen großen Patientenstamm, darunter viele Privatpatienten und prominente Persönlichkeiten. Fingerspitzengefühl und ein absolut professionelles Auftreten sind daher unerlässlich.

Fühlen Sie sich hierdurch angesprochen? Dann werfen Sie einen Blick auf
Ihre Aufgaben:

- Assistenz bei zahnärztlichen Behandlungen, schwerpunktmäßig ästhetische Zahnmedizin – auch eigenständiges Arbeiten wird bei uns gefördert
- Patientenbetreuung vor, während und nach den Behandlungen – Sie sind der erste Ansprechpartner für unsere Patienten
- Selbstständige Organisation von Praxisabläufen – Sie sind der Profi, gestalten Sie mit

Für unser Team sind Sie genau die richtige Person!
Ihr Profil:

- Abgeschlossene Ausbildung zur Zahnmedizinischen Fachangestellten – wir freuen uns auch über Berufsanfänger
- Hohe Fachkompetenz und selbstständiges Arbeiten – was Sie noch nicht können, bringen wir Ihnen bei
- Einfühlungsvermögen und professionelle Umgangsformen – damit sich unsere Patienten bei Ihnen wohlfühlen

Neugierig geworden?
Wir bieten:

- Eine 4-Tage-Woche für eine ausgewogene Work-Life-Balance
- Einen Dienstwagen auch zur privaten Nutzung
- Leistungsorientierte Vergütung und attraktive Zusatzleistungen
- Ein modernes und angenehmes Arbeitsumfeld
- Regelmäßige Fort- und Weiterbildungen
- Ein motiviertes und freundliches Team – das ist ja wohl selbstverständlich!

Wenn Sie sich in dieser Beschreibung wiederfinden und Teil unseres erfolgreichen Teams werden möchten, freuen wir uns auf Ihre Bewerbung!
Bitte senden Sie Ihre vollständigen Bewerbungsunterlagen per E-Mail an:
…
Besuchen Sie auch unsere Website für weitere Informationen über unsere Praxis.

Durch die Berücksichtigung all dieser Elemente und einer klaren, professionellen Struktur wird die Stellenanzeige sowohl informativ als auch ansprechend gestaltet, um die besten Kandidaten zu gewinnen. Passen Sie den Schreibstil Ihrem individuellen an. Herrscht bei Ihnen eine Duz-Kultur? Zögern Sie nicht, schon in der Stellenanzeige zu duzen und potenzielle Bewerber aufzufordern Ihre Bewerbungsunterlagen entsprechend anzupassen.

3.4.3 No-Gos Ihrer Stellenanzeigen

Bei der Gestaltung einer Stellenanzeige gibt es mehrere Fallstricke, die vermieden werden sollten, um sowohl rechtlichen Anforderungen zu entsprechen als auch potenzielle Bewerber nicht abzuschrecken.

Hier sind einige wichtige Punkte, die unbedingt vermieden werden sollten. Die Auflistung ist hilfreich, um nach Erstellung der Anzeige noch einmal final zu überprüfen, ob Sie Ihre Anzeige veröffentlichen können.

Diskriminierende Formulierungen

- **Alter:** Vermeiden Sie Angaben, die ein bestimmtes Alter bevorzugen oder ausschließen (zum Beispiel „junges Team").
- **Geschlecht:** Verwenden Sie geschlechtsneutrale Bezeichnungen und achten Sie darauf, keine geschlechtsspezifischen Präferenzen zu äußern (zum Beispiel „Zahnmedizinische/r Fachangestellte/r (m/w/d)").
- **Ethnische Herkunft, Religion, Weltanschauung, Behinderung, sexuelle Orientierung:** Formulierungen, die diese Merkmale betreffen, sind unzulässig und rechtlich problematisch. Vermeiden Sie dies unbedingt.

Unklare oder unvollständige Informationen

- **Unpräzise Aufgabenbeschreibung:** Stellen Sie sicher, dass die Aufgaben und Verantwortlichkeiten klar und vollständig beschrieben sind.
- **Fehlende Kontaktinformationen:** Geben Sie immer eine klare Kontaktmöglichkeit an, einschließlich einer E-Mail-Adresse und/oder Telefonnummer. Stellen Sie sicher, dass Sie hierüber auch erreichbar sind.

Übertriebene oder irreführende Versprechungen

- **Unrealistische Benefits:** Vermeiden Sie das Anbieten von Vorteilen, die nicht tatsächlich gewährt werden (zum Beispiel „attraktive Vergütung", wenn die Bezahlung unterdurchschnittlich ist).
- **Unklare Karriereaussichten:** Geben Sie keine übertriebenen Karrierechancen an, wenn diese in der Realität nicht bestehen. Betonen Sie ebenfalls keine Weiterbildungen, wenn Sie nicht bereit sind, Ihre Mitarbeiter in ihrer Entwicklung zu unterstützen.

Zu lange oder zu kurze Anzeigen

- **Zu viel Text:** Ein übermäßig langer Text kann abschreckend wirken. Konzentrieren Sie sich auf die wesentlichen Informationen. Lassen Sie sich hierbei auch nicht von den Stellenanzeigen anderer Praxen verunsichern. Jede Stellenanzeige ist individuell.
- **Zu wenig Text:** Ein zu kurzer Text kann unprofessionell wirken und lässt wichtige Details vermissen. Auch wenn im Zweifel *Weniger ist mehr* sicher sinnvoll ist, mit wichtigen Punkten sollten Sie Ihre potenziellen Bewerber catchen.

Fehlende Struktur

- **Unübersichtlichkeit:** Eine schlecht strukturierte Anzeige erschwert das Lesen. Nutzen Sie Absätze, Überschriften und Aufzählungspunkte für eine klare Gliederung. Oft finden Sie bei gängigen Anbietern auch Vorgaben, an denen Sie sich orientieren können.
- **Unklare Formatierung:** Vermeiden Sie eine zu kleine Schriftgröße oder schlechte Kontraste, die das Lesen erschweren.

Fehlende Angaben zur Praxis

- **Keine Informationen zur Praxis:** Stellen Sie sicher, dass potenzielle Bewerber Ihre Praxis und die Besonderheiten kennenlernen können. Verlinken Sie auch Ihre Website, damit der Bewerber sich einen ersten Eindruck verschaffen kann.
- **Unklare Kultur:** Beschreiben Sie die Arbeitsumgebung und die Praxiskultur klar und ansprechend. Diesen Teil können Sie auch gut in der Einleitung platzieren.

Fehlende Angaben zur Bewerbung

- **Unklare Bewerbungsverfahren:** Beschreiben Sie klar, wie sich Bewerber bewerben sollen.
- **Fehlende Fristen:** Geben Sie eine Bewerbungsfrist an, damit Bewerber wissen, bis wann sie sich bewerben müssen, sofern es denn eine Frist gibt (beispielsweise bei Auszubildenden).

Rechtschreib- und Grammatikfehler

- **Unprofessioneller Eindruck:** Achten Sie auf korrekte Rechtschreibung und Grammatik. Fehler wirken unprofessionell und können potenzielle Bewerber abschrecken.

3.5 Wie finde ich die besten Talente?

Die besten Talente zu finden bedeutet mehr als nur eine Stellenanzeige zu schalten. Innovative Ansätze wie Employer Branding, die Persona-Methode und Empfehlungsprogramme sind ebenfalls von großer Bedeutung – aber inzwischen sind Sie ja kein Laie mehr. Gehen wir also in die Tiefe. Beachten Sie, dies stellt eine umfassende Vorstellung von Ideen dar. Ein Patentrezept „*Hier finden Sie immer Personal*" gibt es nicht. Dafür ist der gesamte Bereich des HR zu komplex und das Recruiting nur ein Baustein bei der Suche nach Talenten.

Wahl der richtigen Kanäle

Unterschiedliche Zielgruppen nutzen unterschiedliche Kommunikationskanäle. Durch das Wissen, wo sich die Zielgruppe aufhält (zum Beispiel bestimmte Jobportale, soziale Netzwerke, Fachmessen), kann die Ansprache dort erfolgen, wo sie am ehesten gesehen wird. Diese Basisarbeit haben Sie bereits mit umfassender Recherche und der Persona-Methode hinter sich. Das Internet ist die wichtigste Plattform, auf welcher Ihre Praxis sichtbar ist. Sei es in Jobbörsen, auf Fachseiten, Social Media oder mit Ihrer eigenen Praxiswebsite.

Die optimale Sichtbarkeit einer Stellenanzeige im Internet zu erreichen, erfordert eine strategische Herangehensweise, die verschiedene Kanäle und Techniken berücksichtigt. Hier sind einige bewährte Strategien, um sicherzustellen, dass Ihre Stellenanzeige von möglichst vielen und qualifizierten Interessenten gesehen wird:

Nutzung von Jobbörsen und Karriereportalen
Schalten Sie Ihre Anzeigen immer zuerst auf den Internetseiten Ihrer ZÄK bzw. KZV. Hier ist die Schaltung kostenlos und Sie erreichen aktiv auf der Suche befindliche Kandidaten.

Verwenden Sie darüber hinaus große Jobportale: Schalten Sie Ihre Anzeige auf bekannten Jobbörsen wie Indeed, StepStone, Monster oder LinkedIn. Die Schaltung der Anzeigen auf diesen Seiten fördert die Sichtbarkeit der Anzeigen, ohne dass Sie eine Software für die Personalverwaltung beziehungsweise das Recruiting verwenden müssen. Die Anzeigenstruktur wird hier vorgegeben, die Anbieter bieten Hilfestellung bei der Formatierung und die Anzeigen sind in der Regel bei Google for jobs gut gerankt.

Suchmaschinenoptimierung (SEO)
SEO steht für „Search Engine Optimization", auf Deutsch „Suchmaschinenoptimierung". Es handelt sich dabei um eine Reihe von Strategien und Techniken, die darauf abzielen, die Sichtbarkeit einer Website in den organischen (unbezahlten) Suchmaschinenergebnissen zu verbessern.

Für die Sichtbarkeit einer Stellenanzeige ist es wichtig, relevante Schlüsselwörter in Ihre Anzeigen zu integrieren. Nutzen Sie relevante Keywords wie „Zahnmedizinische Fachangestellte", „Zahnarztpraxis", „Job in [Stadt]" für Ihre Anzeige. Bei vielen Jobbörsen gibt es ein zusätzliches Freifeld für diese Keywords, welches diese für die erhöhte Sichtbarkeit integriert, aber nicht in den Anzeigen erscheinen lässt. Verwenden Sie hier beispielsweise Schlagworte, die zu der gesuchten Position passen, wie Parodontologie, Endodontie, Kieferorthopädie, Oralchirurgie etc.

Optimieren Sie den Titel und die Meta-Beschreibung Ihrer Anzeige, damit sie in Suchmaschinenergebnissen gut sichtbar ist. Eine Meta-Beschreibung in einer Stellenanzeige ist eine kurze Zusammenfassung des Inhalts der Anzeige, die dazu dient, potenzielle Bewerber auf die Stellenanzeige aufmerksam zu machen. Diese Beschreibung wird in der Regel in den Suchergebnissen von Suchmaschinen angezeigt und kann auch in Jobportalen oder auf Social-Media-Plattformen erscheinen.

Social Media Marketing – Wirkung und Reichweite nicht zu unterschätzen
Die Aktivität einer Zahnarztpraxis auf den Social-Media-Plattformen ist schon lange Zeit nicht mehr wegzudenken und trotzdem scheuen viele Praxen die Präsenz in Form von regelmäßigen Postings oder Videos. Hiermit vergeben Sie Chancen, eine breite Masse und das in sehr gezielten Bereichen zu erreichen.

- **LinkedIn:** Nutzen Sie LinkedIn, um Ihre Stellenanzeige in relevanten Gruppen zu teilen und Ihr Netzwerk zu aktivieren. Werden Sie aktiv und beteiligen Sie sich an Diskussionen, um auf sich aufmerksam zu machen und in der Branche gesehen zu werden.

- **Facebook, Instagram, TikTok:** Schalten Sie bezahlte Anzeigen auf Facebook, Instagram und TikTok, um eine breite Zielgruppe zu erreichen. Der Algorithmus spielt die Anzeigen hier sehr zielgerichtet den Anwendern aus, die bestimmte Branchen-Inhalte nutzt und ansieht. Da die Anzeigen hier anhand eines sog. Klick-Budgets gezahlt werden, ist es wichtig Keywords exakt zu verwenden. Je besser die Keywords, um so genauer funktioniert der Algorithmus bei der zielgerichteten Ausspielung.
- **Xing:** Nutzen Sie Xing, insbesondere im deutschsprachigen Raum, um berufliche Kontakte zu knüpfen. Auch hier gibt es Gruppen für die Zahnmedizin, denen Sie beitreten und sich dort fachlich austauschen können.

Praxiswebsite und Karriereseite

Neben Ihrer Praxiswebsite sollten Sie eine Karriereseite implementieren, auf welcher es ausschließlich um die Berufe in der Zahnarztpraxis geht. Diese kann eine zusätzliche Internetpräsenz, oder aber auch eine Unterseite Ihrer Praxiswebsite sein.

Auf der Karriereseite dreht sich alles um Sie als Arbeitgeber. Ihre Zielgruppe ist hier der Bewerber, nicht der Patient. Stellen Sie heraus, was Sie als Arbeitgeber grundsätzlich, d. h. für alle Berufsgruppen übergreifend attraktiv macht. Teilen Sie Ihre Werte und das, wofür Sie stehen. Der Interessent muss motiviert werden, auf Ihrer Seite zu verweilen, um sich dann schlussendlich zu bewerben.

Eine Vorstellung einzelner Berufsgruppen können Sie auch auf der Karriereseite einfügen. Hier stellen Sie alle Berufsgruppen einzeln vor und verknüpfen aktuell vakante Stellen. Der Leser bekommt einen Überblick, welche Arbeitsbereiche und Spezialisierungen es in Ihrer Praxis gibt und was Sie gegebenenfalls für Aufstiegschancen ermöglichen.

Halten Sie Ihre Karriereseite stets aktuell und leicht navigierbar. Machen Sie es dem Leser so einfach wie möglich, damit er sich gut zurechtfindet.

Haben Sie schon einmal an einen Blog gedacht? Insbesondere für Zahnarztpraxen mit einem oder mehreren Behandlungsschwerpunkten bietet sich eine regelmäßige Veröffentlichung aktueller zahnmedizinischer Themen an.

Veröffentlichen Sie die Stellenanzeige auch in Ihrem Blog oder in den News-Sektionen Ihrer Website.

E-Mail-Marketing

Sie haben bereits einen Newsletter, den Sie regelmäßig intern (an Ihre Mitarbeiter) und/ oder extern (an Dienstleister und Patienten) versenden?

Integrieren Sie aktuelle Stellenanzeigen auch hier und bitten Sie Mitarbeiter, diese in ihren Netzwerken zu teilen. Fügen Sie den Link zur Anzeige in die E-Mail-Signaturen Ihrer Mitarbeiter ein. Insbesondere Mitarbeiter, die Kontakt zu Patienten per Mail haben sind hierfür extrem hilfreich.

Erinnern Sie Ihre Patienten beispielsweise an Ihren bevorstehenden Termin? Fragen Sie als Behandler nach einer komplizierten Ost, wie es ihm geht? Fügen Sie in der Fußnote einen Banner hinzu, dass Sie auf der Suche nach weiterem Personal sind und bitten Sie auch Ihre Mitarbeiter dies zu tun. Versuchen Sie Ihre Stellenanzeigen so weit wie möglich zu streuen, damit so viele Menschen wie möglich Kenntnis von Ihren Vakanzen haben.

Online-Netzwerke und Foren

Teilen Sie Ihre Stellenanzeige in relevanten Online-Communities und Foren für Zahnmedizin und Gesundheitsberufe. Gehen Sie gezielt auf die Suche nach Foren in den Fachdisziplinen, in denen Sie schwerpunktmäßig tätig sind. Erweitern Sie Ihr Teilen auch in regionalen Foren, um Fachpersonal in Ihrer Region anzusprechen. Wenn Sie selbst nicht aktiv sind, bitten Sie Ihre Mitarbeiter um Unterstützung.

Optimierung für Mobilgeräte

Stellen Sie sicher, dass Ihre Anzeige auf Mobilgeräten gut lesbar und benutzerfreundlich ist. Das sogenannte *responsive design* ist für Website und Stellenanzeigen wichtig, damit sich die Inhalte an das Endgerät anpassen und umständliches scrollen und zoomen vermieden wird. Ist dies nicht der Fall, lesen die Nutzer in der Regel nicht weiter und brechen die Bewerbung ab.

Achten Sie auf schnelle Ladezeiten, um die Nutzererfahrung zu verbessern. Weisen Sie Ihre Agentur, welche die Praxiswebsite gestaltet darauf hin, dass das Laden einer Seite bzw. Stellenanzeige trotz ansprechender Bilder nur wenige Sekunden dauern darf.

Bezahlte Werbung

Nutzen Sie Google Ads, um Ihre Stellenanzeige gezielt zu bewerben und potenzielle Bewerber anzusprechen. Viele Kandidaten auf Jobsuche nutzen zunächst die klassische Google-Suche, um Jobs angezeigt zu bekommen. Ihre Stellenanzeige kann somit sichtbar werden, bevor der Kandidat nach der Eingabe der Suche auf eine Jobbörse klickt.

Google Ads sind hierbei bezahlte Anzeigen, die mit dem Hinweis „Gesponsort“ gekennzeichnet sind. Je nachdem wie viel Budget Sie zur Verfügung stellen, wird Ihre Anzeige Tage oder Wochen bei der Google Suche auf Seite 1 angezeigt und zu Ihrer Website verlinkt.

Google for Jobs hingegen ist eine Auflistung mit dem Titel „Stellenangebote“, ebenfalls bei der Google Suche auf Seite 1 angezeigt. Der Unterschied ist hier, neben der Kosten, dass Sie nur bedingt Einfluss darauf haben, dass Ihre Anzeige in dieser Liste erscheint. Die zuvor thematisierten Faktoren, wie Stellentitel, Meta-Beschreibung, Arbeitsort sind für eine erfolgreiche Ausspielung relevant. Google veröffentlicht jedoch keine „Anleitung“, was im Detail beschrieben werden muss, damit Ihre Anzeige unter den Top 3 landet.

Mitarbeiterempfehlungsprogramme

Ein weiterer effektiver Ansatz ist das „Mitarbeiter werben Mitarbeiter“-Programm. Durch dieses Modell können bestehende Mitarbeiter dazu motiviert werden, in ihrem persönlichen Umfeld nach geeigneten Kandidaten für offene Stellen zu suchen.

Der Vorteil dieses Ansatzes liegt nicht nur in der möglicherweise schnelleren Besetzung von Vakanzen durch bereits vorselektierte und potenziell eher passende Bewerber, sondern auch darin, dass Mitarbeiter, die Empfehlungen aussprechen, sich stärker mit Ihrer Praxis verbunden fühlen. Zudem sind durch Mitarbeiterempfehlungen gewonnene Mitarbeiter oft langfristig erfolgreicher, da die empfohlenen Kandidaten ein besseres Verständnis für die Praxiskultur und die Arbeitsumgebung mitbringen. Sie haben ja bereits schon viele Insights Ihrer Praxis durch ihre Freunde und Bekannte.

Bewerber, die Sie über diesen Weg akquirieren, wissen aus erster Hand, in der Regel von einem Freund, dem Mitarbeiter Ihrer Praxis, worauf Sie sich einlassen. Ohne dass Sie den Bewerber jemals gesehen haben, hat er eine Idee davon, wie bei Ihnen gearbeitet wird und wie Ihre Praxiskultur ist. Wenn ein Bewerber von einem Ihrer Mitarbeiter empfohlen wird, lernen Sie ihn immer kennen. Tun sie dies nicht, weil Sie beispielsweise aktuell keine Vakanz in dem Bereich haben, wird der Mitarbeiter nicht noch einmal in seinem privaten Umfeld auf die Suche gehen. Entscheiden Sie sich nach dem Kennenlernen dafür, den Bewerber nicht einzustellen, seien Sie ehrlich und transparent, damit Ihr Mitarbeiter und auch der Bewerber die Entscheidung nachvollziehen können und kein Frust entsteht. Passt der Kandidat und Sie haben keine Vakanz, bitten Sie ihn, die Bewerbung zu speichern und kommen Sie zu einem späteren Zeitpunkt auf ihn zurück.

Motivieren Sie Ihre Mitarbeiter, qualifizierte Kandidaten zu empfehlen, indem Sie Anreize wie zum Beispiel Einmalprämien anbieten. Legen Sie hierzu im Vorfeld genaue Rahmenbedingungen fest, damit es nicht zu Unstimmigkeiten kommt:

- **Höhe der Prämie**
  Unter 500,-€ sollten Sie nicht starten, der Betrag muss vom Mitarbeiter noch versteuert werden und soll einen Anreiz darstellen
- **Auszahlungszeitpunkt**
  Beispielsweise einen Teil bei Vertragsunterschrift und einen weiteren Teil nach der Probezeit
- **Bindung an die Praxis**
  Ergänzen Sie eine weitere Prämie nach einem Jahr Betriebszugehörigkeit
- **Zusätzlicher Urlaub**
  Wenn Sie keine Prämie ausschütten möchten, wählen Sie beispielsweise zusätzliche Urlaubstage für den werbenden Mitarbeiter
- **Weitere Benefits**
  Finden weder Sie noch Ihre Mitarbeiter Prämien attraktiv? Denken Sie kreativ und sponsern Sie beispielsweise ein Wochenende in einem Hotel, Konzertkarten oder ein neues Handy, denken Sie jedoch immer an die korrekte Versteuerung und halten Sie hierzu im Zweifel mit Ihrem Steuerberater Rücksprache.

Kooperation mit Bildungseinrichtungen

Hochschulen und Berufsschulen sind die Orte, an denen sich Fachpersonal aufhält. Arbeiten Sie mit Schulen und Hochschulen zusammen, um Ihre Stellenanzeige an Absolventen zu verbreiten.

Haben Sie schon einmal daran gedacht, Zahnmedizinstudenten in der Assistenz einzusetzen? Verteilen Sie klassische Aushänge am schwarzen Brett und binden Sie zukünftige Mitarbeiter schon frühzeitig an Ihre Praxis.

Gehen Sie Kooperationen mit Berufsschulen ein, um auf sich und Ihre Praxis aufmerksam zu machen. Bieten Sie sich selbst als Referent zu einem bestimmten Thema an und knüpfen Sie so nachhaltig Kontakte.

▶ **Praxistipp** Erkennen Sie bei Ihrer Jobsuche Potenziale und suchen Sie nicht nur nach Talenten. Geben Sie Bewerbern eine Chance, wenn sie als Persönlichkeit zu Ihrer Praxis passen, jedoch noch nicht die Expertise aufweisen, die Sie sich wünschen. Der sogenannte Cultural Fit ist in der langfristigen Zusammenarbeit viel wichtiger als das Know-how. Wissen können Sie lehren, eine Persönlichkeit, die nicht zu Ihrer Kultur passt, welche jedoch eine hohe Fachkompetenz aufweist, können Sie nicht verändern.

3.6 Vorstellungsgespräche: Wer bewirbt sich bei wem?

In einem umkämpften Arbeitsmarkt darf nicht vergessen werden, dass sich nicht nur der Kandidat bei Ihnen und Ihrer Praxis bewirbt, sondern auch Sie und Ihre Praxis sich dem Kandidaten präsentieren müssen. Ein professionelles und zugleich persönliches Vorstellungsgespräch ist daher zentral.

Doch wo beginnt das erste Kennenlernen eigentlich? Aus meiner Sicht, grundsätzlich mit Ihrer Präsenz im Internet. Überlegen Sie daher, wie bereits besprochen, wie Sie als Arbeitgeber gesehen werden möchten. Eine intensivere Auseinandersetzung zum Employer Branding folgt im weiteren Verlauf.

Im Rahmen des Recruitings beginnt das persönliche Kennenlernen bereits mit dem Eingang der Bewerbung – deren Erhalt Sie bereits mit einer kurzen Mail bestätigt haben. Weisen Sie mit der Eingangsbestätigung darauf hin, dass die Bewerbung eingegangen ist, und bedanken Sie sich. Profis im Recruiting geben bereits hier Auskunft darüber, wie lange der Bewerber warten muss, bis er von der Praxis kontaktiert wird. Geben Sie hier ein Zeitfenster von beispielsweise 48 h an, sorgen Sie dafür, dass Sie diese Zeit einhalten können. Haben Sie Ihre Interessenten in der Stellenanzeige geduzt, bleiben Sie dieser Linie treu und tun Sie dies im gesamten Prozess, von der Bestätigung bis hin zum Vorstellungsgespräch.

Für eine Grundstruktur folgen Sie diesem Ablauf:

3.6.1 Einladung zum Vorstellungsgespräch

Sie führen den Recruiting-Prozess weiter und sichten die Bewerbungseingänge. Aus Dringlichkeitsgründen empfehle ich, nicht beispielsweise 4 Wochen bis zum Ablauf der bezahlten Stellenanzeige zu warten. Diese Zeiten sind vorbei, nach 4 Wochen können sich Bewerber heute gar nicht mehr daran erinnern, sich bei Ihnen beworben zu haben.

Die Auswahl der Kandidaten

Überprüfen Sie die eingegangenen Bewerbungen und filtern Sie diejenigen heraus, die Ihre Mindestanforderungen nicht erfüllen. Auch eine zeitnahe Absage zeigt Verbindlichkeit und wirft ein gutes Licht auf Sie als Arbeitgeber und die Stimmigkeit Ihrer Prozesse.

Geben Sie auch Bewerbern eine Chance, bei denen Sie gegebenenfalls Potenzial erkennen. Nicht jeder Mitarbeiter kann als Profi bei Ihnen anfangen. Wenn Sie Ihre Mitarbeiter gut und strukturiert aus- und weiterbilden, haben Sie viel höhere Chancen, Bewerber für sich zu gewinnen als Ihre Kollegen. Der Zeiteinsatz, den Sie zu Beginn des Arbeitsverhältnisses investieren, kann sich lohnen.

Berücksichtigen Sie neben den Qualifikationen auch relevante Berufserfahrung und Soft Skills, die in den Bewerbungsunterlagen ersichtlich sind. Fehlen Ihnen Informationen, zögern Sie nicht und haken nach. In einem kurzen Telefonat bekommen Sie schon einmal einen ersten Eindruck, wie der Bewerber sich artikuliert und wie schnell er gewünschte Unterlagen nachsendet.

Grundsätzlich müssen Sie sich jedoch heute bereits mit einem Lebenslauf zufriedengeben. Die Zeiten umfangreicher Bewerbungsmappen sind vorbei und gelten als absolute Ausnahmen. Häufiger sind sie zu finden in akademischen Berufen, wie beispielsweise bei Bewerbungen von Zahnärzten.

Terminvereinbarung

Kontaktieren Sie die ausgewählten Kandidaten per E-Mail oder Telefon, um einen Termin für das Vorstellungsgespräch zu vereinbaren. Bedanken Sie sich für das Interesse an Ihrer Praxis und die eingereichten Unterlagen.

Ich priorisiere immer zunächst ein Telefonat, um einen ersten persönlichen Eindruck zu bekommen und Verbindlichkeit in den Bewerbungsprozess zu bringen. Suchen Sie sich ein ungestörtes Zeitfenster und zeigen Sie fröhliche Stimmung. So fühlt sich der Bewerber schon am Telefon willkommen.

Geben Sie mehrere Terminvorschläge an, um flexibel auf die Verfügbarkeit der Kandidaten reagieren zu können. In der Regel stehen die Bewerber selbst in einem Arbeitsverhältnis und sind oft an die Praxisöffnungszeiten gebunden. Seien Sie so flexibel wie möglich und bieten ggf. auch die Möglichkeit an, sich am Wochenende kennenzulernen.

Sollten Sie noch Fragen vorab haben, die nicht für die Einladung relevant sind, stellen Sie diese. Das zeigt Interesse am Bewerber und Sie können einen weiteren Eindruck erhalten, ohne langen Zeiteinsatz zu investieren.

Sollten Bewerber nicht unmittelbar aus Ihrem räumlichen Umfeld kommen, bieten Sie ein Vorstellungsgespräch per Videokonferenz an. Dieses Vorgehen kommt Ihnen vielleicht befremdlich vor, verkürzt jedoch die Prozess-Zeiten immens. Verläuft das Gespräch gut und der Bewerber kommt für Sie infrage, können Sie ihn beim Probearbeiten persönlich kennenlernen.

Einladungs-E-Mail

Bestätigen Sie den vereinbarten Termin immer schriftlich. Dies gilt auch dann, wenn Sie den Termin zuvor telefonisch vereinbart haben.

Geben Sie Datum, Uhrzeit, Ort des Gesprächs und die ungefähre Dauer des Vorstellungsgesprächs an. Teilen Sie dem Kandidaten mit, wer an dem Gespräch teilnehmen wird (zum Beispiel Zahnarzt, Praxismanagerin, Teamleiter). Fügen Sie eine Wegbeschreibung und eventuell notwendige Informationen zur Parkmöglichkeit oder zum öffentlichen Nahverkehr hinzu.

Fordern Sie den Kandidaten ggf. auf, bestimmte Unterlagen mitzubringen (zum Beispiel Zeugnisse, Zertifikate, Approbationsurkunde, Röntgennachweis).

Beispiel einer Einladungs-E-Mail

Betreff: Wir möchten Sie kennenlernen!

Sehr geehrte Frau Müller,

vielen Dank für Ihre Bewerbung und Ihr Interesse an der Position der Zahnmedizinischen Prophylaxeassistentin in unserer Praxis. Wir freuen uns, Ihnen mitteilen zu können, dass wir Sie gerne zu einem Vorstellungsgespräch einladen möchten.

Der Termin für das Gespräch ist am 01.01.2025 um 17:30 Uhr in unserer Praxis in der Musterstraße 25 in Musterdorf.

Das Gespräch wird voraussichtlich 45 min dauern und von mir und unserer Praxismanagerin Sophie Meyer geführt werden. Bitte bringen Sie Ihre Zeugnisse, Zertifikate und eventuell vorhandene Referenzen zum Gespräch mit.

Unsere Praxis befindet sich direkt an der Hauptstraße. Wir haben eigene Praxisparkplätze zur Verfügung, sowie eine Haltestelle für den Bus 605 unmittelbar vor der Tür.

Wir freuen uns darauf, Sie persönlich kennenzulernen. Bitte bestätigen Sie uns kurz Ihre Teilnahme an dem Gespräch per E-Mail oder Telefon. und melden Sie sich gern jederzeit bei Fragen.

Herzliche Grüße ◀

3.6.2 Vorbereitung des Vorstellungsgesprächs

Es ist so weit, die Vorstellungsgespräche mit Ihren Kandidaten beginnen.

Neben ausreichend Zeit für den von Ihnen geplanten Termin ist eine fundierte Vorbereitung auf das Vorstellungsgespräch das A und O. Der Bewerber soll das Gefühl haben, dass er erwartet wird und Sie sich freuen, ihn kennenzulernen.

Sehen Sie sich die Bewerbungsunterlagen der Kandidaten vorab noch einmal an und notieren Sie sich spezifische Punkte, die Sie im Gespräch ansprechen möchten. Machen Sie sich Gedanken zu Fragen, die sich noch nicht aus dem Lebenslauf oder dem Anschreiben ergeben, damit Sie gezielt nachhaken können. Prüfen Sie, ob alle Unterlagen, die für Ihre spätere Entscheidung relevant sind, vorhanden sind.

Bereiten Sie einen Raum vor, in dem Sie ungestört sind. Wählen Sie Ihr Büro oder ggf. einen Besprechungsraum, jedoch keinesfalls die Küche oder Aufenthaltsräume. Ruhestörungen wirken unprofessionell und können die Kandidaten aus dem Konzept bringen und unnötige Unsicherheit hervorrufen. Stellen Sie sicher, dass der Besprechungsraum sauber und ordentlich ist. Stellen Sie Getränke bereit und bieten Sie sie aktiv an. Sorgen Sie für eine angenehme Atmosphäre (zum Beispiel ausreichende Beleuchtung und eine angenehme Temperatur).

Vermeiden Sie unbedingt, dass Sie abgehetzt und zwischen zwei Patienten ins Vorstellungsgespräch hineinplatzen und sich dann im Gespräch das erste Mal die Unterlagen ansehen. Die Professionalität, die Sie von Ihrem Kandidaten erwarten, dürfen Sie selbst ebenfalls an den Tag legen.

Der Leitfaden in Abb. 3.3 stellt eine Hilfestellung dar, die Sie gern verwenden dürfen. Führen Sie das erste Mal Vorstellungsgespräche oder haben Sie diesen Teil an einen Teamleiter delegiert, hilft der Leitfaden, um für Sicherheit und selbstbewusstes Auftreten auch bei Ihnen zu sorgen.

3.6.3 Durchführung des Vorstellungsgesprächs

Bevor der Kandidat in Ihrer Praxis erscheint, informieren Sie die Mitarbeiter, dass am heutigen Tag Vorstellungsgespräche stattfinden. Soll sich der Bewerber am Empfang melden, geben Sie Ihrem Empfangsteam Namen und relevante Position bekannt. Ihre Mitarbeiter am Empfang sollten Profis im Smalltalk sein und können den Bewerber so optimal begrüßen.

Begrüßen auch Sie den Kandidaten freundlich und sorgen Sie für eine entspannte, lockere Atmosphäre.

Stellen Sie sich und/oder Ihre Kollegen/Mitarbeiter vor, die ebenfalls am Gespräch teilnehmen. Mehr als zwei Teilnehmer der Arbeitgeberseite empfehle ich nicht und sollten auch für die Entscheidungsfindung nicht relevant sein. Verlieren Sie kurz ein paar Worte zu sich selbst und bitten Sie etwaige Teilnehmer, wie einen Teamleiter auch, sich selbst in wenigen Sätzen vorzustellen. Dies gibt dem Bewerber die Möglichkeit die Gesprächsteilnehmer einzuordnen, vor allem aber die Chance einmal durchzuatmen, bevor er sich im Anschluss selbst präsentiert.

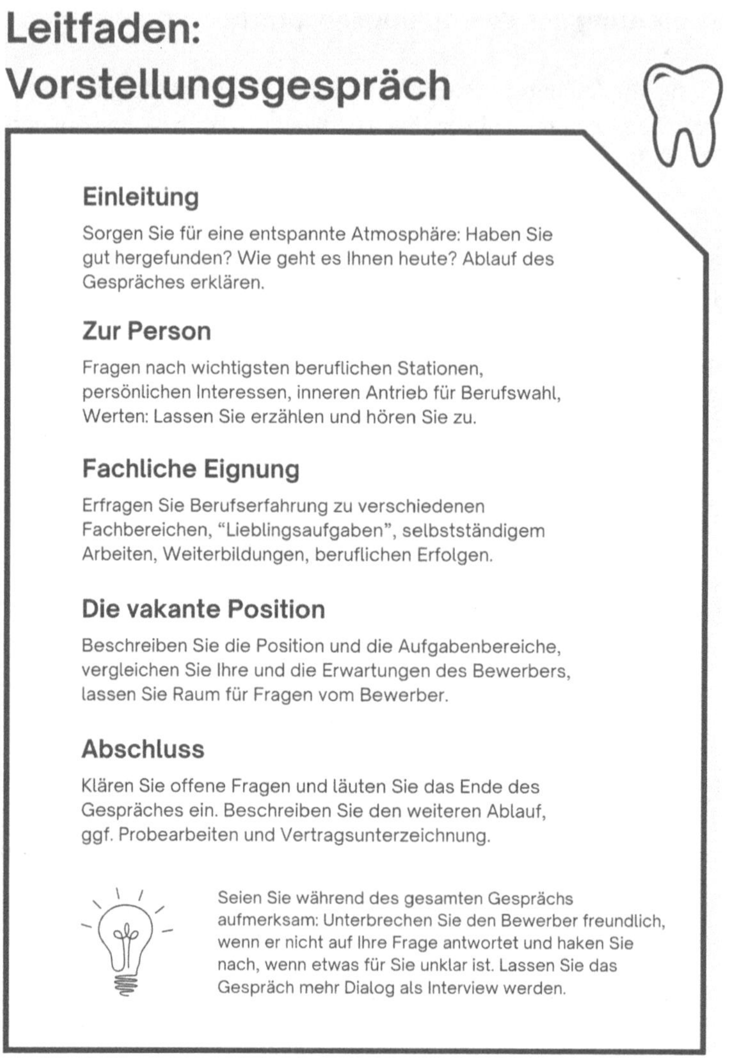

Abb. 3.3 Leitfaden Vorstellungsgespräch

Bevor Sie zu den Fachfragen kommen, bitten Sie den Bewerber, sich selbst und die wichtigsten Stationen aus ihrem Lebenslauf vorzustellen. So konzentriert sich der Bewerber auf wesentliche Punkte und beginnt zeitlich nicht bei der Grundschule.

► **Praxistipp** Stellen Sie allen Bewerbern einer Position die identischen Fragen, um eine gute Vergleichbarkeit sicherzustellen. Denken Sie ebenfalls daran, offene Fragen zu stellen, um Ja/Nein-Antworten zu vermeiden. So hat das Gespräch die beste Chance, in einem angenehmen Dialog zu enden, statt in einem klassischen Interview.

Halten Sie sich an die geplante Struktur, aber bleiben Sie flexibel, um auf spontane Fragen oder Themen des Kandidaten eingehen zu können. Behalten Sie immer im Hinterkopf, dass auch Sie sich bewerben und ein lockerer Austausch für beide Seiten angenehmer und oft offener ist. Je entspannter die Atmosphäre ist, umso mehr Informationen erhalten Sie am Ende.

Machen Sie während des Gesprächs Notizen, um sich später besser an die Antworten und Eindrücke zu erinnern. Hierzu bietet sich eine Vorlage mit den Fragen an, auf welcher Sie Freitextfelder haben, um Ihre Notizen hinzuzufügen.

Nutzen Sie die Dokumentationsvorlagen in Abb. 3.4, 3.5, 3.6, 3.7 und 3.8 für Ihre Praxis und passen Sie diese individuell an.

3.6.4 Nachbereitung des Vorstellungsgesprächs

Bewerten Sie den Kandidaten anhand Ihres standardisierten Bewertungsbogens bzw. Fragenkataloges, um eine objektive Entscheidung zu treffen und ihn mit anderen Bewerbern vergleichen zu können – sofern Sie die Auswahl haben. Tauschen Sie sich mit Ihren Kollegen über Ihre Eindrücke aus und vergleichen Sie Ihre Notizen. Der Input einer weiteren Person ist oft hilfreich und kann die Entscheidung beeinflussen. Jeder Teilnehmer setzt seinen Fokus unterschiedlich und „hört" mit einem anderen Ohr.

Informieren Sie den Kandidaten zeitnah über Ihre Entscheidung – auch wenn Sie sich gegen ihn entscheiden. Bleiben Sie trotz Absage freundlich und wertschätzend. Der gesamte Bewerbungsprozess sollte verbindlich und respektvoll ablaufen.

Wenn Sie sich dazu entscheiden, den Kandidaten weiter kennenzulernen, vereinbaren Sie einen Termin für das nächste Gespräch, einen Termin zum Probearbeiten in der Praxis oder direkt zur Vertragsunterzeichnung.

Durch diese sorgfältige Vorbereitung und strukturierte Vorgehensweise stellen Sie sicher, dass Sie die besten Kandidaten für Ihre vakante Position auswählen und dabei einen professionellen Eindruck hinterlassen.

3.6.5 Schnelligkeit bestimmt den Erfolg – die Einstellung

In der heutigen schnellen Welt kann der Faktor Zeit über den Erfolg Ihrer Recruiting-Anstrengungen entscheiden. Ein schneller und transparenter Bewerbungsprozess erhöht die Chancen, Top-Talente für sich zu gewinnen.

Wie ändert sich also das zuvor beschriebene Vorgehen, wenn Sie beispielsweise nur einen Bewerber haben und nicht eine Auswahl von verschiedenen Kandidaten?

Die grundsätzliche Vorgehensweise ändert sich keineswegs. Die Vorbereitung ist essenziell, das Gespräch auf Augenhöhe und ein positives erstes Kennenlernen sollte genauso ablaufen wie bereits erarbeitet. Das Einzige, was sich ändert ist die Geschwindigkeit.

Vorstellungsgespräch Azubi ZFA

Name: ____________________ **Volljährig:** ______________

Datum: ____________________

Haben Sie gut hergefunden? Wie geht es Ihnen heute? Ablauf des Gespräches erklären.

Erzählen Sie von sich, wer sind Sie? Was machen Sie gerne?

____

Warum möchten Sie die Ausbildung zur ZFA machen?

____

Was ist Ihnen bei Ihrem ersten Arbeitgeber besonders wichtig?

____

Was erwarten Sie von Ihrer Ausbildung?

____

Erklären Sie dem Bewerber den Ablauf der Ausbildung in Berufsschule und Praxis.

Schätzen Sie sich selbst ein, wie gut können Sie:

Auf Patienten zugehen:	O gut	O mittel	O eher weniger
Mit Stress umgehen:	O gut	O mittel	O eher weniger
Einen Tagesablauf organisieren:	O gut	O mittel	O eher weniger

Was denken Sie, wird Ihre größte Herausforderung in der Ausbildung?

____

Berichten Sie von Ihrem größten privaten Erfolg?

____

Haben Sie Fragen an mich?

____

Weiteres Vorgehen erläutern, ggf. Probearbeiten, Ausbildungsvertrag, ggf. Rücksprache, Einverständnis der Eltern

Abb. 3.4 Vorstellungsgespräch Azubi ZFA

Wenn Sie eine Bewerbung erhalten, melden Sie sich umgehend beim Bewerber. Mit umgehend meine ich sofort, unmittelbar nachdem Sie die Bewerbung gesichtet und für sich entschieden haben, dass Sie den Kandidaten kennenlernen möchten. Bestenfalls am gleichen Tag, spätestens jedoch nach 24 h.

Denn was könnte es für Vorteile haben zu warten? Die Gespräche, die ich mit Bewerbern – manchmal schon 1 h nach Erhalt der Bewerbung – geführt habe, waren durchweg alle geprägt von einer positiven Grundstimmung. Die Bewerber waren dankbar und

Vorstellungsgespräch ZFA

Name: ________ **Wochenstunden:** ________ **Software:** ________

Datum: ________ **Gehalt:** ________

Haben Sie gut hergefunden? Wie geht es Ihnen heute? Ablauf des Gespräches erklären.

Nennen Sie mir Ihre wichtigsten 3 Stationen aus Ihrem Lebenslauf.

____

Warum haben Sie sich für den Beruf der ZFA entschieden?

____

Was ist Ihnen bei einem Jobwechsel besonders wichtig?

____

Was macht Ihnen in Ihrem Job am meisten Spaß, was weniger?

____

Schätzen Sie sich selbst ein, wie gut können Sie:

Abformungen nehmen:	O gut	O mittel	O gar nicht
Röntgenbilder anfertigen:	O gut	O mittel	O gar nicht
Provisorien erstellen:	O gut	O mittel	O gar nicht

Was können Sie besonders gut im Umgang mit Patienten?

____

Berichten Sie von Ihrem größten beruflichen/privaten Erfolg?

____

Haben Sie den Wunsch, sich weiterzubilden, wenn ja, konkret?

____

Haben Sie Fragen an mich?

____

Weiteres Vorgehen erläutern, ggf. Probearbeiten, Arbeitsvertrag

Abb. 3.5 Vorstellungsgespräch ZFA

haben sich gefreut, sind somit auch viel flexibler in der Terminfindung für ein persönliches Kennenlernen. Denn mit einer unmittelbaren positiven Rückmeldung transportieren Sie Interesse und Wertschätzung – das merkt der Bewerber. Die Sorge, dass Sie das Gefühl vermitteln, Sie hätten es nötig und sind (verzweifelt) auf der Suche nach Personal kann ich Ihnen nehmen. Erstens, weil viele Praxen es tatsächlich sind und die Bewerber das wissen, zweitens, weil der positive Eindruck einer prompten Rückmeldung beim Bewerber überwiegt.

Vorstellungsgespräch ZMP

Name: ____________ **Wochenstunden:** ________ **Software:** ________

Datum: ____________ **Gehalt:** ____________

Haben Sie gut hergefunden? Wie geht es Ihnen heute? Ablauf des Gespräches erklären.

Nennen Sie mir Ihre wichtigsten 3 Stationen aus Ihrem Lebenslauf.

Warum haben Sie sich für die Weiterbildung zur ZMP entschieden?

Was ist Ihnen bei einem Jobwechsel besonders wichtig?

Was macht Ihnen in Ihrem Job am meisten Spaß, was weniger?

Schätzen Sie sich selbst, ein wie gut können Sie:

Airflow:	O gut	O mittel	O gar nicht
Bleaching (welcher Anbieter?):	O gut	O mittel	O gar nicht
Kinderprophylaxe:	O gut	O mittel	O gar nicht
Erwachsenenprophylaxe:	O gut	O mittel	O gar nicht

Was können Sie besonders gut im Umgang mit Patienten?

Erklären Sie mir den Ablauf einer PZR, wie Sie ihn kennen.

Berichten Sie von Ihrem größten beruflichen/privaten Erfolg?

Haben Sie Fragen an mich?

Weiteres Vorgehen erläutern, ggf. Probearbeiten, Arbeitsvertrag

Abb. 3.6 Vorstellungsgespräch ZMP

Finden Sie einen Termin, der möglichst auch zeitnah stattfindet, lassen Sie hier keine Chance verstreichen und seien auch Sie flexibel in der Terminfindung. Der optimale Ablauf innerhalb der nächsten 48 h bis hin zu einer Woche: **Gespräch, Probearbeiten, Angebot, Unterzeichnung.**

Wenn Sie die Möglichkeit haben und der Bewerber Sie im Gespräch überzeugt hat, bieten Sie unmittelbar im Anschluss an das Vorstellungsgespräch ein Probearbeiten an. Bieten Sie dem Bewerber die Option, noch am gleichen Tag für 2 h zu hospitieren und halten Sie hierfür einen Kasack/T-Shirt in unterschiedlichen Größen bereit.

Vorstellungsgespräch ZMV

Name: ____________ **Wochenstunden:** ________ **Software:** ________

Datum: ____________ **Gehalt:** ____________

Haben Sie gut hergefunden? Wie geht es Ihnen heute? Ablauf des Gespräches erklären.

Nennen Sie mir Ihre wichtigsten 3 Stationen aus Ihrem Lebenslauf.

Warum haben Sie sich für die Weiterbildung zur ZMV entschieden?

Was ist Ihnen bei einem Jobwechsel besonders wichtig?

Schätzen Sie sich selbst ein, wie gut können Sie BEMA/GOZ:

Konservierende Leistungen:	O gut	O mittel	O gar nicht
PA:	O gut	O mittel	O gar nicht
Endo:	O gut	O mittel	O gar nicht
ZE:	O gut	O mittel	O gar nicht
KB:	O gut	O mittel	O gar nicht
Chirurgie/Impl.:	O gut	O mittel	O gar nicht

Arbeiten Sie lieber als Experte in einer Fachrichtung od Allrounder?

Wie bringen Sie das Team am Pat. dazu, gut zu dokumentieren?

Berichten Sie von Ihrem größten beruflichen/privaten Erfolg?

Haben Sie Fragen an mich?

Weiteres Vorgehen erläutern, ggf. Probearbeiten, Arbeitsvertrag

Abb. 3.7 Vorstellungsgespräch ZMV

Passt es dem Bewerber nicht, vereinbaren Sie direkt einen Alternativtermin. Die Zeiten des „Wir melden uns bei Ihnen" sind vorbei. In der Zeit, in der Sie sich melden möchten, hat der Bewerber vielleicht schon in einer anderen Praxis unterschrieben.

Überzeugt der Bewerber am Ende des Tages final, setzen Sie Ihrem Prozess die Krone auf, in dem Sie ihm noch am gleichen Tag einen Vertragsentwurf aushändigen. Diesen können Sie vorab mit den Rahmendaten vorbereiten und im weiteren Verlauf der Einstellung anpassen.

Vorstellungsgespräch Zahnarzt

Name: ________________ **Wochenstunden:** _________ **Software:** ___________

Datum: ________________ **Gehalt:** __________ **Umsatz:** ______

Haben Sie gut hergefunden? Wie geht es Ihnen heute? Ablauf des Gesprächs erklären.

Nennen Sie mir Ihre wichtigsten 3 Stationen aus Ihrem Lebenslauf.

Beschreiben Sie Ihren inneren Antrieb, als ZA tätig zu sein?

Was ist Ihnen bei einem Jobwechsel besonders wichtig?

Wie binden Sie Ihre Patienten?

Welche Aufgaben delegieren Sie an Ihre Assistenz?

Wie gehen Sie damit um, wenn Ihre ZFA unorganisiert arbeitet und Sie dadurch tgl. in Verzug geraten?

Beschreiben Sie Ihr Vorgehen inkl. Gesprächsführung bei Neupat.

Berichten Sie von Ihrem größten beruflichen/privaten Erfolg?

Wie hoch ist Ihr erwirtschafteter Honorarumsatz pro Monat?

Haben Sie Fragen an mich?

Weiteres Vorgehen erläutern, ggf. Probearbeiten, Arbeitsvertrag

Abb. 3.8 Vorstellungsgespräch Zahnarzt

Geben Sie ihm Zeit über das Angebot nachzudenken, mit dem Hinweis, dass der Bewerber Sie so sehr überzeugt hat, dass Sie ihn unbedingt einstellen möchten. Mehr Wertschätzung geht nicht. Worauf warten Sie also?

Insgesamt ist ein erfolgreiches Recruiting also eine Kombination aus einer kontinuierlichen Weiterentwicklung des Prozesses, einer Strategie zur Mitarbeiterbindung und -entwicklung, enger Zusammenarbeit zwischen Ihnen und der HR-Abteilung (sofern vorhanden) sowie einer positiven Praxiskultur.

Zahnartpraxen, die diese Faktoren gezielt angehen und umsetzen, haben gute Chancen, sich im Wettbewerb um Talente zu behaupten und langfristig erfolgreich zu bleiben. Es lohnt sich also, das Recruiting als wichtigen Teil der Praxisstrategie anzusehen und kontinuierlich zu optimieren. Seien Sie dabei stets freundlich, verbindlich und zügig in Ihrer Vorgehensweise.

Dabei sollten sowohl die aktuellen Markt- und Branchentrends als auch die Bedürfnisse der Bewerberinnen und Bewerber stets im Fokus stehen. Denn nur so können Sie mit Ihrer Praxis langfristig erfolgreich sein und ein talentiertes Team aufbauen, das sie für zukünftige Herausforderungen wappnet.

3.7 Willkommen im Team

Wir tauchen immer tiefer in die Materie des HR ein. Bleiben Sie am Ball und lassen Sie sich inspirieren von Ideen der optimalen Integration Ihrer neuen Mitarbeiter ins Team. Ihr Ziel ist es, Ihre guten Mitarbeiter langfristig in Ihrer Praxis zu beschäftigen. Damit zukünftige Mitarbeiter schon in der ersten Kontaktaufnahme mit Ihnen einen guten Eindruck von Ihnen als Arbeitgeber haben, haben Sie sich bereits sowohl bei der Stellenanzeigengestaltung als auch beim Prozess rund um die Vorstellungsgespräche viel Mühe gegeben.

Der Arbeitsvertrag wurde bereits vor einiger Zeit unterzeichnet und die Zeit vergeht. Wenn Ihr neuer Mitarbeiter beim vorherigen Arbeitgeber eine lange Kündigungsfrist hat, können schon einmal einige Monate vergehen, bis der erste Arbeitstag in Ihrer Praxis naht. Wie können Sie also diese Zeit optimal überbrücken? Mithilfe eines interessanten Instrumentes, welches noch vor dem Onboarding zum Einsatz kommt. Das sogenannte Pre-Boarding.

3.7.1 Pre-Boarding

Pre-Boarding bezeichnet den Prozess, bei dem Sie neue Mitarbeiter willkommen heißen und auf die Tätigkeit in Ihrem Team vorbereiten, noch bevor dieser offiziell seinen ersten Arbeitstag hat.

Es ist ein wichtiger Teil im Rahmen der Einstellung Ihrer Mitarbeiter der darauf abzielt, einen reibungslosen Übergang zwischen Vertragsunterzeichnung und erstem Arbeitstag zu gewährleisten und die Vorfreude und Motivation der neuen Mitarbeiter zu fördern.

Hier sind die wichtigsten Aspekte des Pre-Boarding im Detail erklärt:

Kommunikation und Information

Sobald ein neuer Mitarbeiter seinen Arbeitsvertrag unterzeichnet hat, beginnt das Pre-Boarding.

Sie können im Verlauf der „Wartezeit“ immer wieder Informationen liefern, die neugierig machen. Hierzu gehören beispielsweise zunächst der genaue Starttermin inklusive Uhrzeit und Informationen zu Ihrer Praxiskultur. Bei fachfremden Mitarbeitern können Sie auch praxiseigene Informationsbroschüren oder Flyer hinzufügen. So kann sich Ihr neuer Mitarbeiter ein Bild von Ihrer Zahnarztpraxis machen.

Kontaktieren Sie ihn vorab, um die richtige Größe für Ihre Praxiskleidung zu ermitteln. Alternativ können Sie ihn auch persönlich zur Anprobe einladen, um die persönliche Bindung zu stärken.

Vorbereitung der Arbeitsumgebung
Bereits im Vorfeld können Sie den Arbeitsplatz vorbereiten, z. B. einen Schreibtisch, Computerzugang, Telefon und/oder andere benötigte Arbeitsmittel, wie Lupen- oder Schutzbrille, besondere Instrumente oder Praxiskleidung bereitstellen. Sorgen Sie dafür, dass bis zum ersten Arbeitstag alles startklar ist und vorliegt.

Begrüßung und Vorstellung
Eine schöne Idee ist auch eine formelle Begrüßung, z. B. eine Willkommens-E-Mail vom Vorgesetzten oder von der Personalabteilung, um den neuen Mitarbeiter persönlich willkommen zu heißen. Auch eine Karte vom neuen Team lässt die Vorfreude steigen.

Vernetzung und Kontakte knüpfen
Neue Mitarbeiter können bereits vor ihrem ersten Arbeitstag Kontakt zu zukünftigen Kollegen aufnehmen. Dies kann helfen, die soziale Integration zu erleichtern und die Anfangsnervosität zu reduzieren. Entscheiden Sie sich dafür einen Mentor für die Einarbeitung auszuwählen, geben Sie Ihrem neuen Mitarbeiter seine Kontaktdaten. In der Regel werden diese sicherlich nicht in Anspruch genommen, bieten aber zumindest die Möglichkeit der Kontaktaufnahme vorab und sorgen für ein Zugehörigkeitsgefühl noch vor dem ersten Arbeitstag.

Administrative Vorbereitungen
Dazu gehören die Vorbereitung von Verträgen, Unterlagen für die Personalakte sowie die Klärung administrativer Fragen wie Steuerinformationen, Versicherungen und andere arbeitsrechtliche Angelegenheiten. Auch diesen Part können Sie vorab erledigen, sofern es für Sie nicht zu viel Aufwand bedeutet. Diesen Part können Sie auch gut in die Onboarding-Phase nach dem ersten Arbeitstag integrieren.

Erwartungsmanagement
Kurz vor dem ersten Arbeitstag empfiehlt es sich, klare Erwartungen hinsichtlich der ersten Tage und Wochen zu kommunizieren. Informieren Sie Ihren neuen Mitarbeiter zum Beispiel darüber, welche Aufgaben am ersten Tag erledigt werden sollen und wie der Einarbeitungsprozess aussehen wird. Dies schafft Sicherheit und einen leichteren Start am ersten Arbeitstag selbst.

Feedback und Unterstützung
Durch die Phase des Pre-Boardings können Sie die Gelegenheit nutzen, Feedback vom neuen Mitarbeiter einzuholen, um sicherzustellen, dass alle Fragen oder Bedenken vor dem offiziellen Arbeitsbeginn geklärt werden können.

Zusammengefasst bedeutet Pre-Boarding, dass Sie die Zeit zwischen der Vertragsunterzeichnung und dem tatsächlichen Arbeitsbeginn nutzen, um neue Mitarbeiter bestmöglich vorzubereiten und ihnen einen angenehmen Start zu ermöglichen. Dies trägt dazu bei, dass sich neue Mitarbeiter willkommen und geschätzt fühlen, schnell produktiv werden können und sich willkommen fühlen.

3.7.2 Onboarding

Onboarding bezeichnet den Prozess der Einführung und Integration neuer Mitarbeiter in Ihrer Praxis, ab dem ersten Arbeitstag.

Es umfasst eine Reihe von Maßnahmen und Aktivitäten, die darauf abzielen, neuen Mitarbeitern den Einstieg in ihre neuen Rollen und in die Praxisgegebenheiten zu erleichtern. Der Onboarding-Prozess kann unterschiedlich lange dauern, in der Regel aber zwischen den ersten Tagen bis zu mehreren Monaten.

Wichtige Aspekte des Onboardings sind:

Willkommensprozess
Neue Mitarbeiter werden offiziell in der Praxis begrüßt, oft durch ein Einführungstreffen mit dem Team oder einem kleinen Willkommenspaket.

Stellen Sie sicher, dass jeder Mitarbeiter der Praxis weiß, wann der neue Mitarbeiter anfängt, wo er eingesetzt wird und wie er heißt.

Ein Willkommenspaket kann beispielsweise Praxiskleidung, Namensschild, ein Schreibheft für Notizen, einen Kugelschreiber, einen kleinen Snack als „Nervennahrung" u. v. m. beinhalten. Machen Sie ihm den Start so einfach und angenehm wie möglich. Für Auszubildende können Sie zum Beispiel das Willkommenspaket in Form einer Schultüte gestalten.

Administrativer Teil
Dieser umfasst das Erledigen aller notwendigen Formalitäten, wie das Ausfüllen von Formularen, das Einrichten von IT-Zugängen und das Bereitstellen von Arbeitsmaterialien. Der erste Arbeitstag ist oft mit Administrativem belegt, sorgen Sie dafür, dass die wichtigsten Dinge, wie beispielsweise Log-in-Daten für Ihre Praxissoftware bereits vorliegen.

Einarbeitung und Training
Weisen Sie Ihren neuen Mitarbeiter in seine spezifischen Aufgaben und Verantwortlichkeiten ein. Dazu gehören Schulungen, Trainings und gegebenenfalls das Mitlaufen in der Behandlung in den ersten Tagen.

Individuelle Schulungspläne können Sie hier in der Arbeit unterstützen. Sie haben die Chance, Erwartungen und Verantwortlichkeiten klar zu definieren. Neue Mitarbeiter wissen, was von ihnen erwartet wird, und welche Ressourcen ihnen zur Verfügung stehen.

Ein gut durchdachtes Onboarding-Programm kann helfen, typische Anfangsfehler und Missverständnisse zu vermeiden, die durch Unklarheiten oder mangelndes Wissen entstehen könnten. Überprüfen Sie daher, was für Sie wichtig ist. Was sollte der neue Mitarbeiter über Ihre Praxis wissen? Wie gehen Sie mit Patienten um? Wie sind die internen Prozesse und Abläufe? Wie kommunizieren Sie in der Praxis etc. Was für Sie und Ihr Team selbstverständlich ist, kann der neue Mitarbeiter in der Praxis zuvor vielleicht noch nie so erlebt haben.

Praxiskultur
Neue Mitarbeiter lernen die Werte, Normen und Verhaltensweisen Ihrer Praxis kennen. Dies umfasst auch die Praxishistorie, Ihre Vision sowie die informellen Regeln des Arbeitsplatzes (beispielsweise Kleiderordnung). Machen Sie Ihre Praxis so nahbar wie möglich, damit der neue Mitarbeiter versteht, wie die Praxis „tickt".

Mentoring und Unterstützung
Oft werden neuen Mitarbeitern Mentoren oder Ansprechpartner zugewiesen, die ihnen bei Fragen und Problemen helfen und sie während der ersten Wochen oder Monate begleiten. Dies ist für den neuen Mitarbeiter von enormer Bedeutung und erleichtert den Einstieg sowohl fachlich als auch mental erheblich. Wählen Sie jemanden als Mentor, der fachlich versiert und empathisch ist. Fragen Sie im Team, wer Lust hat, sich um den neuen Mitarbeiter zu kümmern.

Teamintegration
Der neue Mitarbeiter wird in das bestehende Team integriert, indem er Kollegen kennenlernt und an Teamaktivitäten teilnimmt. Nutzen Sie direkt den ersten Arbeitstag, um den neuen Mitarbeiter im gesamten Praxisteam vorzustellen. Auch Teambesprechungen eignen sich hierfür hervorragend. Bitten Sie ih darum, sich in einer Teambesprechung selbst vorzustellen.

Mitarbeiterbindung
Ein gutes Onboarding-Erlebnis kann die Mitarbeiterzufriedenheit erhöhen und somit die Fluktuation reduzieren. Neue Mitarbeiter fühlen sich wertgeschätzt und gut aufgehoben, was ihre langfristige Bindung an Ihre Praxis fördert – von Anfang an.

Feedback und Anpassung
Führen Sie regelmäßig Feedbackgespräche, um den Fortschritt des neuen Mitarbeiters zu besprechen, offene Fragen zu klären und gegebenenfalls Anpassungen vorzunehmen.

Der Onboarding-Prozess ist entscheidend für die langfristige Zufriedenheit und den Erfolg neuer Mitarbeiter in Ihrer Praxis. Ein gut durchgeführtes Onboarding kann die

Einarbeitungszeit verkürzen, die Mitarbeiterbindung stärken und die Produktivität erhöhen. Je schneller Ihr neuer Mitarbeiter eingearbeitet ist, umso schneller kann er Sie bestmöglich unterstützen.

Untermauern Sie den gesamten Onboarding-Prozess mithilfe eines Schulungsplans. Dieser bringt Klarheit und Verbindlichkeit mit. Er gibt Auskunft über Lernziele und dient als Nachweis, welche Bereiche der neue Mitarbeiter bereits allein erledigen kann. Abb. 3.9 und 3.10 zeigen ein Beispiel für einen **Schulungsplan für Zahnmedizinische Fachangestellte in der Parodontologie ohne Vorkenntnisse.**

Dieser Schulungsplan gewährleistet eine umfassende und praxisnahe Einarbeitung der neuen Zahnmedizinischen Fachangestellten mit dem Schwerpunkt in der Parodontologie. Wenn Sie ihn an Ihre individuellen Praxisgegebenheiten anpassen und erweitern, können Sie nach jedem erlernten Bereich Mitarbeiter und Mentor unterzeichnen lassen. Dies dient – wie in einem Testatheft – dem Sicherstellen, dass der Mitarbeiter den jeweiligen Bereich beherrscht und vollständig durchdrungen hat.

Passen Sie in regelmäßigen Feedbackgesprächen den zeitlichen Rahmen an, wenn Sie merken, dass der Mitarbeiter über- oder unterfordert ist.

3.7.3 Cultural fit – die Probezeit im Fokus

Die Bezeichnung „Cultural fit" bezieht sich auf die Übereinstimmung zwischen den Werten, Überzeugungen, Verhaltensweisen und der Arbeitsweise eines Mitarbeiters und Ihrer eigenen Praxiskultur. Für Sie ist es wichtig, dass ein Mitarbeiter neben dem Besitz von notwendigen Fähigkeiten und Qualifikationen für eine Position auch gut in die bestehende Praxiskultur passt. Auch dem Mitarbeiter liegt es am Herzen einen Arbeitgeber zu finden, bei dem er sich wohlfühlt und hinter deren Werten er steht. Daher ist der Cultural fit in der Arbeitswelt so wichtig. Er kann zu höherer Zufriedenheit, besserer Leistung und längerer Betriebszugehörigkeit führen. Umgekehrt kann ein schlechter kultureller Fit zu Konflikten, Unzufriedenheit und hoher Fluktuation führen.

Achten Sie bereits bei der Auswahl neuer Mitarbeiter auf den kulturellen Fit, um ein harmonisches Arbeitsumfeld zu fördern und die Zusammenarbeit im Team zu stärken. Nach Vertragsunterzeichnung ist die Probezeit ein passender Zeitraum, in dem Sie feststellen können, wie gut Sie bzw. Ihre Praxis und der Mitarbeiter zusammenpassen.

Um zu überprüfen, ob ein Mitarbeiter während der Probezeit gut zu Ihrer Praxis passt, können Sie verschiedene Methoden und Kriterien anwenden. Setzen Sie klare Ziele und Erwartungen für die Probezeit. Kommunizieren Sie deutlich, was Sie vom neuen Mitarbeiter erwarten. Führen Sie regelmäßige Feedbackgespräche (zum Beispiel wöchentlich zwischen Tür und Angel oder alle zwei Wochen). Besprechen Sie die Leistungen, Fortschritte und eventuelle Herausforderungen des Mitarbeiters. Bieten Sie ihm Hilfe und Unterstützung an, damit er sich gut einfinden kann.

Ihr Schulungsplan bietet eine Grundlage, aufgrund derer Sie den Mitarbeiter beurteilen können. Fördern Sie trotz der doch „harten" Überprüfung Ihrerseits eine offene und

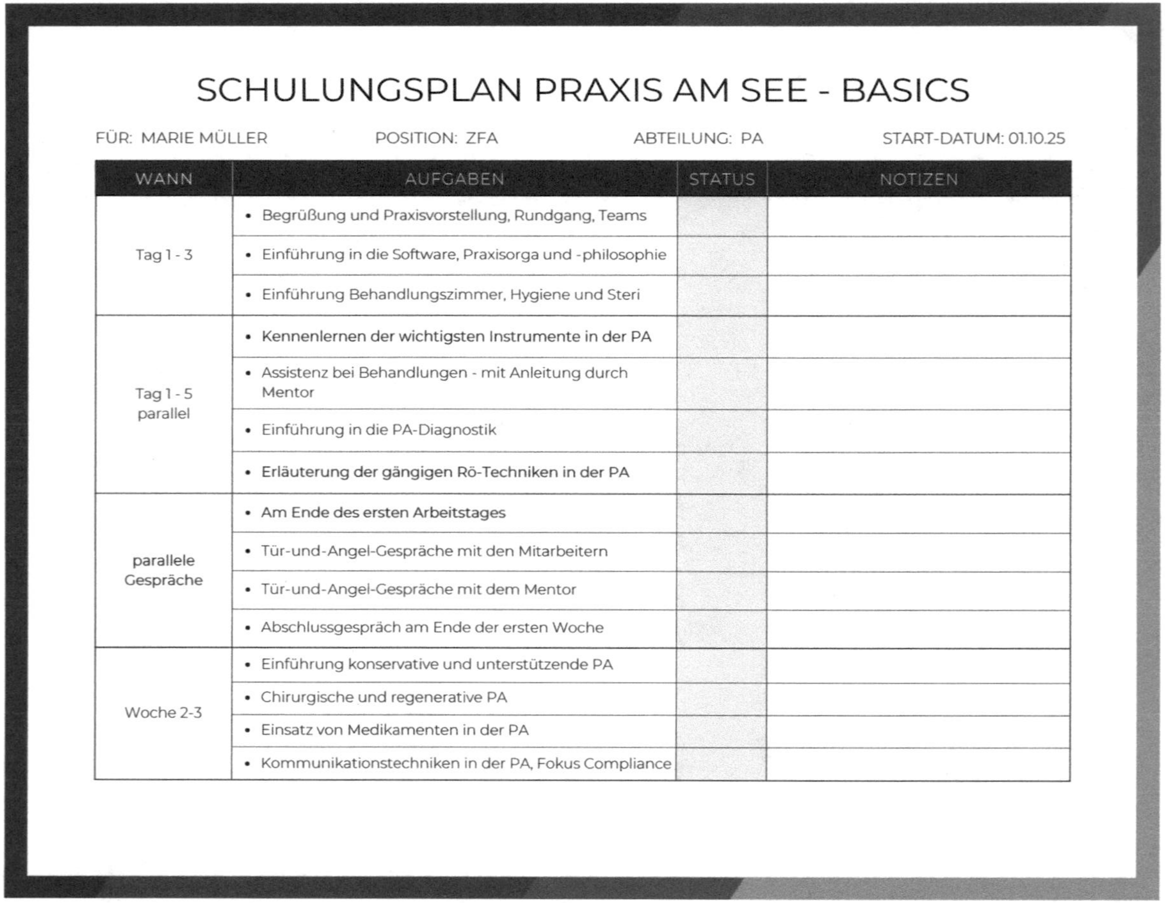

SCHULUNGSPLAN PRAXIS AM SEE - BASICS

FÜR: MARIE MÜLLER POSITION: ZFA ABTEILUNG: PA START-DATUM: 01.10.25

WANN	AUFGABEN	STATUS	NOTIZEN
Tag 1 - 3	• Begrüßung und Praxisvorstellung, Rundgang, Teams		
	• Einführung in die Software, Praxisorga und -philosophie		
	• Einführung Behandlungszimmer, Hygiene und Steri		
Tag 1 - 5 parallel	• **Kennenlernen der wichtigsten Instrumente in der PA**		
	• Assistenz bei Behandlungen - mit Anleitung durch Mentor		
	• Einführung in die PA-Diagnostik		
	• **Erläuterung der gängigen Rö-Techniken in der PA**		
parallele Gespräche	• **Am Ende des ersten Arbeitstages**		
	• Tür-und-Angel-Gespräche mit den Mitarbeitern		
	• Tür-und-Angel-Gespräche mit dem Mentor		
	• Abschlussgespräch am Ende der ersten Woche		
Woche 2-3	• Einführung konservative und unterstützende PA		
	• Chirurgische und regenerative PA		
	• Einsatz von Medikamenten in der PA		
	• Kommunikationstechniken in der PA, Fokus Compliance		

Abb. 3.9 Schulungsplan Teil 1 – basics

SCHULUNGSPLAN PRAXIS AM SEE - DEEP DIVE

FÜR: MARIE MÜLLER | POSITION: ZFA | ABTEILUNG: PA | START-DATUM: 01.10.25

WANN	AUFGABEN	STATUS	NOTIZEN
Woche 4 - 5	• Vertiefung der Kenntnisse der Doku und Abrechnung in der PA		
	• Assistenz bei Behandlungen - ohne Anleitung durch Mentor		
	• Assistenz bei Operationen		
	• Mentoring: regelmäßige Überprüfung und ggf. Anpassung des Schulungsplans gemeinsam mit dem Mentor		
parallele Gespräche	• Tür-und-Angel-Gespräche mit dem Mentor		
	• Abschlussgespräch am Ende der ersten 5 Wochen		
3. - 6. Monat	• Gespräch zur Hälfte der Probezeit		
	• Gespräch zum Ende der Probezeit		
nach der Probezeit	• Finale Kontrolle, ob alle Inhalte des Schulungsplans erledigt und verstanden sind		
	• Vereinbarung jährlicher Mitarbeitergespräche		
	• Sonstige Vereinbarungen (wenn nötig)		

Abb. 3.10 Schulungsplan Teil 2 – deep dive

ehrliche Kommunikation, in der der Mitarbeiter auch sein Feedback und seine Erfahrungen teilen kann.

Achten Sie darauf, wie der Mitarbeiter mit Kollegen zusammenarbeitet. Passt er gut ins Team? Wird teamorientiert zusammengearbeitet? Passt es menschlich untereinander?

Beobachten Sie, ob der Mitarbeiter die Praxiswerte lebt und sich an die Praxiskultur anpasst. Bewerten Sie die Qualität der geleisteten Arbeit und ob sie den Standards Ihrer Praxis entspricht. Wenn dies nicht der Fall ist, justieren Sie den Schulungsplan und bieten aktiv Hilfe und Unterstützung an. Befähigen Sie den Mitarbeiter erfolgreich zu sein.

Achten Sie darüber hinaus auf die Einstellung und das Engagement des Mitarbeiters. Zeigt er Interesse und Begeisterung für die Arbeit? Holen Sie Feedback von Kollegen und Teammitgliedern, vor allem aber vom Mentor ein, die mit dem neuen Mitarbeiter zusammenarbeiten.

Indem Sie diese Schritte befolgen, können Sie eine fundierte Entscheidung darüber treffen, ob ein Mitarbeiter langfristig gut zu Ihrer Praxis passt und ob er auch nach der Probezeit weiter beschäftigt wird.

3.8 Experteninterview – Recruiting – Dr. Lilly Qualen

Zum Abschluss dieses Kapitels möchte ich Ihnen einen Live-Eindruck in die Recruiting- und HR-Welt einer Zahnarztpraxis geben. Dr. Lilly Qualen, 2018 jüngste Praxisgründerin in Deutschland, gibt Ihnen einen exklusiven Einblick in ihr eigenes HR. Strategisch, durchdacht und unglaublich sympathisch berichtet sie im Folgenden über Ihren Personal-Alltag in der Zahnarztpraxis mit spannenden Insights und wertvollen Tipps.

Welche Methoden hast du bei der Suche nach qualifiziertem Personal für deine Zahnarztpraxis verwendet? Welche Kanäle (z. B. Online-Jobbörsen, soziale Medien, persönliche Netzwerke) haben sich als besonders effektiv erwiesen?
Bisher habe ich über die Jobbörse der Zahnärztekammer, über Social Media Recruiting und vor allem über Empfehlungsmanagement meine Teammitglieder gefunden.

Am effektivsten war sicherlich das Online-Recruiting über die gängigen Social-Media-Plattformen. Allerdings habe ich letztlich die besten Erfahrungen mit Mitarbeiterinnen gemacht, die über eine bereits beschäftigte Kollegin in meine Praxis empfohlen wurden.

Wie hast du die Anforderungen und Qualifikationen für die verschiedenen Positionen in deiner Praxis definiert? Welche besonderen Fähigkeiten und Erfahrungen hast du bei Bewerbern gesucht?
Wir suchen in der Regel nach Teammitgliedern, die menschlich gut zu uns passen. Wir haben Werte, die wir strikt in der Praxis leben. Wer diese Werte nicht schätzt, wird mit egal welcher fachlichen Qualifikation, nie zu einem A-Mitarbeiter. Daher sind uns weiche Fak-

toren immer sehr wichtig. Natürlich unterstützen wir jedes neue Teammitglied, auf dasselbe hohe fachliche Niveau zu kommen, wie der Rest des Teams, z. B. durch Fort-/ Weiterbildungen.

Was waren die größten Herausforderungen bei der Suche nach qualifiziertem Personal? Wie hast du diese Herausforderungen gemeistert?
Die größte Herausforderung ist sicherlich erstmal geeignete Bewerber/innen zu erreichen. Es gibt viele gute Mitarbeiterinnen, aber eben nicht mehr so viele wie früher. Daher ist die Konkurrenz groß und bei einigen braucht es auch erstmal eine gewisse Überwindung, das aktuelle Arbeitsverhältnis trotz Unzufriedenheit zu kündigen. Ich erlebe immer wieder Mitarbeiter, die schon lange unzufrieden waren, den Schritt zum Jobwechsel aber erst nach etlichen Bewerbungsgesprächen gewagt haben.

Wie sah dein Bewerbungsprozess aus, von der ersten Bewerbung bis zur endgültigen Entscheidung? Welche Rolle spielen Bewerbungsgespräche und Probearbeiten bei deiner Auswahl?
Für mich spielen Bewerbungsunterlagen grundsätzlich eher eine untergeordnete Rolle. Bei uns zählt viel mehr das Bauchgefühl. Mein Bauchgefühl und das meines Teams. Daher kommt man bei uns nie um ein persönliches Kennenlernen und Probearbeiten drum herum.

Sobald eine Bewerbung eingeht, rufe ich jedoch so schnell es geht erstmal bei der potenziellen Mitarbeiterin an. Am Telefon lassen sich die „harten Fakten" schnell klären und unnötige Zeit kann gespart werden. Wenn ich nach dem Telefonat ein gutes Gefühl habe, lade ich die Bewerber in meine Praxis ein. In der Regel direkt in Kombination mit einem halben Probetag.

Wie sieht der Einarbeitungsprozess für neue Mitarbeiter in deiner Praxis aus? Welche Schritte und Maßnahmen sind dabei besonders wichtig?
Zunächst haben wir ein sogenanntes „Praxishandbuch" im PDF-Format. Dies stelle ich allen neuen Mitarbeitenden zu Verfügung, sodass man das Wichtigste jederzeit zuhause nachlesen kann.

Danach erfolgt die Onboarding-Phase. Alle kleinen Abteilungen der Praxis werden begleitet, angelernt durch eine Kollegin. Abschließend wird ein Feedbackgespräch geführt, um mögliche Probleme rechtzeitig zu erkennen. Ggf. sind noch externe Fortbildungen notwendig, um das Know-how zu stärken.

Grundsätzlich sind wir aber ein Team, dass stetig lernt und wächst. Daher sind regelmäßige Teambesprechungen, sogenannte „Reorganisationstage" (ein Tag, an dem die Praxis geschlossen wird und jeder Mitarbeiter den anderen ein Thema erklärt, sodass alle immer auf dem gleichen Stand sind) und praxisinterne Fortbildungen bei uns immer an der Tagesordnung.

Hast du spezielle Onboarding-Programme oder Schulungen für neue Mitarbeiter entwickelt? Wenn ja, wie sind diese strukturiert und welche Inhalte werden vermittelt?
Einmal im Jahr machen wir einen Team-Tag mit einer Personalerin, wobei es rein um die Kommunikation im Team geht.

Ein Tool, welches wir in diesem Zusammenhang gelernt und seitdem 2x jährlich umsetzen, ist der Reorganisationstag. An diesem Tag wird die Praxis geschlossen und jedes Teammitglied bereitet sich mit einem Thema vor, welches dann erklärt wird. So ist jeder auf demselben Stand und auch eine Behandlungsassistenz kennt die Büroabläufe und umgekehrt. Mir ist es einfach sehr wichtig, dass keine Panik aufkommt, wenn mal eine Mitarbeiterin wegen Krankheit/Schwangerschaft/o. ä. ausfällt. In diesen Fällen bewahren wir Ruhe, denn wir haben hier niemanden der aufgrund seiner Qualifikation unersetzbar wäre.

Wie stellst du sicher, dass neue Mitarbeiter gut ins bestehende Team integriert werden? Welche Maßnahmen ergreifst du, um ein gutes Arbeitsklima zu fördern?
Zum Glück ist mein Team sehr fröhlich und offen für neue Gesichter. Daher finden sich neue Mitglieder in der Regel sehr schnell ein. Um den Teamgedanken und das „gemeinsame Wir" zu stärken, holen wir uns 1x jährlich professionelle Hilfe mit einem Team-Tag (mit einer Personalerin) und machen auch mehrmals jährlich Praxisevents, in denen wir einfach unsere Freizeit miteinander verbringen (z. B. ein langes Wochenende in Kroatien, Musical-Besuche, einfach mal in der Mittagspause zusammen Pizza essen etc., Weihnachtsfeier, Sommerfest).

Welche Maßnahmen ergreifst du, um deine Mitarbeiter langfristig an deine Praxis zu binden? Welche Rolle spielen dabei Weiterbildungsangebote und Karriereentwicklungsmöglichkeiten?
Ich denke die beste Bindung erreicht man durch Gemeinsamkeiten und wenn man das „Warum" hinter jeder Aufgabe klar kommuniziert.

Der größte Motivator in der Arbeit ist die Sinnhaftigkeit dahinter. Sich auch mal Zeit nehmen für einen privaten Plausch ist für mich selbstverständlich und ich zeige meine Wertschätzung gegenüber der Leistung immer und immer wieder. Seien es kleine Aufmerksamkeiten oder einfach nur ein Lob für einen gemeinsam gemeisterten Arbeitstag.

Fort- und Weiterbildungen werden immer individuell abgesprochen und i. d. R. von der Praxis getragen. Es gibt immer Sonderurlaub für diese Termine, sodass jeder mindestens eine Woche im Jahr Zeit für die persönliche Weiterentwicklung findet.

Welche Unternehmenskultur möchtest du in deiner Praxis etablieren, und wie förderst du diese Kultur aktiv? Wie wichtig ist dir die Work-Life-Balance deiner Mitarbeiter, und welche Maßnahmen ergreifst du, um diese zu gewährleisten?
„Persönlich, verlässlich, empathisch" – das sind unsere drei Hauptwerte, die wir im Team gemeinsam erarbeitet haben. Das Ganze ist natürlich nochmal ausführlich in unserem Praxishandbuch verschriftlicht.

Es folgt ein Auszug aus unserer Auffassung dieser Werte und Kultur:
Außenwirkung:

- *Wir behandeln unsere Patienten stets so, wie wir selbst behandelt werden möchten*
- *Wir halten uns an strengste Hygienestandards*
- *Jeder im Team bildet sich regelmäßig fort*
- *Datenschutz ist genauso wichtig, wie Vertrauen im Team und ein ehrlicher Umgang mit Patienten*
- *Wir geben Klarheit in der Kommunikation, erklären alle Arbeitsschritte ausführlich und haben immer ein offenes Ohr für Sorgen und Ängste*
- *Wir begleiten unsere Patienten vom Empfang bis zum Ende der Behandlung*
- *Auch für ein persönliches Gespräch versuchen wir immer Zeit zu finden und lassen die Patienten nicht alleine*
- *Wir nehmen uns Zeit für unsere Patienten und führen Arbeitsschritte stets gewissenhaft aus*
- *Wir klären unsere Patienten einheitlich auf (z. B. Kosten, Behandlungsabläufe)*

Team-Zusammenhalt:

- *Wir sprechen miteinander, nicht übereinander (kein Lästern/Besprechungskultur)*
- *Wir geben psychologische Sicherheit durch offene und ehrliche Kommunikation*
- *Hilfe zu erbitten ist nie eine Schwäche – wir helfen und lassen uns helfen*
- *Zusammen sind wir immer stärker als alleine*
- *Verständnis und Perspektivwechsel helfen im Falle von Konflikten*
- *Wir machen im Team Informationen für unsere Kolleginnen frei zugänglich, sind ehrlich und teilen unser Wissen gerne*
- *Wir übernehmen Verantwortung für unseren Einflussbereich*
- *Wir suchen nicht nach Schuldigen, sondern nach Lösungen*
- *Wir haben gemeinsame Rituale, für die wir uns gegenseitig Zeit einräumen (Sommerfest, Weihnachtsfeier, Weihnachtsfrühstück, Feier des Praxisjubiläums, Geburtstage)*
- *Wir handeln immer wohlwollend, halten zusammen*
- *Respekt und Wertschätzung wird jedem entgegengebracht*
- *Gemeinsam erreichen wir unser Jahresziel*
- *Jeder hat den gleichen Wert im Team und trägt gleichermaßen zum Erfolg der Praxis bei*
- *Wir haben Verständnis und eine gesunde Erwartungshaltung („jeder kann mal einen schlechten Tag haben")*
- *Wir gehen nicht davon aus, dass eine anfallende Aufgabe durch „die anderen" erledigt wird, sondern ergreifen immer zuerst Eigeninitiative*

Wie siehst du die Zukunft des Recruitings in der Zahnmedizin? Welche Trends und Entwicklungen beobachtest du? Welche Pläne hast du, um deine Praxis auch zukünftig mit qualifiziertem Personal zu unterstützen? Kommen Quereinsteiger für dich in Betracht?
Ich habe bereits eine Quereinsteigerin beschäftigt. Ohne Probleme funktioniert dies am Empfang nach einer etwas längeren Einarbeitungszeit. Die Dame kam aus dem Hotelfach und hat viele professionelle Umgangsformen in der Praxis eingeführt. Bis heute werden hier Türen aufgehalten, mal ein Getränk angeboten oder in eine Jacke geholfen. Das ist nicht selbstverständlich, kommt aber wahnsinnig gut bei unseren Patienten an.

Ansonsten hoffe ich einfach, dass wir unsere Branche retten, indem die Arbeitgeber das „neue Wir" verstehen, weiterhin mit Freude ausbilden und der Beruf ZFA wieder ein höheres Ansehen erlangt.

Welche Erfahrungen hast du persönlich während der Gründungsphase deiner Praxis gemacht? Was waren die größten Herausforderungen und wie hast du diese bewältigt?
Gutes Personal zu finden, dass zu mir und meiner Praxis passt, war definitiv schwierig. Dies lag aber sicherlich auch daran, dass ich mich selbst mit dem Thema erst nach einigen Monaten beschäftigt habe.

Jetzt habe ich monatliche Calls mit meiner Personalberaterin, habe mich mit meiner eigenen Persönlichkeitsentwicklung viel beschäftigt und weiß, wie wichtig professionelle Tools im Umgang mit Mitarbeitern sind. Damit ich eine gute Chefin für meine noch besseren Mitarbeiterinnen sein kann.

Welche wichtigen Lektionen hast du in Bezug auf Recruiting und Einarbeitung von Mitarbeitern gelernt? Gibt es Dinge, die du im Nachhinein anders gemacht hättest?
Mein größtes Learning ist, dass man sich auch mal täuschen kann. Dass Fehler normal sind und man diese nur schnell loslassen muss. Manche Menschen passen einfach nicht zu dir, dem Team oder der Praxiskultur. Dann ist es manchmal besser – auch in Zeiten von Personalmangel – eine Entscheidung zum Schutz des guten Arbeitsklimas zu fällen.

Anders machen würde ich nichts. Jede (Fehl-)Entscheidung hat mich gelehrt und als Chefin wachsen lassen. Denn wir Zahnärzte sind eigentlich „nur" Zahnärzte – das Thema Personal muss man sich selbst oder durch Fortbildungen aktiv aneignen und auch immer an sich selbst arbeiten. Denn nur wer sich selbst führen kann, kann das auch im Team.

3.9 Fazit und Learning – Recruiting

Passendes Personal zu finden, ist eine Aufgabe mit viel Verantwortung, die einigen Personen leichtfällt und bei der andere wiederum vor einer leeren Seite stehen und nicht wissen, womit sie anfangen sollen, um sich von anderen Stellenanzeigen abzuheben.

Von den Basics ausgehend haben Sie die aktuell und zukünftig am Arbeitsmarkt tätigen Generationen und deren Eigenarten und Eigenschaften kennengelernt. Anschließend haben Sie die Persona-Methode kennengelernt, um sich mit Ihrer Zielgruppe für Ihre unterschiedlichen Stellenanzeigen auseinanderzusetzen. Diese Fleißarbeit ist eine echte Unterstützung, wenn es darum geht, Stellenanzeigen adressatengerecht zu erstellen. Eine noch so aufwändige Stellenanzeige mit Fokus auf Kreativität und Einfallsreichtum spricht keine Person an, die gern Dinge strukturiert abarbeitet, nur um Ihre Aufgaben erledigt zu wissen. Nehmen Sie sich also die Zeit und beleuchten Sie Ihre Zielgruppe genau.

Nach der erfolgreichen Anzeigengestaltung sind Sie nun bestens für Ihre (ersten) Vorstellungsgespräche vorbereitet. Verlieren Sie im Bewerbungsprozess keine Zeit und geben dem Bewerber zu allen Stationen im Prozess schnelle Rückmeldung. Je zügiger Sie arbeiten, umso schneller haben Sie Ihre vakanten Stellen besetzt – im besten Falle passend.

Damit Sie Ihre neuen Mitarbeiter kennenlernen und optimal auf den neuen Job vorbereiten können, entwickeln Sie Schulungspläne und sorgen in der Pre- und Onboarding-Phase für bestmögliche erste Eindrücke, die Sie als Arbeitgeber, als Praxis und als Team hinterlassen können.

Fazit

Ohne Fleiß und Struktur kommen Sie im Recruiting schnell an Ihre Grenzen. Bleiben Sie am Ball und lassen Sie sich durch etwaige geringe Bewerberzahlen nicht entmutigen. Ihre Arbeit zahlt sich früher oder später aus. Je sichtbarer Sie mit Ihrer Praxis werden, umso mehr spricht sich Ihre Qualität als Arbeitgeber herum.

Personal entwickeln – Mitarbeitergespräche in der Zahnarztpraxis

4

Die Personalentwicklung nimmt in modernen Zahnarztpraxen einen zentralen Stellenwert ein. Sie trägt zur Mitarbeiterbindung bei, fördert die berufliche Entwicklung des Personals und sichert somit die Zukunft und Qualität der Praxis. Dieses Kapitel widmet sich der Kunst der Mitarbeitergespräche und der Bindung von Personal in der Zahnarztpraxis.

Personalentwicklung bezeichnet alle Maßnahmen, die darauf abzielen, die Qualifikationen, Kompetenzen und Fähigkeiten der Mitarbeiter innerhalb Ihrer Praxis systematisch zu verbessern und weiterzuentwickeln. Ziel dieser Maßnahmen ist es, sowohl die individuelle Leistung Ihrer Mitarbeiter als auch die Gesamtleistung Ihres Praxisbetriebes zu steigern.

Personalentwicklung umfasst ein breites Spektrum an Aktivitäten und Prozessen, die in der Regel auf drei Ebenen erfolgen:

1. **Individuelle Ebene:**
   Hierbei steht die individuelle Förderung des einzelnen Mitarbeiters im Vordergrund. Dies kann durch verschiedene Maßnahmen geschehen, wie zum Beispiel durch Fort- und Weiterbildungen, Seminare, Workshops oder durch berufsbegleitende Studiengänge. Hierbei steht der Mitarbeiter im Fokus: Seine Fähigkeiten, Fertigkeiten und persönlichen Interessen. Optimalerweise können Sie Ihre Praxisinteressen mit den persönlichen Anliegen des Mitarbeiters in Einklang bringen. Auch persönliches Coaching, Mentoring und interne Schulungsprogramme gehören dazu, bei denen erfahrene Kollegen oder externe Experten Ihren Mitarbeitern beratend zur Seite stehen und sie weiterbilden.
2. **Teamebene:**
   Auf dieser Ebene geht es darum, die Zusammenarbeit innerhalb Ihres Teams zu verbessern. Teamentwicklungsmaßnahmen können beispielsweise gemeinsame Workshops,

J.-K. Jonen, *Nachhaltiges Personalmanagement in der Zahnarztpraxis*,
https://doi.org/10.1007/978-3-658-47559-8_4

Teambuilding-Events oder spezielle Schulungen umfassen, die darauf abzielen, die Kommunikation und die Zusammenarbeit innerhalb des Teams zu optimieren. Schauen Sie, für welches Team gerade welche Form und welches Thema interessant sein könnte. Ist es zum Beispiel eine Kommunikationsschulung für das Empfangsteam oder ein Seminar zur Provisorienherstellung für Azubis? Fördern Sie Ihre Teams ganz individuell. Auch Teamübergreifende Veranstaltungen finden sich auf dieser Ebene. Je größer Ihre Praxis ist, umso selbstständiger agieren die einzelnen Teams oder Abteilungen für sich. Denken Sie immer wieder daran, sie wieder zusammenzuführen und so auch Unstimmigkeiten gar nicht erst entstehen zu lassen.

3. **Organisationale Ebene:**
   Hier werden Strategien und Programme entwickelt, die darauf abzielen, Ihre gesamte Praxis voranzubringen. Dies kann durch die Schaffung einer lernförderlichen Praxiskultur geschehen, in der kontinuierliches Lernen und Wissenstransfer gefördert werden. Auch die Entwicklung von Führungskräften und die Planung von Karrierewegen spielen hier eine wichtige Rolle. Die Praxis als Ganzes steht hier im Vordergrund. Insbesondere das Thema Wissenstransfer spielt aus meiner Sicht eine große Rolle. Fordern Sie Ihre Mitarbeiter auf, das Wissen, was sie auf ihren individuellen Weiterbildungen erworben haben, an das Team weiterzugeben. So können Sie neues Wissen großflächig zur Verfügung stellen und das gesamte Team kann teilhaben. Auch der Mitarbeiter, der als Referent fungiert, kann über sich hinauswachsen und neue Skills erlernen und Verantwortung übernehmen.

Ein zentraler Aspekt der Personalentwicklung ist die Bedarfsanalyse. Dabei wird ermittelt, welche Kompetenzen und Qualifikationen in Ihrer Praxis benötigt werden und welche Defizite möglicherweise bestehen. Diese Analyse bildet die Grundlage für die Planung und Umsetzung gezielter Entwicklungsmaßnahmen, auch hinsichtlich eines etwaigen Praxiswachstums. Dies geht ebenfalls einher mit der gezielten Personalbedarfsplanung, welche wir bereits thematisiert haben.

Personalentwicklung ist auch eng mit der Leistungsbeurteilung verknüpft. Durch regelmäßige Mitarbeitergespräche und Beurteilungen können Stärken und Schwächen der Mitarbeiter identifiziert und entsprechende Entwicklungsmaßnahmen abgeleitet werden. Auch wenn der Begriff Beurteilung für Sie befremdlich wirkt – nutzen Sie dies als positiv besetztes Instrument und beurteilen Sie regelmäßig. Nur so können Ihre Mitarbeiter besser werden und Sie wiederum Ihre Praxisziele erreichen.

Ein weiteres wichtiges Element ist das Talentmanagement. Hierbei geht es darum, besonders leistungsstarke und potenzialträchtige Mitarbeiter zu identifizieren und gezielt zu fördern, um sie langfristig an Ihre Praxis zu binden und auf zukünftige Führungsaufgaben vorzubereiten. Im Kapitel Führungskräfte gehen wir intensiv auf diesen Bereich ein.

Die Personalentwicklung ist ein strategischer Prozess, der darauf abzielt, die Fähigkeiten und Kompetenzen der Mitarbeiter kontinuierlich zu verbessern. Sie trägt dazu bei, die Motivation und Zufriedenheit der Mitarbeiter zu steigern, ihre Leistungsfähigkeit zu erhöhen und somit die Wettbewerbsfähigkeit Ihrer Praxis zu sichern. Los geht's.

4.1 Du bist mir wichtig! Welche Mitarbeitergespräche zu welchem Anlass?

Mitarbeitergespräche sind ein zentrales Instrument der Personalführung und bieten zahlreiche Vorteile sowohl für Sie als Arbeitgeber als auch für die Mitarbeiter. Hier sind einige wichtige Gründe, warum Sie als Arbeitgeber Mitarbeitergespräche führen sollten:

- **Leistungsbewertung und Feedback**
  Mitarbeitergespräche ermöglichen es, klare Leistungsziele zu setzen und die Erreichung dieser Ziele zu überprüfen. Sie bieten eine Gelegenheit, konstruktives Feedback zu geben und Ihren Mitarbeitern zu helfen, ihre Stärken zu erkennen und an Schwächen zu arbeiten. Auch für eine ZFA in der Stuhlassistenz gibt es Ziele, die sie erreichen kann. Manch einen Mitarbeiter motivieren klar vereinbarte Ziele zu Höchstleistungen.
- **Mitarbeiterbindung und Motivation**
  Regelmäßige Gespräche zeigen Ihren Mitarbeitern, dass ihre Arbeit wertgeschätzt wird, was die Motivation und die Zufriedenheit steigern können. Gespräche über Weiterbildungs- und Entwicklungsmöglichkeiten fördern die berufliche Weiterentwicklung der Mitarbeiter und steigern ihre Bindung an Ihre Praxis. Machen Sie deutlich, dass Sie sich vom Wettbewerb abheben und Ihre Mitarbeiter bei Ihnen individuell gefördert werden.
- **Kommunikation und Transparenz**
  Mitarbeitergespräche fördern eine offene Kommunikation und schaffen ein Umfeld des Vertrauens. Sie helfen, Missverständnisse auszuräumen und sicherzustellen, dass die Erwartungen beider Seiten klar und realistisch sind. Führen Sie diese Gespräche regelmäßig und lernen Sie Ihre Mitarbeiter kennen, sie werden es Ihnen danken.
- **Problemerkennung und -lösung**
  Regelmäßige Gespräche ermöglichen es, Probleme und Konflikte frühzeitig zu erkennen und anzugehen, bevor sie eskalieren. Sie bieten die Möglichkeit, auf individuelle Anliegen und Bedürfnisse der Mitarbeiter einzugehen.
- **Steigerung der Produktivität**
  Durch die Festlegung konkreter Ziele und die Überprüfung der Fortschritte können Ihre Mitarbeiter zielgerichteter und effizienter arbeiten. Gespräche bieten Raum für Verbesserungsvorschläge und Innovationsideen, die zur Optimierung von Arbeitsprozessen beitragen können. Lassen Sie Ihre Mitarbeiter zu Wort kommen. Sie haben einen anderen Blickwinkel als Sie und können wertvollen Input liefern. Hier können Ideen entstehen, auf die Sie selbst noch nicht gekommen sind.
- **Förderung der Praxiskultur**
  Mitarbeitergespräche fördern eine Kultur der Offenheit und des Dialogs, was zur positiven Entwicklung der Praxiskultur beiträgt. Sie stärken das Gefühl der Zugehörigkeit und des Zusammenhalts im Team. Begegnen Sie Ihren Mitarbeitern auf Augenhöhe und hören Sie zu. Diese Zeit der Wertschätzung ist optimal investiert.

- **Rechtliche und organisatorische Gründe**
  Regelmäßige Mitarbeitergespräche können Ihnen helfen Leistungsbewertungen, die bei Beförderungen, Gehaltsanpassungen und gegebenenfalls auch bei Kündigungen herangezogen werden, zu untermauern. Wichtig hierbei ist, dass Sie Ihre Gespräche dokumentieren und in der Personalakte abspeichern.

Es gibt verschiedene Arten von Mitarbeitergesprächen, die jeweils unterschiedliche Ziele verfolgen und zu verschiedenen Zeitpunkten im Arbeitsverhältnis durchgeführt werden. In diesem Zusammenhang ist es wichtig zu erwähnen, dass Mitarbeitergespräche überhaupt in Ihren neuen HR-Alltag integriert werden sollen. Dabei geht es primär nicht zwingend darum, einen bestimmten Typ Gespräch zum Zeitpunkt x durchzuführen, sondern Ihr Verständnis dafür zu sensibilisieren, sich regelmäßig mit Ihren Mitarbeitern zu bestimmten Themen auszutauschen. Geplant, strukturiert und nicht ausschließlich beiläufig während der Behandlung.

Hier sind einige der häufigsten Arten von Mitarbeitergesprächen, damit Sie einen Überblick bekommen, welche Schwerpunkte Sie in der Gesprächsführung setzen können:

1. Einführungsgespräch (Onboarding-Gespräch)

- **Zweck**
  Einführung neuer Mitarbeiter in die Praxis. Dieses Gespräch kann von Praxisinhaber, Praxismanager oder aber auch Teamleiter geführt werden. Führen Sie dieses Gespräch nach Möglichkeit direkt am ersten Arbeitstag.
- **Inhalte**
  Praxiswerte, Erwartungen, Ziele, Rollen und Verantwortlichkeiten, erste Eindrücke und Fragen des neuen Mitarbeiters. Bringen Sie Ihrem neuen Mitarbeiter Ihre Praxis näher.

Ihre drei wichtigsten Fragen

- Herzlich Willkommen in unserer Praxis, wie fühlen Sie sich heute Morgen an Ihrem ersten Arbeitstag?
- Welche Erwartungen haben Sie an Ihre erste Arbeitswoche?
- Wie war der erste Tag für Sie? Besonders wichtig im Hinblick auf Über- oder Unterforderung und ggf. Anpassung des Schulungsplans.

2. Probezeitgespräch

- **Zweck**
  Bewertung der Leistungen und die Integration Ihres neuen Mitarbeiters während der Probezeit. Der Mitarbeiter sollte die Chance bekommen zu sagen, wie es ihm in Ihrer Praxis geht und ob er gut angekommen ist. Darüber hinaus sollten Sie herausfinden, ob der Aufgabenbereich so ist, wie Sie es versprochen oder vorgestellt haben. Gibt es Diskrepanzen? Versuchen Sie diese auszuräumen oder zu erläutern, um Enttäuschung zu vermeiden.

- **Inhalte**
  Rückmeldung zur Arbeitsleistung, Anpassung an das Team und die Praxiskultur, Entscheidung über die Fortsetzung des Arbeitsverhältnisses, Wünsche des Mitarbeiters, Stand der Dinge über die Einarbeitung. Hier können Sie eine kleine Rekapitulation der ersten Monate vornehmen.

Ihre drei wichtigsten Fragen
- Wie würden Sie Ihre Integration ins Team beschreiben?
- Wie empfinden Sie Ihren Aufgabenbereich, wenn Sie einmal Ihre persönlichen Erwartungen mit der Realität vergleichen?
- Gibt es etwas, was Ihnen bei uns nicht gefällt, wenn ja, wie können wir es ändern?

3. Regelmäßiges Feedbackgespräch (Zwischenbeurteilung)
- **Zweck**
  Kontinuierliche Bewertung und Feedback zur Leistung Ihrer Mitarbeiter. Hier sind die direkten Vorgesetzten/Teamleiter gefragt. Diese Art von Gespräch muss nicht in einem regelmäßigen Zyklus stattfinden, sondern kann individuell bei Bedarf angesetzt werden.
- **Inhalte**
  Leistungsbewertung, Zielerreichung, aktuelle Projekte, persönliche und berufliche Entwicklung. Schauen Sie auch, welche aktuellen Themen abseits der grundlegenden Themen anliegen.

Ihre drei wichtigsten Fragen
- Wie schätzen Sie selbst Ihre Arbeitsleistung ein?
- Benötigen Sie Unterstützung bei der Zielerreichung?
- Fühlen Sie sich über- oder unterfordert?

4. Jahresgespräch
- **Zweck**
  Das wichtigste Gespräch des Jahres. Hier kann eine umfassende jährliche Bewertung der Arbeitsleistung und Planung zukünftiger Ziele innerhalb eines festen Rahmens stattfinden. Planen Sie diese Form der Gespräche rechtzeitig und laden Sie Ihre Mitarbeiter schriftlich ein. Bitten Sie sie auch, sich auf das Gespräch vorzubereiten, so wie Sie es auch tun.
- **Inhalte**
  Rückblick auf das vergangene Jahr, Zielerreichung, Stärken und Schwächen, Entwicklungs- und Trainingsbedarfe, Festlegung neuer Ziele. Nehmen Sie sich Zeit für dieses Gespräch und bereiten auch Sie sich gut vor. Betrachten Sie das gesamte vergangene Jahr und nicht nur die letzten Wochen, die Ihnen in Erinnerung geblieben sind.

Weitere, tiefer gehende Informationen folgen.

5. Entwicklungsgespräch

- **Zweck**
  Besprechung der beruflichen Entwicklung und Karrieremöglichkeiten. Dieses Gespräch kann sich auch aus einem Jahresgespräch ergeben oder Bestandteil dessen sein. Diese Gesprächsform ist sicher eher untypisch für eine Zahnarztpraxis. Auch hierzu gibt es im weiteren Verlauf des Kapitels noch detailliertere Informationen.
- **Inhalte**
  Karriereziele, Weiterbildungsmöglichkeiten, Entwicklung von Fähigkeiten und Kompetenzen, mögliche Beförderungen. Was möchte Ihr Mitarbeiter erreichen und wo sehen Sie ihn?

6. Leistungsbeurteilungsgespräch

- **Zweck**
  Hier findet eine formelle Bewertung der Arbeitsleistung über einen bestimmten Zeitraum statt, dies ist insbesondere bei Behandlern relevant. Hier können Sie beispielsweise Patientenbindung und Umsatzentwicklungen besprechen.
- **Inhalte**
  Bewertungskriterien, Leistungsergebnisse, Vergütung, Bonusentscheidungen, Umsatzzahlen, Umsetzungsraten von HKPs, Terminqualität, Show bzw. No-Shows. Aufgrund der besonderen Relevanz hinsichtlich Ihres Praxiserfolges folgen auch hier nähere Infos im nächsten Unterkapitel.

7. Zielvereinbarungsgespräch

- **Zweck**
  Festlegung und Vereinbarung von Zielen für einen bestimmten Zeitraum. Dieses Gespräch kann sich ebenfalls aus einem Jahresgespräch ergeben oder Bestandteil dessen sein. Es eignet sich beispielsweise auch gut für Azubis, insbesondere im letzten Lehrjahr. Besprechen Sie mit Ihrem Azubi, wie es nach der Ausbildung in Ihrer Praxis weitergehen kann und vereinbaren Sie individuelle Ziele.
- **Inhalte**
  SMART-Ziele (spezifisch, messbar, erreichbar, relevant, zeitgebunden), Ressourcen und Unterstützung zur Zielerreichung. Vereinbaren Sie die Ziele gemeinsam, um die Akzeptanz und eine erfolgreiche Umsetzung des Mitarbeiters sicherzustellen.

Ihre drei wichtigsten Fragen

- Welche Ziele haben Sie?
- Warum und wie möchten Sie diese erreichen?
- Was benötigen Sie von uns, damit Sie dieses Ziel zum Zeitpunkt x erreichen können?

8. Konfliktgespräch (Klärungsgespräch)

- **Zweck**
  Lösung von Konflikten oder Missverständnissen am Arbeitsplatz. Bevorzugt sollten diese Gespräche zunächst ohne Vorgesetzten und erst zwischen den Beteiligten selbst stattfinden. Um die Situation aufzulockern, eignet es sich gut, das Gespräch außerhalb der Praxisräumlichkeiten beispielsweise in einem Café durchführen zu lassen. Kann keine Einigkeit entstehen, sollte der nächste Vorgesetzte involviert werden.
- **Inhalte**
  Identifikation des Konflikts, Sichtweisen der Beteiligten, Erarbeitung von Lösungen, Vereinbarung von Maßnahmen zur Konfliktbewältigung.

Ihre drei wichtigsten Fragen

- Wie ist der Konflikt entstanden?
- Wie können Sie ihn lösen?
- Was müssen wir/Sie tun, damit Konflikte dieser Art zukünftig nicht erneut auftreten?

9. Austrittsgespräch (Exit-Gespräch)

- **Zweck**
  Rückmeldung von Mitarbeitern, die die Praxis verlassen. Nutzen Sie die Chance zu erfahren, warum Mitarbeiter gehen. Haken Sie nach und erhalten Sie wertvolle Tipps, was Sie ggf. hätten verändern können. Geben Sie ggf. den Hinweis, dass der Mitarbeiter sich wieder bei Ihnen melden darf, falls der Jobwechsel doch nicht so endet wie erhofft und öffnen Sie somit die Tür für eine erneute Zusammenarbeit.
- **Inhalte**
  Gründe für den Austritt, Verbesserungsvorschläge, Rückblick auf die Zeit in der Praxis, Feedback zur Praxiskultur. Trauen Sie sich hier nachzufragen, die Chance auf ehrliche Antworten ist nicht zu unterschätzen.

Ihre drei wichtigsten Fragen

- Warum möchten Sie unsere Praxis verlassen?
- Was hätten wir tun können, damit Sie geblieben wären?
- Bekommen wir noch eine Chance, damit Sie jetzt entscheiden, doch zu bleiben?

▶ **Praxistipp** Goldenes Rückfahr-Ticket: Dieses Ticket wird von Ihnen oder der Personalabteilung besonderen Mitarbeitern ausgehändigt, denen Sie jederzeit die Möglichkeit geben möchten, zu Ihnen zurückzukommen. Drucken Sie das Ticket aus und übergeben Sie es als verbindliche Zusage der zukünftigen

Wiedereinstellung. Mehr Wertschätzung und Verbindlichkeit können Sie einem Mitarbeiter der geht, nicht entgegenbringen.

10. Gesundheits- und Wiedereingliederungsgespräch

- **Zweck**
  Unterstützung und Planung der Rückkehr eines Mitarbeiters nach einer längeren Krankheit oder Abwesenheit. Fragen Sie ganz gezielt nach, wie es Ihrem Mitarbeiter nach einer längeren Abwesenheit geht und wie Sie ihn gegebenenfalls unterstützen können, gesund an seinen Arbeitsplatz zurückzukehren.
- **Inhalte**
  Gesundheitszustand, Arbeitsfähigkeit, benötigte Anpassungen, Unterstützungsmöglichkeiten. Bieten Sie hier aktiv Hilfe an.

Ihre drei wichtigsten Fragen

- Wie geht es Ihnen, wenn Sie daran denken, wieder zu arbeiten?
- Wie können wir Ihnen den Wiedereinstieg erleichtern?
- Benötigen Sie Anpassungen, Aufgabenwechsel oder weitere Unterstützungsmöglichkeiten, wenn ja, welche?

11. Ad-hoc-Gespräch (Spontanes Gespräch)

- **Zweck**
  Besprechung aktueller, dringender Themen oder Probleme – von Ihnen oder Ihren Mitarbeitern initiiert. Werden Sie um ein solches Gespräch gebeten, versuchen Sie nicht dies hinauszuzögern und führen es direkt. Für den Mitarbeiter ist es oft eine Überwindung, um ein Gespräch zu bitten.
- **Inhalte**
  Je nach Anlass unterschiedlich, kurzfristige Anliegen oder wichtige Entwicklungen.

Ihre drei wichtigsten Fragen

- Was führt Sie zu mir?
- Wie kann ich Sie unterstützen?
- Wie verbleiben wir heute?

Diese verschiedenen Arten von Mitarbeitergesprächen helfen dabei, eine umfassende und kontinuierliche Kommunikation zwischen Ihnen und Ihrem Mitarbeiter sicherzustellen, was zu einem besseren Arbeitsumfeld und höheren Leistungen beitragen kann.

Doch wer sollte diese Gespräche überhaupt führen?
Das kommt – wie in vielen Bereichen im HR – auf die Größe und Struktur der Praxis an. Haben Sie eine Ein- oder Zwei-Behandler-Praxis, sind Sie als Zahnarzt in der Regel derjenige, der auch Mitarbeitergespräche führen sollte. Ihre Mitarbeiter haben eine enge Verbindung zu Ihnen, die sich mit zunehmender Größe sukzessive verändert bzw. verringert. Sie selbst sehen alle Mitarbeiter täglich und können ihre Arbeitsleistung optimal einschätzen. Laden Sie Ihre Mitarbeiter folglich persönlich ein und führen Sie persönlich das Gespräch.

Je größer die Praxis wird, umso mehr empfehle ich Ihnen, Verantwortung zu delegieren. Haben Sie bereits einen Praxismanager, befähigen Sie diese Person beispielsweise die Mitarbeitergespräche mit Nicht-Behandlern zu führen und geben Sie diesen Teil ab. Bei Behandlern sollten Sie die Gespräche nach wie vor selbst führen.

Haben Sie in Ihrer Praxis bereits Teamleiter integriert, delegieren Sie den Teil der Mitarbeitergespräche an diese Personengruppe.

Protokollieren Sie die Gespräche und lassen Sie Ihren Mitarbeiter das protokollierte Gespräch gegenlesen, damit Sie beide die Sachverhalte gleich verstanden haben. Zeigen Sie ernsthaftes Interesse, Offenheit und Wertschätzung.

Vermeiden Sie Sätze oder auch Ihre innere Haltung, wie beispielsweise: „Ich habe keine Zeit, mich mit jedem Mitarbeiter zu unterhalten, dann mache ich ja nichts anderes mehr.“ Dieses Mindset ist geprägt von mangelnder Wertschätzung und fehlendem Interesse. Pflegen Sie einen solchen Umgang mit Ihrem Team, müssen Sie mit einer hohen Fluktuation rechnen. Fokussieren Sie sich stattdessen auf die wesentlichen Gespräche. Dies wird im Detail und mit für Sie direkt anwendbaren Fragestellungen in den folgenden Unterkapiteln beleuchtet.

4.1.1 Jahresgespräche

Einmal jährlich sollten Jahresgespräche geführt werden. Sie geben Raum, um Leistung zu bewerten, Ziele zu definieren und die Förderung von individuellen Stärken zu planen. Grundsätzlich können Sie sich bei der Vorbereitung an die Informationen zur Vorbereitung auf das Vorstellungsgespräch halten. Sorgen Sie für ausreichend Zeit, einen vorbereiteten Raum und eine ungestörte, entspannte Atmosphäre.

Versenden Sie auch hier eine Einladung per Mail, oder gehen Sie auf den Mitarbeiter zu, um schon vor dem Gespräch Verbindlichkeit herzustellen.

Ein Beispiel für eine Einladungs-E-Mail

Betreff: Unser Jahresgespräch

Liebe Maria,

hiermit lade ich Sie herzlich zum Mitarbeitergespräch am 02.01.25 um 13 Uhr ein. Das Gespräch führen wir in meinem Büro.

Bitte setzen Sie sich vorher mit folgenden Fragen auseinander:
- Wie fühlen Sie sich aktuell in der Praxis?
- In welchem Bereich sehen Sie bei sich selbst Weiterentwicklungsbedarf bzw. haben Sie den Wunsch sich weiterzuentwickeln?
- Was wünschen Sie sich für das kommende Jahr?
- Welche Ziele haben Sie bis zum nächsten Mitarbeitergespräch?

Sollten Sie vorab Fragen haben, melden Sie sich jederzeit bei mir.
Ich freue mich auf das Gespräch mit Ihnen
Herzliche Grüße

Die Erwartungshaltung, die Sie an Ihren Mitarbeiter haben – nämlich, dass er sich auf das Gespräch vorbereiten soll, können Sie für sich ebenfalls sicherstellen.

Leiten Sie das Gespräch ein, mit einer kurzen Erläuterung zum Ablauf: Begrüßung, Gesprächsdauer, Fragen des Mitarbeiters. Ist der Mitarbeiter noch nicht lange in der Praxis, fragen Sie zunächst, ob er sich im Team gut angekommen fühlt und ob die Einarbeitung aus seiner Sicht abgeschlossen ist.

Sobald Sie Feedback zur Arbeitsleistung geben, beginnen Sie positiv mit Stärken, führen Sie das Gespräch dann weiter mit etwaigem Verbesserungsbedarf. Geben Sie so viele Beispiele aus dem Praxisalltag wie möglich, damit der Mitarbeiter auch Kritik gut nachvollziehen und annehmen kann. Lassen Sie unbedingt Raum für Nachfragen des Mitarbeiters und hören Sie ihm aufmerksam zu. Fragen Sie nach eigenen Ideen, wie der Mitarbeiter sich verbessern kann, so erhöhen Sie die Chance auf Verbesserung Ihrer Kritikpunkte. Beenden Sie den Teil zum Feedback unbedingt mit etwas Positivem.

Fragen Sie den Mitarbeiter nach Wünschen: Trauen Sie sich ruhig, ich habe oft die Erfahrung gemacht, dass es hierbei nicht immer nur um Gehalt geht, sondern oft um Stimmungen im Team oder auch Optimierung und eigene Ideen im Praxisablauf. Diese Frage kann eine große Chance darstellen, die Sie nutzen sollten.

Bei der Frage nach beruflichen (und auch privaten) Zielen können Sie gut auf zuvor thematisierte Kritikpunkte eingehen. Vereinbaren Sie gemeinsam Ziele, wie der Mitarbeiter beispielsweise seine kritisierte Arbeitsweise verändern kann. Fragen Sie nach, welche Unterstützung er von Ihnen benötigt.

Legen Sie fest, bis wann er diese Ziele erreicht haben soll, und haken Sie hier nach. Je genauer Sie diese Vereinbarungen treffen, umso besser können Sie später darauf hinweisen, unterstützen und am Ende überprüfen.

Bevor Sie das Gespräch beenden, klären Sie, ob der Mitarbeiter noch etwas besprechen möchte. Bedanken Sie sich für die Vorbereitung, die offenen Worte und die Zeit, die sich Ihr Mitarbeiter genommen hat. Beenden Sie das Gespräch mit abschließenden Informationen: Protokoll (Sie schreiben, Ihr Mitarbeiter kontrolliert), Follow-Ups (Was haben Sie vereinbart: Ziele, Folgegespräch zur Weiterentwicklung etc.).

Anbei in Abb. 4.1 ein Fragenkatalog zum direkten Gebrauch. Nutzen Sie die Fragen als Basis und passen Sie sich entsprechend Ihren Praxisgegebenheiten an. Beantworten Sie die Fragen als Vorbereitung auf das Gespräch (zumindest gedanklich) auch für sich.

Jahresgespräch

Name: ____________ **Teilnehmer:** ____________

Datum: ____________ **Datum letztes Gespräch:** ____________

Begrüßung, Ablauf, Fragen seitens des Mitarbeiters vorab

Wie fühlen Sie sich aktuell in der Praxis?

Sehen Sie bei sich Weiterentwicklungsbedarf?

Ihr Feedback zur Arbeitsleistung des Mitarbeiters, erst positiv, dann Verbesserungsbedarf.
Lassen Sie auch den Mitarbeiter zu Wort kommen, insbesondere bei Kritik und fragen Sie nach eigenen Ideen zur Verbesserung.

Was haben Sie für Wünsche?

Welche Ziele wurden im vergangenen Gespräch vereinbart, Überprüfung ob diese erreicht wurden.

Welche Ziele haben Sie sich bis zum nächsten Gespräch vorgenommen? Wie möchten Sie diese erreichen? Vereinbaren Sie diese schriftlich (SMART-Regel).

Bedanken, Protokoll, Vereinbarungen terminieren

Abb. 4.1 Dokumentation Jahresgespräch

4.1.2 Entwicklungsgespräche

Entwicklungsgespräche sind essenziell, um die Potenziale von Mitarbeitern zu identifizieren und sie entsprechend zu fördern. Obwohl Sie Grundstruktur und Vorbereitung der Jahresgespräche beibehalten können, geht es bei dieser Art Mitarbeitergespräch gezielter in Richtung Zukunft. Hierbei wird besprochen, welche Weiterbildungen und Karriereschritte möglich und wie sie vor allem in Ihre Praxisstruktur zu integrieren sind.

In diesen Gesprächen geht es nicht um das regelmäßige Daisy-Update für die ZMV oder eine Bleaching-Schulung des Herstellers für Ihre ZMP. Vielmehr drehen sich diese Gespräche – in der Regel vom Mitarbeiter initiiert – um den Wunsch, sich weiterzuentwickeln, neue Aufgaben zu übernehmen und darum, sich auf der Karriereleiter einen Schritt nach oben zu bewegen. Auch Sie können Entwicklungsgespräche einberufen, zum Beispiel, wenn es um Führungspositionen oder aktuelle Vakanzen in Ihrer Praxis geht.

Winken Sie nicht gleich ab, mir ist bewusst, dass Sie auch ZFAs in der Assistenz haben, die sie genau dort benötigen – ohne Wunsch nach mehr. Doch was meinen Sie, was eine ZFA macht, die mit dem Wunsch, sich weiterzubilden auf Sie zukommt und der Sie ablehnend entgegentreten? Sie wird gehen, früher oder später, in der Regel eher früher. Also nutzen Sie die Chance und wählen den folgenden Weg.

Karrierewege – aus Sicht des zahnmedizinischen Fachpersonals – laufen häufig ähnlich ab. Nach der Ausbildung Berufserfahrung sammeln, dann eine Weiterbildung zur ZMP oder ZMV, schlussendlich dann ggf. zur Praxismanagerin oder DH. All diese Berufsgruppen sind für Ihre Praxis wichtig, doch nicht ausschließlich. Denn eins haben diese höher qualifizierten Berufsgruppen gemeinsam. Sie sind nicht bei Ihrer zahnärztlichen Behandlung in der Assistenz tätig. Damit Sie diese Berufsgruppe jedoch an sich und Ihre Praxis binden und trotzdem weiterentwickeln können, empfehle ich das gezielte Planen eines jeden einzelnen Karriereweges.

Beginnen wir beispielsweise bei den Azubis. Ihr Hauptaufgabengebiet ist die Assistenz, doch schnell merken Sie, dass sie eigenständiger arbeiten dürfen, wenn sie nach erfolgreich bestandener Abschlussprüfung eine Fort- oder Weiterbildung besucht haben.

Da Sie Ihre Personalplanung strategisch angehen, ist es nicht in Ihrem Sinne irgendeine Fort- oder Weiterbildung zu ermöglichen, sondern ganz gezielte. Nämlich die, die Sie in der Praxis benötigen. Da Ihr Interesse (ich brauche *aktuell* keine weitere ZMP) ggf. in einem Konflikt zu dem Wunsch Ihrer Mitarbeiterin (ich möchte eigenständiger arbeiten, ZMPs können das) steht, sollten Sie eine langfristige Planung mit ihr gemeinsam gestalten.

Laden Sie sie zu einem Gesprächstermin ein, hören Sie sich Ihre Wünsche genau an und erläutern Sie im Gegenzug Ihre Sicht der Dinge.

Wir bleiben beim Beispiel: Aktuell haben Sie bereits 2 ZMPs und benötigen keine weitere Person für diese Aufgaben, in der Assistenz hingegen ist die Mitarbeiterin sehr versiert und Sie haben dringenden Bedarf – das ist der Punkt, an dem die meisten Gespräche enden. Sie fühlen sich im Recht, die Mitarbeiterin sich nicht verstanden, im schlimmsten Fall kündigt sie, weil ein anderer Zahnarzt die Weiterbildung zur ZMP gestattet und auch noch die Kosten übernimmt.

Jetzt kommen Sie an den Punkt, an dem Sie umdenken und langfristig planen. Überlegen Sie mit der Mitarbeiterin gemeinsam, welche Aufgaben Sie alternativ übernehmen kann, die es ihr ermöglichen eine Zusatzfunktion innezuhaben, selbstständig zu arbeiten und mit der sie sich, obwohl es zunächst „nur“ eine Alternative und nicht ihr primärer Wunsch ist, wohlfühlt.

Aus meiner Sicht gibt es eine Vielzahl an Zusatzaufgaben oder Projekten, welche die Assistenz für einen gewissen Zeitraum „aus der Assistenz rausholt“ und zwar so, dass Sie einen Nutzen davon haben. Hier ein paar Ideen:

- QM-Beauftragte
- Hygienebeauftragte
- Röntgenbeauftragte
- Azubi-Beauftragte
- Kümmern um Materialbestellungen
- Head of Deko und Ambiente (Du kümmerst Dich exklusiv um Blumen am Empfang, Deko zu den Jahreszeiten etc. und kannst mit einem bestimmten Budget selbst entscheiden)
- Head of Party (Du organisierst die nächste Weihnachtsfeier, Sommerfest etc.)
- Pflege der Social Media Accounts der Praxis
- Corporate Influencer (Hier berichten Mitarbeiter in den Sozialen Medien über sich und ihren Arbeitsalltag, hilfreich als Tool zur Mitarbeitergewinnung)
- Spezial-Assistenz für Schwerpunkte wie beispielsweise Kinderzahnheilkunde, Parodontologie, Endodontologie etc.
- Einmalige Projekte, für die über einen längeren Zeitraum Zeit zur Verfügung gestellt wird, wie beispielsweise: Neue Ideen für die Inhalte auf der Website oder in Social Media, Entwicklung von Innovationen im Praxisalltag (zum Beispiel haben Sie eine Problemstellung im Ablauf entdeckt und der Mitarbeiter soll sich Gedanken machen, wie dies gelöst werden kann), Kampagne für die Suche nach neuen Azubis
- etc., etc., Ihnen fallen bestimmt noch weitere Dinge ein, die bei Ihnen zum Tragen kommen, fragen Sie hierzu auch die Mitarbeiter selbst.

Wichtig bei der Übertragung dieser Aufgaben ist, dass Sie dem Mitarbeiter Zeit und Vertrauen entgegenbringen, sodass er diese Aufgabe erledigen kann.

Lassen Sie den Mitarbeiter bei zahnmedizinischen Zusatzfunktionen kleinere Fortbildungen belegen. Diese sind in der Regel bei den Kammern kostengünstig und fördern das Interesse der Mitarbeiter. Parallel dazu, oder auch im Anschluss an ein Projekt, setzen Sie sich wieder zusammen und besprechen die Weiterentwicklung. Hier kommt es auf Ihre eigene Einschätzung an, wie der Mitarbeiter sich mit der Zusatzfunktion fühlt. Es soll keinesfalls das Gefühl entstehen, dass der Mitarbeiter sich vertröstet oder hingehalten fühlt. Erfragen Sie, wie es dem Mitarbeiter gefällt. Ist der Wunsch nach einer Weiterbildung zur ZMP nach wie vor da, oder bezog sich die ursprüngliche Intention des Weiterbildungswunsches mehr auf die Eigenständigkeit und weniger auf die Prophylaxe.

Besteht nach wie vor der Wunsch, empfehle ich, diesem nachzugeben. Immer mit der Vereinbarung, ich unterstütze Dich bei Deinem Wunsch, kann Dir jedoch nicht sofort garantieren, dass ich Dich unmittelbar in der Prophylaxe einsetzen kann. Das Zeichen, was Sie jedoch setzen, ist so groß, dass Sie schon mit dem Versprechen, ihn zukünftig im gewünschten Bereich einzusetzen, Mitarbeiter an sich binden – sofern Sie sich daran halten.

Ihre Verbindlichkeit spricht sich nicht nur im Team herum. Sie können die Karrierewege auch in der Außendarstellung im Recruiting nutzen. Werben Sie damit, dass Sie Karrieren möglich machen, gleich aus welcher Position die Mitarbeiter starten.

Schließen Sie die Planung ab, in dem Sie die Vereinbarungen verschriftlichen. Dies könnte wie folgt aussehen:

1. Tina hat den Wunsch sich weiterzuentwickeln und selbstständiger zu arbeiten, am liebsten würde sie die Weiterbildung zur ZMP machen.
2. Aktuell gibt es keine Vakanz in der Prophylaxe. Wir wollen Sie in Ihrer Karriere fördern und vereinbaren zunächst die Übernahme einer Zusatzfunktion.
3. Ab dem 01.01. kümmert sich Tina eigenständig um den Social Media Account der Praxis.
4. Sie wird hierfür 3 h in der Woche aus der Assistenz freigestellt und kümmert sich in dieser Zeit um Posts auf Instagram.
5. Ihr Ziel ist es, dass die Follower-Zahlen von 100 auf 1000 steigen.
6. Am 30.06. resümieren wir die Zusatzaufgabe und evaluieren den Erfolg und ob Tina die Aufgabe gefällt.
7. Es wird entschieden, ob aus Sicht von Tina und/oder der Praxisführung die Zusatzfunktion weitergeführt wird oder nicht.
8. Sollte dies nicht der Fall sein, kann Tina ab Oktober die Weiterbildung zur ZMP besuchen (separate Rückzahlungsvereinbarung, arbeitsrechtlich relevant).
9. Nach Abschluss der Weiterbildung wird vereinbart, dass Tina in der Prophylaxe eingesetzt wird – sobald hier eine Vakanz besteht. Dies kann auch in Aufgabenteilung beispielsweise. 50 % Assistenz, 50 % Prophylaxe umgesetzt werden. Das Ziel ist die 100 %ige Übernahme der Aufgaben einer ZMP, damit Sie dem Wunsch von Tina entsprechen können.

Eine solch langfristige Karriereplanung bindet Ihre Mitarbeiter, zeigt Wertschätzung und Verbindlichkeit und kann sich sehr positiv auf die gesamte Praxiskultur auswirken, probieren Sie es aus.

4.1.3 Leistungsbeurteilungsgespräche

Diese Art der Gesprächsführung zielt darauf ab, mit Ihren Behandlern über wirtschaftliche Aspekte einer Zahnarztpraxis zu sprechen. Damit meine ich nicht Aspekte einer Praxisführung, sondern rein fokussiert auf die Umsatzerbringung.

Patientenbehandlung und das Sicherstellen der Handlungsfähigkeit einer Zahnarztpraxis mittels harter Zahlen kann auf den ersten Blick konträr zueinander wirken – ist es aber nicht. Damit Sie Ihre Praxis betreiben können, sprich Patienten unter hohen qualitativen Standards behandeln, Mitarbeiter beschäftigen und einen Beitrag zur Gesundheitsversorgung leisten können, müssen Sie wirtschaftlich denken und handeln.

Die Umsatzerbringer Ihrer Praxis – also in der Regel Zahnärzte und Mitarbeiter in der Prophylaxe – sind maßgeblich mitverantwortlich dafür, dass genau das funktioniert. Daher resultiert auch das Interesse dieser Mitarbeitergruppe, am Umsatz beteiligt zu sein. Schütten Sie Umsatzbeteiligungen aus, stellt das einen Anreiz dar, effektiv und produktiv zu arbeiten, ganz in Ihrem unternehmerischen Interesse.

Was ist also der Kern der Leistungsbeurteilungsgespräche? Inhaltlich sollten Sie sich darauf konzentrieren, Ihre Mitarbeiter zu befähigen, im wirtschaftlichen Interesse der Praxis zu behandeln.

Nehmen Sie Umsatzentwicklungen, Umsatzziele, Patientenbindung und natürlich fachliche Expertise in den Mittelpunkt. Besprechen Sie Patientenfälle, um herauszufinden, wie Ihr Mitarbeiter in der Behandlungsplanung vorgeht, inwieweit er einer festen Struktur folgt und was er noch besser machen kann. Ermitteln Sie gemeinsam, wie er Patienten bindet und wie er kurzfristige Terminabsagen so gering wie möglich halten kann.

Vereinbaren Sie gemeinsam Ziele, die diese Aspekte vereinbaren und überprüfen Sie deren Erreichbarkeit im Nachgang.

Ich empfehle grundsätzlich, diese Art der Gespräche im regelmäßigen Zyklus, beispielsweise quartalsweise zu führen. So behalten Sie Ausreißer im Blick und können bei schlechter Entwicklung rechtzeitig gegensteuern.

Die Dokumentationsvorlage in Abb. 4.2 ist ausführlich gestaltet und vielleicht für eine Gesprächsführung alle drei Monate zu umfangreich. Wählen Sie sich die für Sie relevantesten Fragen aus und starten Sie. Hier kommt es nicht auf die Menge der Fragestellungen, sondern auf die Regelmäßigkeit, das Dranbleiben an.

4.1.4 Gehaltsgespräche

Das Führen von Gehaltsgesprächen wird oft sowohl von Arbeitgebern als auch von Arbeitnehmern als negativ empfunden, da es mit verschiedenen emotionalen und psychologischen Herausforderungen verbunden ist.

Für Arbeitnehmer bedeutet ein Gehaltsgespräch häufig, dass sie ihre eigene Leistung und ihren Wert in der Praxis aktiv verteidigen müssen. Dies kann unangenehm sein, da es Unsicherheiten und Ängste über die eigene Selbstwahrnehmung und die Wahrnehmung durch Vorgesetzte auslösen kann. Arbeitnehmer fürchten möglicherweise, als gierig oder unverschämt wahrgenommen zu werden, was zu Hemmungen führen kann, die eigenen Gehaltsvorstellungen offen zu kommunizieren.

Auf Ihrer Seite, der der Arbeitgeber, kann das Führen von Gehaltsgesprächen ebenfalls schwierig sein. Arbeitgeber müssen oft ein Gleichgewicht zwischen den finanziellen Möglichkeiten der Praxis und der Notwendigkeit, talentierte Mitarbeiter zu halten und zu motivieren, finden. Das Ablehnen von Gehaltserhöhungen oder das Anbieten von weniger als erwartet kann zu Spannungen und Unzufriedenheit führen, was die Arbeitsmoral und die Produktivität beeinträchtigen kann. Darüber hinaus müssen Sie als Arbeitgeber oft

Leistungsbeurteilungsgespräch

Name: ____________ **Teilnehmer:** ____________

Datum: ____________ **Datum letztes Gespräch:** ____________

Begrüßung, Ablauf, Fragen seitens des Mitarbeiters vorab

Wie fühlen Sie sich aktuell in der Praxis hinsichtlich Ihrer Umsatzentwicklung?

Wie beurteilen Sie selbst die letzten drei Monate?

Geben Sie Feedback zur Umsatzentwicklung aus Ihrer Sicht.

Warum ist das letzte Quartal gut/schlecht gelaufen?

Was könnten Sie besser/anders oder auch gleichbleibend machen?

Was ist für Sie hinsichtlich der Patientenbindung wichtig, wie gelingt es Ihnen, dass Patienten regelmäßig kommen und nicht absagen?

Welche Patientenfälle haben Sie zur Besprechung vorbereitet und warum?

Welche Ziele haben Sie sich bis zum nächsten Gespräch vorgenommen? Wie möchten Sie diese erreichen? Vereinbaren Sie diese schriftlich (SMART-Regel).

Wie kann ich Sie bei der Erreichung Ihrer Ziele unterstützen?

Bedanken, Protokoll, Vereinbarungen terminieren

Abb. 4.2 Leistungsbeurteilungsgespräch

mehrere Gehaltsgespräche parallel führen und dabei Fairness und Transparenz wahren, was zusätzlich zu Stress führen kann.

Für beide Seiten folgt oft die Angst vor negativen Konsequenzen. Ihre Mitarbeiter könnten befürchten, dass eine Gehaltsforderung ihre Karrierechancen in der Praxis beeinträchtigen oder dass sie als unzufrieden gelten. Sie als Arbeitgeber hingegen könnten

Sorge haben, dass zu hohe Gehälter die finanzielle Stabilität der Praxis gefährden oder dass sie einen Präzedenzfall schaffen, der zu weiteren Forderungen anderer Mitarbeiter führt.

Daher gibt es aus Arbeitgebersicht mehrere wichtige Aspekte zu beachten, um ein erfolgreiches und konstruktives Gespräch zu führen. Weniger geprägt von Angst und Unsicherheit, mehr hin zu einer angenehmen Atmosphäre.

Zunächst ist es entscheidend, gut vorbereitet in das Gespräch zu gehen. Dies bedeutet, dass Sie sich einen Überblick über die aktuelle Marktsituation verschaffen sollten, um einschätzen zu können, ob die Forderungen des Mitarbeiters angemessen sind. Die Tarifverträge sind zwar nicht bindend, bieten aber eine grobe Richtlinie, an der Sie sich orientieren können.

Darüber hinaus sollten Sie auch die Gehaltsstrukturen innerhalb Ihrer gesamten Praxis im Blick haben. Ein fairer und transparenter Vergleich hilft, unangemessene Erwartungen zu vermeiden und eine fundierte Entscheidung zu treffen.

Ein weiterer wesentlicher Punkt ist die Wertschätzung der Leistung Ihres Mitarbeiters. Sie sollten konkrete Beispiele und Erfolge des Mitarbeiters anführen können, die seine Gehaltsforderung rechtfertigen. Es ist wichtig, Anerkennung zu zeigen und zu signalisieren, dass die geleistete Arbeit geschätzt wird. Dies schafft eine positive Gesprächsatmosphäre und stärkt die Bindung des Mitarbeiters an Ihre Praxis.

Zusätzlich sollten Sie offen und ehrlich über die finanzielle Situation der Praxis sprechen. Wenn es aktuelle wirtschaftliche Herausforderungen gibt, die eine Gehaltserhöhung erschweren, sollte dies klar kommuniziert werden. Transparenz schafft Vertrauen und Verständnis aufseiten des Mitarbeiters.

Darüber hinaus ist es ratsam, flexible Lösungen anzubieten, falls eine direkte Gehaltserhöhung nicht möglich ist. Dies können zum Beispiel zusätzliche Benefits, Fortbildungsmöglichkeiten oder flexible Arbeitszeiten sein. Solche Alternativen zeigen dem Mitarbeiter, dass Sie seine Bedürfnisse ernst nehmen und bereit sind, Kompromisse zu finden.

Ein weiterer Aspekt ist die Berücksichtigung der langfristigen Karriereplanung des Mitarbeiters. Sie sollten sich über die Ziele und Wünsche des Mitarbeiters informieren und aufzeigen, wie eine mögliche Gehaltsanpassung in einen langfristigen Karriereplan integriert werden kann. Dies kann die Motivation und Zufriedenheit des Mitarbeiters steigern und kann auch noch im Nachgang an das Gehaltsgespräch durchgeführt werden.

Schließlich ist es wichtig, das Gespräch professionell zu führen und emotionale Reaktionen zu vermeiden. Sie sollten ruhig und sachlich bleiben, auch wenn das Gespräch hitzig wird. Eine respektvolle und diplomatische Gesprächsführung hilft, Missverständnisse zu vermeiden und eine konstruktive Lösung zu finden.

Protokollieren Sie Ihr Gespräch zum Schluss und halten Sie Vereinbarungen fest. Bleiben Sie verbindlich und kommen Sie zum vereinbarten Termin wieder auf den Mitarbeiter zu.

4.1.5 Besonderheiten einer Zahnarztpraxis

Im Folgenden möchte ich gerne auf die Besonderheiten der Personalentwicklung in der Zahnarztpraxis eingehen. Jede Berufsgruppe in Ihrer Praxis bringt ihre individuellen Eigenschaften mit, auf die Sie sich gezielt konzentrieren können. Nutzen Sie die beigefügten Projektideen, um vorübergehende Zeitabschnitte bis zum Einsatz des Mitarbeiters in der gewünschten Position zu überbrücken oder für Mitarbeiter, denen Sie Zusatzaufgaben geben möchten.

4.1.5.1 Azubis – der Nachwuchs von morgen

Auszubildende zu Zahnmedizinischen Fachangestellten sind eine Investition in die Zukunft der Praxis. Eine umfassende Betreuung und Förderung während der Ausbildung sichert gut ausgebildetes Personal.

Sichern Sie Ihren Fachkräftenachwuchs und planen Sie langfristig. Durch die Ausbildung eigener Azubis kann Ihre Praxis sicherstellen, dass Sie auch in Zukunft über ausreichend qualifiziertes Personal verfügt. Dies hilft, Engpässe bei der Personalbeschaffung zu vermeiden.

Statt auf dem oft umkämpften Arbeitsmarkt nach geeigneten Fachkräften zu suchen, können Sie selbstständig Nachwuchskräfte ausbilden und weiterentwickeln. Azubis werden genau nach den Bedürfnissen und Standards Ihrer Praxis ausgebildet. Dies garantiert, dass sie die spezifischen Abläufe und Anforderungen Ihrer Praxis von Grund auf kennen und beherrschen. Darüber hinaus lernen die Auszubildenden die Patienten und die speziellen Behandlungsmethoden Ihrer Praxis kennen, was perspektivisch Arbeitsabläufe erleichtert und die Effizienz steigert.

Integrieren Sie Ihre Azubis von Anfang an ins Team: Azubis, die ihre Ausbildung in Ihrer Praxis machen, entwickeln eine starke Bindung zum Team und zur Praxis. Dies fördert ein gutes Betriebsklima und Teamarbeit, denn der erste Job nach der Schulzeit ist etwas ganz Besonderes.

Gestalten Sie den Start so einfach wie möglich, damit der Azubi gut bei Ihnen ankommen kann. Azubis, die in ihrer Ausbildungszeit zwei bis drei Jahre bei Ihnen waren und die Ausbildung dann erfolgreich abgeschlossen haben, sind oft sehr loyal gegenüber ihrem Ausbildungsbetrieb. Dies kann die Mitarbeiterbindung und -motivation langfristig steigern.

Entwickeln Sie Ihre Auszubildenden schon während der Ausbildungszeit weiter. Stellen Sie ihnen feste Ansprechpartner, wie zum Beispiel Azubi-Beauftragte zur Seite, die sich persönlich um die Azubis kümmern. Bitten Sie den Beauftragten, regelmäßig Lernzeiten während der Praxiszeit als Ergänzung zum Berufsschulunterricht zu ermöglichen. In dieser Zeit, beispielsweise 1x pro Woche für eine Stunde, können Berichtshefte geschrieben werden, aktuelle Patientenfälle besprochen werden, Prüfungssituationen geübt werden oder sie kann einfach dafür da sein, sich untereinander, auch mit anderen Auszubildenden auszutauschen.

Praxistipp Fördern Sie die Motivation der Azubis, indem Sie Auszeichnungen vergeben für beispielsweise:

- die beste Abschlussnote
- verkürzte Ausbildungszeit
- das beste Berichtsheft
- besonderen persönlichen Einsatz

Steigern Sie Ihre Attraktivität als Ausbildungsbetrieb: Eine Praxis, die ausbildet, gewinnt an Ansehen und wird als engagierter und zukunftsorientierter Arbeitgeber wahrgenommen. Dies kann auch Patienten positiv auffallen. Durch die Ausbildung von Nachwuchskräften zeigt die Praxis gesellschaftliches Engagement und trägt zur Fachkräftesicherung im Gesundheitswesen bei.

Auch wenn die Ausbildung zunächst Ressourcen erfordert, können die Kosten durch die langfristige Bindung und die reduzierte Notwendigkeit, teure externe Fachkräfte anzuwerben, ausgeglichen werden. Azubis, die in der eigenen Praxis ausgebildet wurden, sind nach ihrer Ausbildung sofort voll einsatzfähig und benötigen keine lange Einarbeitungszeit. Weiter bringen junge Auszubildende oft neue Ideen und frische Perspektiven in die Praxis, was zu Innovationen und Verbesserungen beitragen kann.

Diese Punkte verdeutlichen, dass die Ausbildung von Zahnmedizinischen Fachangestellten nicht nur eine Investition in die Zukunft der Praxis, sondern auch ein strategischer Schritt zur Sicherstellung eines qualifizierten, motivierten und loyalen Teams ist.

Überlegen Sie, wie viele Azubis sie ausbilden können. Als Faustregel empfehle ich einen Azubi pro Zahnarzt. Ihre angestellten Zahnärzte profitieren von einer weiteren Assistenz, die Azubis davon, dass weitere Azubis in der Praxis tätig sind. Das Gefühl, sich mit weiteren Kollegen in der identischen (Ausbildungs-)Situation zu befinden ist für viele Azubis hilfreich und für Sie ein echter Benefit. Diesen können Sie ebenfalls für Ihre Azubi-Stellenanzeigen nutzen.

4.1.5.2 Assistenz – delegierbare Leistungen und deren Mehrwert für Praxis und Mitarbeiter

Die Delegation bestimmter zahnmedizinischer Tätigkeiten an Assistenzpersonal steigert nicht nur die Effizienz in der Praxis, sondern bietet auch Entwicklungs- und Karrierechancen für Mitarbeiter.

Der Delegationsrahmen in der Zahnarztpraxis regelt, welche Aufgaben und Tätigkeiten Sie an Ihre Zahnmedizinischen Fachangestellten beziehungsweise Ihr Fachpersonal delegieren dürfen. Dieser Rahmen ist durch gesetzliche und berufsrechtliche Vorschriften bestimmt.

Hier sind die wesentlichen Punkte, die den Delegationsrahmen umfassen:

Gesetzliche Grundlagen

- **Zahnheilkundegesetz (ZHG)**
  Das ZHG regelt, dass die Ausübung der Zahnheilkunde grundsätzlich approbierten Zahnärzten vorbehalten ist. Es gibt jedoch bestimmte Tätigkeiten, die unter der Verantwortung des Zahnarztes delegiert werden können.
- **Heilberufsgesetz und Berufsordnung der Zahnärztekammer**
  Diese enthalten Regelungen zur Delegation und zur Verantwortung des Zahnarztes.

Delegierbare Tätigkeiten

Die delegierbaren Tätigkeiten lassen sich in mehrere Kategorien einteilen:

- Administrative Aufgaben, wie beispielsweise Terminvergabe, Patientenverwaltung, Abrechnung und Dokumentation
- Klassische Assistenzaufgaben, zum Beispiel Vorbereitung und Nachbereitung von Behandlungen, Assistenz bei zahnärztlichen Eingriffen, Instrumentenaufbereitung und -sterilisation
- Prophylaxemaßnahmen, zum Beispiel Professionelle Zahnreinigung, Fluoridierung, Fissurenversiegelung, Aufklärung und Beratung zur Mundhygiene
- Erstellung von Röntgenaufnahmen nach gestellter Indikation durch den Zahnarzt
- Anfertigen von Abdrücken und Provisorien

Einige Tätigkeiten dürfen ausschließlich von Zahnärzten durchgeführt und nicht delegiert werden

- Diagnose und Therapieplanung
- Chirurgische Eingriffe (zum Beispiel Extraktionen, Implantationen)
- Invasive Maßnahmen (zum Beispiel Injektionen, Präparation von Zähnen)
- Verschreibung und Verabreichung von Medikamenten

Welche Voraussetzungen müssen Ihre Mitarbeiter für die Delegation mitbringen

- Ihre Mitarbeiter müssen die erforderliche Ausbildung und Qualifikation besitzen. Dies umfasst auch die regelmäßige Teilnahme an Fortbildungen.
- Sie müssen sicherstellen, dass Ihre Mitarbeiter ausreichend eingewiesen und geschult sind.
- Sie haben eine Aufsichtspflicht, auch wenn sie Tätigkeiten delegieren. Das bedeutet, dass Sie bei Bedarf in der Praxis anwesend und schnell erreichbar sein müssen, sowie die Arbeit der Mitarbeiter grundsätzlich überwachen müssen.
- Alle delegierten Maßnahmen müssen ordnungsgemäß dokumentiert werden.
- Regelmäßige interne und externe Qualitätssicherungsmaßnahmen sind erforderlich, um die Einhaltung der Delegationsvorgaben sicherzustellen.

Der Delegationsrahmen stellt sicher, dass bestimmte Tätigkeiten von qualifiziertem Fachpersonal durchgeführt werden können, während der Zahnarzt die Gesamtverantwortung behält. Dies ermöglicht eine effiziente Praxisorganisation und eine qualitativ hochwertige Patientenversorgung.

Konkret bedeutet das: Wenn Ihr Mitarbeiter eigenständig Abformungen nimmt, könnten Sie parallel einen weiteren Patienten behandeln, wenn Ihr Mitarbeiter Provisorien nach einer Präparation herstellt, könnten Sie parallel einen weiteren Patienten behandeln, wenn Ihr Mitarbeiter die Aufklärung zu den Mehrkosten einer Füllung übernimmt, können Sie parallel einen weiteren Patienten behandeln.

Für Ihre Praxis fallen Ihnen sicherlich weitere Bereiche ein, die Sie bisher selbst erledigen, aber auch einfach delegieren können. Überzeugen Sie sich von der Kompetenz Ihrer Mitarbeiter und beginnen Sie zu delegieren. Bilden Sie Ihre Mitarbeiter aus und weiter, um sie zu den Profis zu machen, die Sie für Ihre erfolgreiche Praxis benötigen. Befähigen Sie Ihre Mitarbeiter, eigeninitiativ und selbstständig zu arbeiten. Das macht jeden Arbeitsplatz abwechslungsreicher und verantwortungsvoller, und Ihre Arbeit effizienter.

Nutzen Sie das Thema eigenständiges Arbeiten, um in Stellenanzeigen damit auf sich aufmerksam zu machen. Heben Sie sich von anderen Praxen ab und zeigen Sie, dass Sie der Arbeitgeber der Wahl sind.

4.1.5.3 Weiterbildungen für Assistenzpersonal und deren Merkmale & Chancen

Neben den delegierbaren Leistungen und daraus folgend einer höheren Wertigkeit der Aufgaben, gibt es noch die klassischen Fortbildungen, Aufstiegsfortbildungen und Weiterbildungen, die sowohl für Ihre Praxis als auch für Ihre Mitarbeiter interessant sind.

Zu den gängigsten Aufstiegsfortbildungen zählen

- Zahnmedizinische/r Prophylaxeassistent/in (ZMP)
- Dentalhygieniker/in (DH)
- Zahnmedizinische/r Verwaltungsassistent/in (ZMV)
- Praxismanager/in (PM)
- Fach-/Betriebswirt/in im Sozial- und Gesundheitswesen

Zahnmedizinische/r Prophylaxeassistent/in (ZMP)

Die ZMP ist in Ihrer Praxis für die klassische Professionelle Zahnreinigung verantwortlich. Sie ist in der Lage eigenständig zu arbeiten und ihren Tagesablauf inkl. Patientenbehandlung selbst zu organisieren. Als Faustregel und in Bezug zu ihrer Wachstumsstrategie lässt sich sagen, dass Sie eine ZMP für einen ZA beschäftigen. Je strukturierter die Abläufe in der Prophylaxe organisiert sind, umso effektiver können diese Mitarbeiter arbeiten. Sie haben einen Mitarbeiter, der sich von der ZFA weiterentwickeln möchte zur ZMP, jedoch aktuell keine Vakanz?

Um diesen Mitarbeiter zu binden, sollten Sie ihn in absehbarer Zeit an der Aufstiegsfortbildung teilnehmen lassen. Geben Sie ihm beispielsweise nach erfolgreich absolvierter Prüfung ein Projekt:

Überarbeitung und Neuentwicklung unseres Prophylaxekonzeptes

Mit diesem Projekt kann Ihr Mitarbeiter sein Wissen unmittelbar einsetzen und Sie haben neuen Input aus der aktuellen Lehre – ohne dass Sie hierfür selbst tätig werden müssen. Der Mitarbeiter wiederum fühlt sich wertgeschätzt und hat eine verantwortungsvolle Aufgabe. Eine Win-Win-Situation, in der beide Seiten profitieren und Mitarbeiter und Praxis sich weiterentwickeln. ◀

Dentalhygieniker/in (DH)

Die DH ist der Profi in Ihrer Praxis, wenn es um den Zahnhalteapparat geht. Sie ist berufserfahren, arbeitet durch die zuvor absolvierte Weiterbildung zur ZMP bereits einige Jahre eigeninitiativ und ist versiert im Umgang mit Patienten. Mit dieser Weiterbildung haben Sie die Möglichkeit sich im Bereich der Parodontologie zu spezialisieren, ohne dafür zwingend einen Parodontologen einstellen zu müssen. Der Aufgabenbereich geht mit PA-Vorbehandlungen und PA-Behandlungen deutlich über den einer ZMP hinaus und kann Sie und andere zahnärztliche Kollegen in Ihrer Praxis entlasten.

Wenn Sie auch hier einen Mitarbeiter mit Weiterbildungswunsch, jedoch keine Vakanz haben, überlegen Sie, ob die zukünftige Beschäftigung einer DH in Ihr Praxiskonzept passt. Nicht in jeder Praxis ist eine DH vonnöten und das sollten Sie vorher prüfen. Kommen Sie zu dem Ergebnis, dass Sie eine DH integrieren möchten, bieten sich auch hier Projekte an.

Unterstützung der Ausbildung eines Assistenzzahnarztes

Begeistern Sie Ihren Mitarbeiter, sich diesem Projekt zu widmen, bis eine Vakanz als DH frei ist. Lassen Sie ihn für diesen Fall ein Ausbildungskonzept erarbeiten, welches aktiv zum Einsatz kommen kann.
Wie kann eine DH ihre Kompetenz nutzen, um Assistenzzahnärzte auszubilden?

Speziell im Bereich der Parodontologie ist sie Profi und kann unerfahrenen zahnärztlichen Mitarbeitern einen großen Mehrwert bieten. ◀

Zahnmedizinische/r Verwaltungsassistent/in (ZMV)

Die ZMV ist die klassische Aufstiegsfortbildung in der Verwaltung, Schwerpunkt Abrechnung. Aufgrund ihrer Expertise empfehle ich, in der Abrechnung ausschließlich ZMV zu beschäftigen. Gehen Sie hier keine Kompromisse ein und entscheiden Sie sich für eine ZFA oder ZMP mit Berufserfahrung, die in einen administrativen Aufgabenbereich wechseln möchte.

Für eine lückenlose Abrechnung sind Aufstiegsfortbildung, Expertise und regelmäßige Auffrischungen essenziell.

Als Projekt für die Übergangszeit ist hier beispielsweise die Dokumentation denkbar. Das Hauptthema der ZMV ist die Abrechnung von Leistungen, die in der Behandlung dokumentiert wurden. Je besser die Dokumentation ist, umso besser kann die ZMV abrechnen.

Wer schreibt, der bleibt: Ausarbeitung eines Schulungskonzeptes für die Assistenz zur Dokumentation

Viele Mitarbeiter in der Abrechnung beklagen die Qualität der Dokumentation. Spielen Sie den Ball zurück und lassen Sie die Experten ausarbeiten, was sie selbst für die korrekte Abrechnung von Leistungen benötigen. Ein umfangreiches Schulungskonzept zum Thema Dokumentation im Behandlungszimmer erleichtert Abläufe für beide Seiten. ◀

Praxismanager/in (PM) bzw. Fach- oder Betriebswirt/in im Gesundheitswesen
Die Weiterentwicklung zum PM bzw. Fach-/Betriebswirt ist grundsätzlich ab einer Praxisgröße von mind. 15 Mitarbeitern zu empfehlen. Zumindest dann, wenn Sie ihn entsprechend seiner Qualifikation einsetzen möchten. Auch in einer kleineren Praxis kann eine PM arbeiten, jedoch in der Regel entweder überqualifiziert am Empfang oder falsch qualifiziert in der Abrechnung. Langfristig werden weder Sie noch der Mitarbeiter glücklich – sofern Sie keine Wachstumsstrategie im Hinterkopf haben. Klassische Aufgaben dieser Aufstiegsfortbildungen sind: Praxisorganisation, QM, Personalführung, Urlaubsplanung und alles Administrative, was Sie selbst nicht (mehr) erledigen möchten.

Sie planen ein Praxiswachstum und möchten trotz geringer Mitarbeiterzahl einen Mitarbeiter zum PM bzw. Fach-/Betriebswirt weiterqualifizieren? Binden Sie Ihre Mitarbeiter in den Wachstumsprozess ein.

Wie gestalte ich ein Organigramm, wenn unsere Praxis wächst?

Lassen Sie zukünftige Aufgabenbereiche und Strukturen erarbeiten. Nutzen Sie dieses Projekt auch, um beispielsweise herauszufinden, ob sich der Mitarbeiter für diese Funktion qualifiziert. Entdecken Sie ggf. Schulungsbedarf und unterstützen Sie den Mitarbeiter in seinem persönlichen Wachstum. ◀

Selbstverständlich ist diese Auflistung nicht abschließend, stellt aber die gängigsten Wünsche der Mitarbeiter dar. Nach erfolgreicher Absolvierung dieser Aufstiegsfortbildungen ist es – zumindest perspektivisch – unerlässlich, den Aufgabenbereich und das Gehalt anzupassen. Planen Sie dies unbedingt frühzeitig mit ein.

Die Bedeutung der Personalentwicklung lässt sich sowohl theoretisch als auch praktisch nicht hoch genug einschätzen. Sie ist der Schlüssel für eine erfolgreiche Zukunft der Praxis und die Gewinnung und Bindung von qualifiziertem Personal. Nur durch eine kontinuierliche Weiterentwicklung des Personals können die Anforderungen der modernen Zahnmedizin erfüllt werden.

Daher sollte die Personalentwicklung in jeder Praxis einen hohen Stellenwert haben und regelmäßig stattfinden. Die langfristigen Vorteile für Ihre Praxis und die Mitarbeiter sind von unschätzbarem Wert. Somit ist die Personalentwicklung ein wichtiger Bestandteil der unternehmerischen Verantwortung und immer eine Investition in die Zukunft Ihrer Praxis.

4.2 Experteninterview – Quereinsteiger – Stefanie Sonntag

Als Quereinsteiger bezeichnet man Mitarbeiter, die keine Berufsausbildung in der Zahnarztpraxis absolviert haben, sondern oft über Umwege in der Praxis gelandet sind. In der Regel sind diese Mitarbeiter völlig fachfremd und haben Vorkenntnisse wie ein Azubi – keine.

Um der Thematik auf den Grund zu gehen, folgt nun ein Experteninterview mit DER Expertin für Quereinsteiger in der Zahnarztpraxis – Stefanie Sonntag. Als gelernte ZFA mit diversen Aufstiegsfortbildungen und dem klassischen Karriereweg in der Praxis hat sie sich mit einer Akademie für Quereinsteiger selbstständig gemacht und steht nun im Folgenden Rede und Antwort.

Was war deine Intention, eine Akademie für Quereinsteiger zu gründen und wie kam es dazu?
Meine Selbstständigkeit begann Anfang 2022, hauptsächlich im Bereich Praxismanagement und QM. Im Laufe des Jahres hatte ich einen Einsatz bei einer Zahnärztin, in der ich das Team zum Thema QM anleite. Dort hat eine Quereinsteigerin angefangen. Diese Quereinsteigerin hat so viele verschiedene Fragen gestellt – ganz andere Fragen als die anderen Quereinsteiger, die ich bis jetzt kannte. Das war dann der Startschuss für die ersten Quereinsteiger-Seminare. Im Jahr 2023 habe ich dann schon 13 Seminare durchgeführt, sowohl in Präsenz als auch online.

Meine Intention ist es, diesen Menschen zu helfen. Denn Quereinsteiger, die zu uns in die Praxen kommen, suchen meistens eine neue Perspektive. Und die Zahnarztpraxen wiederum suchen neues Personal. Also lag es auf der Hand, das Beste, was ich tun kann, ist, den Menschen auf beiden Seiten zu helfen. Dann kam sofort der Name „Akademie für Quereinsteiger" in und nicht mehr aus meinem Kopf. Das war der Startschuss.

Warum ist es wichtig und hilfreich, in den Praxen Quereinsteiger einzustellen?
Vor allem, weil sie eine andere Perspektive mitbringen. Sie sehen Prozesse oft aus einem anderen Blickwinkel und bringen frischen Wind in die Praxis. Und das klappt dann total gut in der Umsetzung. Auffallend ist auch die Motivation, Quereinsteiger wollen lernen, sind wissbegierig und möchten Dinge umsetzen. Ein weiterer großer Vorteil ist, dass sie unsere Fachkräfte entlasten, wie zum Beispiel die ZMV, die eigentlich im Backoffice sitzen sollte, um die Abrechnung, die mittlerweile ja hoch kompliziert ist, konzentriert machen zu können. Stattdessen sind diese oft in einer Kombination eingesetzt zwischen der Rezeption und der zahnärztlichen Abrechnung, die dann nur zwischen Tür und Angel erfolgen kann. So werden sie keiner Aufgabe gerecht: es passieren Fehler in der Abrechnung aufgrund mangelnder Konzentration und Patienten fühlen sich nicht richtig willkommen geheißen, weil die Mitarbeiter nicht aufschauen. Und wenn dann aber jemand an der Rezeption sitzt, der das wirklich mit Herzblut, mit Service usw. macht, dann fühlen die Patienten sich schon ganz anders empfangen, denn für den 1. Eindruck gibt es keine 2. Chance. Somit können sich auch die Fachkräfte auf ihre Arbeiten konzentrieren.

In der Behandlungsassistenz ist es ähnlich. Es gibt Bereiche, in denen man den Delegationsrahmen für Quereinsteiger erweitern kann. Zum Beispiel im Hygienebereich können Quereinsteiger auch selbstständig Instrumente aufbereiten und freigeben. Das dauert zwar eine gewisse Stundenanzahl, ist dann jedoch ein Mehrwert für den Quereinsteiger, weil er eine Fortbildung besuchen kann/muss und im Anschluss ein Zertifikat bekommt und qualifiziert ist. Dieser kann dann beispielsweise zum Hygienebeauftragten benannt werden. Das Team aus Fachkräften kann sich wiederum auf die Dinge konzentrieren, die der Quereinsteiger nicht machen darf. Sei es bei einer 01 Zahnstein entfernen oder bei einer Präparation Abdrücke nehmen.

Was sind die größten Herausforderungen, die du in den Praxen mitbekommen hast?
Die größten Herausforderungen sind, dass die Praxen sich keine Zeit nehmen, die Einarbeitung richtig zu leisten. Das heißt, wenn ich als Quereinsteiger irgendwo hinkommen würde und man erwartet von mir ab Tag 1, dass ich das alles kann, was eine Fachkraft kann, dann ist das nicht die richtige Praxis, die Quereinsteiger einstellen sollte. Diese sollten ihre Prozesse so optimieren, dass ein klarer Einarbeitungsplan zum Einsatz kommt, der umfangreicher ist, als ein Einarbeitungsplan bei einer Fachkraft, die vielleicht schon die Praxissoftware und Grundlagenwissen aus der Zahnmedizin kennt.

In unserer Akademie fangen wir mit den Basics an: Software, Terminvergabe, Dokumentation. Das sind Themen, die der Quereinsteiger eben auch wissen muss. Und ich mache da auch in meinen Seminaren immer wieder die Erfahrung, dass viele Informationen, wie beispielsweise die Händedesinfektion gar nicht gezeigt wird.

Was sind die wichtigsten Eigenschaften, die ein Quereinsteiger mitbringen muss, damit er in der Zahnarztpraxis erfolgreich ist?
Empathie, gerade am Empfang, um mit verschiedenen Patienten und Gefühlslagen umgehen zu können. Hier muss sich jeder Mitarbeiter auf unterschiedliche Menschen einstellen können, um ihn dort abzuholen, wo er sich gerade befindet. Und Motivation natürlich, um das Ganze lernen zu wollen. Wenn sie in der Behandlungsassistenz arbeiten, dann sollten sie natürlich auch Blut sehen können. Der Rest kommt dann einfach mit der Zeit.

Für welche unterschiedlichen Zielgruppen bietest du Seminare und wie sind diese aufgebaut?
Grundsätzlich starte ich mit 2 Online-Grundlagenseminaren, jeweils für die Assistenz und die Rezeption. Das sind bewusst zwei Tagesseminare, damit sowohl Quereinsteiger als auch Praxis schauen können, ob es die richtige Entscheidung war. In diesen Tagesseminaren stecken alle wertvollen Informationen, die in der Praxis oft vergessen werden, wie zum Beispiel die Händedesinfektion. Das bedeutet, Quereinsteiger sind dann bestens gewappnet, ganz gleich, ob Quereinsteiger meine Seminare besuchen, bevor sie in der Praxis anfangen, oder sie beispielsweise schon vier Wochen dabei sind. Das Aufbauseminar, geht inhaltlich noch tiefer und sollte im Anschluss absolviert werden. Hier kom-

men weitere Referenten zu den Themen Abrechnung und Hygiene zum Einsatz. Das Aufbauseminar geht nochmal tiefer in das Thema Befunde und Co.

Wie kann die Zahnarztpraxis Quereinsteiger am besten unterstützen?
Der Einarbeitungsplan ist neben regelmäßigen Feedbackgesprächen das A und O. Auch wenn gerade mal an dem Tag kein Feedbackgespräch terminiert ist, ist ein kurzes Zwischen-Tür- und Angel-Feedback hilfreich. Wie war es heute? Ist es gut gelaufen? Ist es schlecht gelaufen? Wie geht es dir? Es reicht teilweise schon, um die Quereinsteiger zu motivieren, wenn man am Ball bleibt. Ein Mentor ist hilfreich, damit der Quereinsteiger einen persönlichen Ansprechpartner hat, der für seine Ausbildung verantwortlich ist. Der Schlüssel zum Erfolg ist, die Zeit, Ruhe bewahren und wirklich die Einarbeitung gelassen anzugehen und zu erklären, auch wenn man das schon mal getan hat. Auch mentale Unterstützung hilft Quereinsteigern: Gib nicht auf. Mach weiter. Du schaffst das.

Wann ist deiner Meinung nach die Einarbeitung abgeschlossen?
Also bei einem Quereinsteiger kann man sagen, nach einem guten Jahr. Je nachdem wie geeignet der Mitarbeiter ist und mit welchen Aufgaben man ihn betraut. An der Rezeption ist man schneller eingearbeitet als in der Assistenz.

Was sind die häufigsten Schwierigkeiten in den Praxen?
Mangelnde Einarbeitung, Struktur und schlechte Führung sind die häufigsten Schwierigkeiten. Wenn Abläufe den Quereinsteigern nicht systematisch erklärt werden, ist es schwierig für diese, fehlerfrei zu handeln. Die Toleranz ggü. den Quereinsteigern Fehler zu machen, muss unbedingt vorhanden sein.

Wie ist deine Einschätzung zur Zukunft von Quereinsteigern in der Zahnarztpraxis?
Der Einsatz von Quereinsteigern in der Zahnarztpraxis ist kein Trend, sondern ein Muss. Die ZFA ist beispielsweise unter den Engpassberufen auf Platz 3. Viele ZFAs gehen in den nächsten Jahren in Rente und es kommen nicht genug ZFAs nach. ZFAs orientieren sich aufgrund schlechter Arbeitsbedingungen um und gehen nicht in den Beruf zurück. Zusammenfassend kann man sagen, es gibt zu wenig Fachpersonal in den Zahnarztpraxen und das muss mit Quereinsteigern kompensiert werden. Leider brechen aus diesen Gründen auch viele Azubis Ihre Ausbildung schnell wieder ab.

Welchen Tipp kannst Du Führungskräften in Bezug auf Quereinsteiger mit auf den Weg geben?
Klare Strukturen, geregelte Zuständigkeiten und flache Hierarchien sind wichtig. Mit den Themen sollten sich Führungskräfte beschäftigen, bevor Sie sich dazu entscheiden, Quereinsteiger einzustellen.

Haben Sie schon einmal mit dem Gedanken gespielt Quereinsteiger in Ihrer Praxis zu beschäftigen? Falls ja, prima. Mich würde persönlich sehr interessieren, wie Sie damit umgegangen sind und welche Erfolgsstories Sie zu berichten haben. Falls nein, ist es an der Zeit sich jetzt mit dem Thema auseinanderzusetzen.

Quereinsteiger können Sie in allen erdenklichen Branchen finden, in der Hotellerie, in der Verwaltung, oder auch als „halben" Quereinsteiger im Gesundheitswesen aus Krankenhäusern oder anderen medizinischen Einrichtungen.

Was diese Personengruppe gemeinsam hat, ist keine Expertise in der Zahnmedizin. Und die Frage ist, sind Sie in der Lage, den Quereinsteigern das Fachwissen beizubringen, welches für Ihre Praxis relevant ist?

Die wohl bekannteste und in der Zahnarztpraxis beliebteste Quereinsteiger-Position ist die am Empfang. Obgleich die Mitarbeiter am Empfang regelmäßig mit Patientenfragen zur zahnärztlichen Behandlung konfrontiert werden, ist hier nicht so viel Fachwissen erforderlich wie beispielsweise in der Assistenz in der Mund-, Kiefer-, Gesichtschirurgie. Doch beginnen wir von vorne und betrachten diese Stelle exemplarisch im Detail.

Um Ihren neuen Quereinsteiger bestmöglich in Ihrer Praxis zu integrieren, stellen Sie sich die folgenden Fragen:

- Welche Bereiche kann ich in meiner Praxis von Quereinsteigern ausführen lassen?
- Wie kann ich dem Quereinsteiger das notwendige Fachwissen vermitteln?
- Bin ich bereit, individuell gestaltete Schulungspläne zu erstellen, um dem Quereinsteiger einen Leitfaden an die Hand zu geben?
- Kann ich dem Quereinsteiger einen Mitarbeiter zur Unterstützung zu Verfügung stellen, bei dem er im Zweifel zunächst nur „daneben sitzt" und zuschaut?
- Bin ich bereit, in Vorleistung zu treten, mit dem Risiko, dass die Integration in meinen Praxisalltag nicht funktioniert?
- Haben mein Team und ich die Toleranz, Fachfragen auch mehr als einmal zu beantworten?
- Bin ich geduldig genug, einem Quereinsteiger eine Chance zu geben?

Seien Sie ehrlich zu sich und besprechen Sie Ihr Vorhaben mit Ihrem Team. Hier benötigen Sie die volle Unterstützung.

Welche Bereiche am Empfang können Sie einfacher gestalten? Ist es beispielsweise möglich Terminketten so zu planen, dass auch eine fachfremde Person komplexe Termine vergeben kann, ohne Rücksprache zu halten? Können Termine bereits im Behandlungszimmer vergeben werden, um Quereinsteiger zu entlasten? Sie sind auf die Zusammenarbeit des gesamten Teams angewiesen.

Planen Sie genug Zeit ein für die Einarbeitung. Bis Ihr neuer Mitarbeiter allein am Empfang arbeiten kann, können 6–12 Wochen vergehen und das ist die Vorleistung, von der ich gesprochen habe. So sehr ich für die Einstellung von Quereinsteigern plädiere, wenn Sie nicht bereit dafür sind, verschieben Sie Ihr Vorhaben und überdenken Sie es, bis Sie zu 100 % davon überzeugt sind.

Sind Sie bereit, legen Sie los: Erstellen Sie Schulungspläne, wählen Sie Mentoren aus und gestalten Sie eine Stellenanzeige mit dem Titel „Quereinsteiger". Halten Sie mich dann auf dem Laufenden, welche Positionen Sie noch erfolgreich mit fachfremdem Personal besetzen konnten.

4.3 Fazit und Learning – Personalentwicklung

Sie haben gelernt, dass das gesamte Gebiet der Personalentwicklung notwendig ist, um Ihre Mitarbeiter zu binden. Von der Gesprächsführung, über Karriereplanungen bis hin zu Quereinsteigern in der Zahnarztpraxis.

Sie sind auf Ihr Personal angewiesen – ohne Mitarbeiter funktioniert Zahnmedizin nicht. Fordern und fördern Sie Ihre Mitarbeiter individuell und zeigen Sie Ihnen auf, warum es sich lohnt, langfristig in Ihrer Praxis zu arbeiten.

Delegieren Sie – nicht nur im HR, sondern auch in der Assistenz. Machen Sie deutlich, warum Ihnen Ihre Mitarbeiter wichtig sind und geben Sie verantwortungsvolle Aufgaben ab. Der Job in der Assistenz besteht längst nicht mehr nur aus Halten des Saugers. Schätzen Sie die Arbeit Ihrer Mitarbeiter wert, Sie werden es Ihnen mit langer Betriebszugehörigkeit und Motivation danken.

Fazit

Karrieren stehen jedem Mitarbeiter offen. Vom Auszubildenden über Quereinsteiger bis hin zur ZFA. Geben Sie jedem Mitarbeiter die Chance, das Beste aus sich herauszuholen.

Personal binden – Employer Branding

5

Die Fähigkeit, talentiertes Personal zu gewinnen und langfristig an Ihre Zahnarztpraxis zu binden, ist entscheidend für den Erfolg und das Wachstum Ihrer Praxis.

Employer Branding spielt hierbei eine Schlüsselrolle, da es hilft, Ihre individuelle Marke als Arbeitgeber aufzubauen und zu etablieren. Die klassische Marke als Wiedererkennungswert eines Produktes oder einer Dienstleistung ist vielleicht nicht typisch für eine Zahnarztpraxis. Doch auch im Sinne der Patientenbindung erstrebenswert. Hier geht es jedoch nicht um den Patienten im Mittelpunkt Ihres Handelns, sondern um den Mitarbeiter. Schärfen Sie also Ihren Blick für die Dinge, die Sie als Arbeitgeber unverkennbar machen und entwickeln Sie Ihre eigene Arbeitgebermarke.

Dieses Kapitel setzt sich mit den Grundlagen des Employer Brandings auseinander und gibt praktische Ratschläge, wie Zahnärzte und Praxismanager ihre Praxis als attraktiven Arbeitgeber positionieren können. Für einen deep dive ins Employer Branding empfehle ich „Praxishandbuch Employer Branding", siehe Literaturverzeichnis.

5.1 Grundlagen und Entstehung des Employer Branding

Employer Branding ist der strategische Prozess, bei dem Sie mit Ihrer Praxis, Ihre Identität und Ihren Ruf als Arbeitgeber bewusst gestalten und kommunizieren. Es ist somit ein Hilfsmittel, um sich im Wettbewerb um talentierte Mitarbeiter abzuheben und diese langfristig an sich zu binden.

Inhaltlich geht es darum, ein attraktives und positives Bild Ihrer Praxis als Arbeitgeber sowohl intern als auch extern zu schaffen.

Der Prozess beginnt mit einer gründlichen Analyse der bestehenden Praxiskultur, der Werte und der Arbeitsbedingungen. Sie selbst müssen verstehen lernen, was Sie einzigartig

J.-K. Jonen, *Nachhaltiges Personalmanagement in der Zahnarztpraxis*, https://doi.org/10.1007/978-3-658-47559-8_5

macht und was Sie potenziellen und aktuellen Mitarbeitern bieten können. Diese Informationen werden dann genutzt, um eine Employer Value Proposition (EVP) zu entwickeln, die die einzigartigen Vorteile und Anreize beschreibt, die Ihre Praxis als Arbeitgeber auszeichnen.

Die EVP wird anschließend durch verschiedene Kommunikationskanäle verbreitet. Dies umfasst die Gestaltung der Karriere-Website, die Nutzung von Social Media, die Teilnahme an Karrieremessen und die Schaltung von Stellenanzeigen, die die Praxiskultur und -werte hervorheben. Eben alle Kanäle, auf denen Sie mit Ihrer Praxis präsent sind.

Auch interne Kommunikationsmaßnahmen wie beispielsweise ein eigenes Intranet, ein klassisches schwarzes Brett oder Veranstaltungen spielen eine wichtige Rolle. Ein weiterer wichtiger Aspekt des Employer Branding ist das Mitarbeitererlebnis. Sie müssen sicherstellen, dass die Versprechen, die sie in ihrer Kommunikation machen (sei es in der Stellenanzeige oder auch im Vorstellungsgespräch) auch im Arbeitsalltag eingehalten werden. Dies beinhaltet ein positives Arbeitsumfeld, faire Vergütung, Weiterbildungsmöglichkeiten und eine gute Work-Life-Balance. Sagen Sie nichts zu, was Sie im Praxisalltag nicht halten können. Leere Versprechen sind für den Arbeitnehmer enttäuschender, als hätten Sie dieses Versprechen nicht gemacht.

Zufriedene Mitarbeiter werden zu Markenbotschaftern, die das positive Image Ihrer Praxis nach außen tragen können. Zudem ist das Feedback Ihrer eigenen Mitarbeiter entscheidend. Regelmäßige Umfragen und Gespräche können helfen, die Stimmungslage in Ihrer Praxis zu erfassen und können Aufschluss darüber geben, ob Anpassungen notwendig sind oder nicht. Doch Vorsicht: Führen Sie Mitarbeiterumfragen nur durch, wenn Sie zum einen ehrlich am Ergebnis interessiert sind und zum anderen auch Veränderungen umsetzen möchten. Mit einer Mitarbeiterumfrage können Sie ansonsten Begehrlichkeiten wecken, die Sie im zweiten Schritt gar nicht befriedigen können oder wollen.

5.1.1 Employer Value Proposition

Die **Employer Value Proposition (EVP)**, oder zu Deutsch das Arbeitgeberversprechen, ist ein zentrales Konzept im Personalmanagement und beschreibt die einzigartigen Werte und Vorteile, die Ihre Praxis ihren Mitarbeitern bietet. Oft werden diese auch als Benefits bezeichnet.

Bestandteile einer Employer Value Proposition

- **Praxiskultur**
  Ihre Praxiskultur ist das Herzstück der EVP. Sie umfasst die Werte, Normen und Verhaltensweisen, die in Ihrer Praxis gelebt werden. Eine positive und unterstützende Kultur fördert das Wohlbefinden Ihrer Mitarbeiter und schafft ein angenehmes Arbeitsumfeld. Versetzen Sie sich in die Lage Ihrer Mitarbeiter und prüfen Sie, unter welchen Bedingungen Sie gerne in Ihrer Praxis arbeiten würden. Fragen Sie hierzu nach und analysieren Sie, ob Wünsche umsetzbar sind.

- **Karriereentwicklung**
  Möglichkeiten zur beruflichen Weiterentwicklung sind ein wichtiger Bestandteil der EVP. Dies beinhaltet Schulungen, Weiterbildungsmöglichkeiten, Aufstiegschancen und Mentoring-Programme. Mitarbeiter, die das Gefühl haben, dass sie in Ihrer Praxis wachsen können, sind motivierter und engagierter. Nehmen Sie Karriereplanungen strategisch mit in Ihre Personalentwicklung. Dieses Thema wurde bereits ausführlich behandelt. Bereichern Sie die vorgestellten Ideen um eigene, zu Ihrer Praxis passende Themen.
- **Arbeitsumfeld**
  Das physische und psychologische Arbeitsumfeld spielt eine bedeutende Rolle. Ein moderner, gut ausgestatteter Arbeitsplatz, flexible Arbeitszeiten, die Möglichkeit von Home-Office (wo es geht) und eine gute Work-Life-Balance sind wichtige Faktoren, die die Zufriedenheit und Produktivität Ihrer Mitarbeiter steigern. Auch wenn es in einer Zahnarztpraxis sicherlich nicht so einfach möglich ist, wie in einem Büro-Betrieb. Überlegen Sie, in welchen Bereich Sie Flexibilität integrieren und so gut es geht einbinden können. Gibt es Arbeitsplätze, an denen Home-Office möglich ist?
- **Vergütung und Zusatzleistungen**
  Eine wettbewerbsfähige Vergütung ist zwar wichtig, aber nicht der einzige finanzielle Anreiz. Zusatzleistungen wie Boni, betriebliche Altersvorsorge, Gesundheitsprogramme, Fitnessstudio-Mitgliedschaften und andere Vergünstigungen tragen ebenfalls zur Attraktivität Ihrer Praxis als Arbeitgeber bei. Blättern Sie noch einmal zurück in das Kapitel zur Lohn- und Gehaltsabrechnung, hier sind einige Zusatzleistungen erläutert.
- **Praxisimage**
  Die öffentliche Wahrnehmung und das Image Ihrer Praxis beeinflussen die EVP maßgeblich. Zahnarztpraxen, die als innovativ, ethisch und sozial verantwortlich gelten, ziehen eher talentierte und motivierte Mitarbeiter an. Arbeiten Sie aktiv daran und bitten Sie auch Patienten, positive Rezensionen bei Google zu hinterlassen.

Die Bedeutung der Employer Value Proposition

Nachdem Sie die Bestandteile einer typischen EVP durchdrungen haben, bringt diese zahlreiche Vorteile, die alle eins gemeinsam haben – Ihre Mitarbeiter stehen im Fokus:

Bringen Sie in der Außendarstellung potenzielle Bewerber dazu, sich bei Ihnen zu bewerben, nutzen Sie die EVP dazu, Mitarbeiter an Ihre Praxis zu binden und langfristig bei Ihnen tätig zu sein. Bringen Sie Ihre Mitarbeiter mit ihrer eigenen Zufriedenheit und Motivation zu Höchstleistungen und Produktivität.

Doch wie können Sie am besten vorgehen, um sich Ihre eigene EVP zu erarbeiten. Hier folgt eine knappe Schritt-für-Schritt-Anleitung zum Direkt loslegen.

Entwicklung und Implementierung einer EVP

Die Entwicklung einer erfolgreichen EVP erfordert eine gründliche Analyse der aktuellen Praxiskultur, der Bedürfnisse und Erwartungen Ihrer Mitarbeiter sowie der aktuellen

Marktbedingungen. Tauchen Sie ein in eine Deep-Dive-Analyse Ihrer Werte. Nicht Werte, von denen Sie meinen, das müssten Ihre Werte sein. Es geht um Sie persönlich, Werte, die Sie antreiben und mit denen Sie Ihre Praxis führen.

Folgende Schritte sind dabei wesentlich:

1. **Analyse und Forschung – recherchieren Sie Ihr direktes Umfeld genau**
   Mithilfe von Umfragen und Interviews mit aktuellen und ggf. auch ehemaligen Mitarbeitern können Sie direkte Einblicke in deren Erfahrungen und Erwartungen zu Ihrer Praxis gewinnen. Benchmarking mit Wettbewerbern kann ebenfalls hilfreich sein. Was macht die Praxis eine Straße weiter anders oder besser als Sie?
2. **Definition der Werte – was treibt Sie an**
   Identifizieren Sie die einzigartigen Werte und Vorteile, die Ihre Praxis ihren Mitarbeitern bietet. Diese sollten klar und prägnant zunächst definiert und im Anschluss formuliert werden. Finden Sie individuelle Werte und keine Standard-Phrasen. Authentizität ist am Ende der Schlüssel zum Erfolg. Wofür stehen Sie?
3. **Kommunikation – werden Sie nicht müde zu kommunizieren**
   Die EVP muss sowohl intern als auch extern effektiv kommuniziert werden. Dies kann über verschiedene Kanäle wie die Praxiswebsite, Social Media, Stellenanzeigen und interne Kommunikationsplattformen erfolgen. Auch regelmäßige Teambesprechungen oder Teamevents können als Plattform dienen, auf Ihre Werte und Ihre Kultur hinzuweisen und diese zu leben.
4. **Integration in HR-Prozesse – hier ist Redundanz gefragt**
   Die EVP sollte in alle Prozesse rund um das HR integriert werden, von der Rekrutierung über die Onboarding-Phase bis hin zur Mitarbeiterentwicklung und -bindung. Unabhängig davon, ob Sie ein HR-Team haben. Den Prozess an sich bilden Sie bereits mit der Einstellung Ihres ersten Mitarbeiters ab. Achten Sie also bewusst darauf, dass Prozesse und EVP Hand in Hand gehen. Weisen Sie immer wieder darauf hin.
5. **Evaluation – der kontinuierliche Verbesserungsprozess, QM lässt grüßen**
   Regelmäßige Überprüfung und Anpassung der EVP basierend auf Feedback und veränderten Marktbedingungen sind entscheidend, um den nachhaltigen Erfolg sicherzustellen. Binden Sie Mitarbeiter ein und fragen Sie nach ihren Meinungen und Ideen. Auch Wünsche und der Antrieb Ihrer Mitarbeiter können sich im Laufe der Zeit verändern. Bleiben Sie am Zahn der Zeit und reagieren Sie flexibel auf Veränderungen.

Zusammenfassend lässt sich sagen, dass die Employer Value Proposition ein strategisches Instrument ist, das Ihre Praxis dabei unterstützt, sich als attraktiven Arbeitgeber zu positionieren und langfristig erfolgreich zu sein. Eine sorgfältig entwickelte und klar kommunizierte EVP kann den Unterschied im Wettbewerb um die besten Talente ausmachen und zur Schaffung Ihres langfristigen Traum-Teams beitragen.

5.1.2 Employer Branding in Abgrenzung zur Employer Value Proposition

Auch wenn es vielleicht auf den ersten Blick nicht gleich erkennbar ist. Der Unterschied zwischen **Employer Branding** und **Employer Value Proposition (EVP)** lässt sich anhand ihrer Definitionen, Ziele und Funktionen klar voneinander abgrenzen:

1. Employer Branding
Employer Branding bezeichnet den strategischen Prozess, durch den Ihre Praxis ihre Marke als Arbeitgeber aufbaut und kommuniziert. Ziel ist es, die Praxis als attraktiven Arbeitgeber zu positionieren und eine positive Wahrnehmung bei potenziellen und aktuellen Mitarbeitern zu schaffen. Das wirkt sich am Ende auch auf Ihre Patienten aus und umgekehrt.

Hauptmerkmale von Employer Branding:

- **Die Zielgruppe**
  Ihre Zielgruppe sind die Mitarbeiter: Sie richtet sich sowohl an externe (potenzielle Mitarbeiter) als auch interne (aktuelle Mitarbeiter).
- **Die Kommunikation**
  Die individuelle Kommunikation umfasst die Art und Weise, wie Ihre Praxis ihre Arbeitgebermarke durch verschiedene Kanäle kommuniziert, wie zum Beispiel Social Media, Karrierewebseiten, Jobmessen und interne Kommunikationsplattformen, Besprechungen, Teamevents oder aber der alltägliche Umgangston in Ihrer Praxis.
- **Die Wahrnehmung**
  Employer Branding beeinflusst die öffentliche Wahrnehmung und das Image Ihrer Praxis als Arbeitgeber. Es zielt darauf ab, die Bekanntheit und Attraktivität Ihrer Praxis zu steigern. Streben Sie das Ziel an, der Arbeitgeber, die Praxis der Wahl in Ihrer unmittelbaren Umgebung zu werden.
- **Die Strategie**
  Der strategische Part von Employer Branding ist maßgeblich für den Erfolg. Ein oberflächiges Employer Branding wird nicht zum gewünschten Erfolg führen. Ihre Strategie beinhaltet folglich die Entwicklung und Umsetzung von Marketingstrategien, um Ihre Arbeitgebermarke zu fördern und zu stärken. Nehmen Sie hierzu auch Unterstützung von speziellen Marketingagenturen aus dem Gesundheitswesen an. Denken Sie hier an den Input zum Thema Make or Buy. Was macht für Sie mehr Sinn?
- **Langfristigkeit**
  Employer Branding ist ein kontinuierlicher Prozess, der darauf abzielt, Ihr Image als Arbeitgeber dauerhaft positiv zu gestalten und langfristig zu erhalten. Ihre Kontinuität zahlt sich aus. Bleiben Sie dran.

2. Employer Value Proposition (EVP)

Die **Employer Value Proposition** hingegen ist ein zentraler Bestandteil des Employer Brandings. Sie beschreibt die einzigartigen Werte und Vorteile, die Ihre Praxis ihren Mitarbeitern bietet und definiert, warum ein Arbeitnehmer sich für Ihre Praxis entscheiden sollte und was ihn dazu bewegt, bei Ihnen zu bleiben und nicht zum Wettbewerber zu wechseln.

Hauptmerkmale der EVP:

- **Der Inhalt**
  Die Employer Value Proposition hat spezifische Versprechen und Vorteile und Benefits, die Ihre Praxis seinen Mitarbeitern bietet, wie zum Beispiel Ihre persönliche Praxiskultur, Möglichkeiten zur Karriereentwicklung, ein besonders angenehmes Arbeitsumfeld, eine attraktive Vergütung und Zusatzleistungen zum Inhalt.
- **Der Fokus**
  Die EVP fokussiert sich auf die internen Aspekte Ihrer Praxis und darauf, was sie zu einem attraktiven Arbeitsplatz macht. Nicht mehr und auch nicht weniger.
- **Die Kommunikation**
  Die EVP wird intern und extern kommuniziert, um die Erwartungen der Mitarbeiter zu managen und potenzielle Talente anzuziehen. Warum sollen sich potenzielle Bewerber bei Ihnen bewerben?
- **Die Relevanz**
  Die Employer Value Proposition ist immer darauf ausgerichtet, die tatsächlichen Bedürfnisse und Erwartungen der Mitarbeiter zu erfüllen und deren Zufriedenheit und Engagement zu steigern. Wie bereits erwähnt ist hier besonders wichtig im Blick zu behalten, dass Bedürfnisse sich ändern können und Sie sich dementsprechend anpassen sollten.

3. Abgrenzung und Zusammenwirken

Beleuchten wir schlussendlich für das vollständige Verständnis der Grundlagen die Abgrenzung und das unmittelbare Zusammenwirken von Employer Branding und der Employer Value Proposition.

Employer Branding ist der umfassende Prozess, durch den Ihre Praxis seine Marke als attraktiver Arbeitgeber aufbaut und fördert. Die **EVP** ist eine konkrete Aussage über die einzigartigen Vorteile und Werte, die Ihre Praxis seinen Mitarbeitern bietet. Sie ist ein wesentlicher Bestandteil des Employer Brandings.

Die EVP dient folglich als Grundlage für das Employer Branding. Sie definiert die Kernbotschaften und Vorteile, die in der Employer-Branding-Strategie kommuniziert werden. Ein starkes Employer Branding nutzt die EVP, um eine konsistente und attraktive Arbeitgebermarke zu schaffen, die die richtigen Talente anzieht und die Mitarbeiterbindung Ihrer vorhandenen Mitarbeiter fördert. Beide Bestandteile arbeiten zusammen, um das Gesamtbild Ihrer Praxis als Arbeitgeber zu formen und sowohl intern als auch extern zu stärken. Hand in Hand. Losgelöst voneinander erhalten Sie kein schlüssiges Konzept und der Erfolg bleibt vermutlich aus oder ist nicht voll ausgeschöpft.

5.2 Wofür steht meine Praxis und wie möchte ich gesehen werden?

Die Authentizität und Einzigartigkeit Ihrer Praxis sind wesentlich. Es geht darum, eine starke, positive Marke zu schaffen, die potenzielle Mitarbeiter anzieht und bestehende Mitarbeiter motiviert. Das klingt auf den ersten Blick gar nicht so kompliziert, und doch erfordert es ein Auseinandersetzen mit dem, wofür Sie eigentlich stehen. Was ist Ihnen in Ihrer Zahnarztpraxis für Ihre Patienten wichtig und wie können Sie das auf die Mitarbeiter adaptieren. Auch wenn es sich in diesem Buch um HR dreht, Ihr Kerngeschäft ist die Patientenbehandlung. Daher ist es erforderlich, dass Ihre Werte und Ihr Handeln, der Zweck, weshalb Sie eine Zahnarztpraxis betreiben – abgesehen davon, Ihren Lebensunterhalt zu bestreiten – sowohl für Patienten als auch für den Mitarbeiter vereinbar sind.

Um dies für sich zu definieren, reicht es nicht zu sagen, „wir arbeiten mit modernsten Methoden und sind eine Praxis mit familiärem Ambiente" – das kann jeder und das stellt auch keinen Wert im klassischen Sinne dar.

Doch was sind eigentlich Werte?
Die Werte einer Praxis sind die grundlegenden Überzeugungen, Prinzipien und Standards, die das Verhalten und die Entscheidungen innerhalb Ihrer Praxis leiten und vorgeben. Diese Werte sind oft in der Praxiskultur verankert und beeinflussen die Art und Weise, wie Sie in Ihrer Praxis mit Ihren Mitarbeitern, Patienten, Lieferanten und der Gemeinschaft interagieren.

Hier sind einige häufige Praxiswerte:

- **Integrität**
  Handeln mit Ehrlichkeit und ethischem Verhalten, unabhängig von den Umständen, die Sie teils nicht beeinflussen können und Ihren wirtschaftlichen Interessen.
- **Patientenzufriedenheit**
  Priorisierung der Bedürfnisse und Erwartungen der Patienten, das ist auch im Fokus Ihrer Mitarbeiter und geht einher.
- **Innovation**
  Förderung von Kreativität und neuen Ideen zur Verbesserung von Behandlungen, Abläufen und Prozessen.
- **Teamarbeit**
  Zusammenarbeit und echte Förderung eines positiven und unterstützenden Arbeitsumfeldes für Ihr gesamtes Team.
- **Exzellenz**
  Streben nach höchster Qualität in allen Aspekten der Zahnmedizin. Sie wollen die Besten der Besten sein.
- **Verantwortung**
  Übernahme von Verantwortung für das eigene Handeln und die Auswirkungen auf Gesellschaft und Umwelt. Wie können Sie sich engagieren?

- **Nachhaltigkeit**
  Engagement für umweltfreundliche und nachhaltige Praktiken. Ein Thema, welches bei jüngeren Generationen noch mehr in den Fokus rückt.
- **Respekt**
  Wertschätzung und fairer Umgang mit allen Partnern, Mitarbeitern und Patienten. Für Sie vielleicht selbstverständlich, wird das Thema Respekt oft nicht hinreichend kommuniziert, nutzen Sie dies als Alleinstellungsmerkmal.
- **Transparenz**
  Offenheit und Klarheit in der Kommunikation und Entscheidungsfindung. Für viele Mitarbeiter wichtig und häufig schlecht umgesetzt. Nehmen Sie Ihre Mitarbeiter mit auf die Reise Ihrer Vision und Ihrer Ziele.
- **Vielfalt und Inklusion**
  Förderung einer vielfältigen und integrativen Arbeitsumgebung zur Integration aller.

Diese Werte können als Leitlinien für das tägliche Handeln und die strategischen Entscheidungen Ihrer Praxis dienen. Sie helfen, eine einheitliche Praxiskultur zu schaffen und das Vertrauen sowohl innerhalb der Praxis als auch nach außen hin zu stärken. Wichtig hierbei ist, sich selbst nicht zu verlieren und seine eigenen, persönlichen Werte zu definieren.

Gehen Sie also nicht so vor, in dem Sie sich beispielsweise drei der genannten Werte aussuchen, die Sie ansprechen, ohne dass Sie wirklich davon überzeugt sind. Es wäre ein Fehler, sich dazu passende Beschreibungen zu überlegen und diese mit Ihrer CI überzustülpen, damit es nach Ihnen aussieht. Werte und Ihre Kultur spiegeln sich täglich in Ihrem Handeln und dem Umgang gegenüber Patienten und Mitarbeitern wider. Sind diese demnach nicht zu 100 % Ihre, verlieren Sie an Authentizität.

5.2.1 Praxiswerte und Kultur

Wie finden Sie nun Ihre eigenen, persönlichen und individuellen Praxiswerte heraus? Nehmen Sie sich – mal wieder – die Zeit zu analysieren und zu rekapitulieren. Hinterfragen Sie Ihr Tun und Handeln sowie Ihren inneren Antrieb.

Mithilfe dieser folgenden Fragestellungen, die verschiedene Aspekte der Praxiskultur, Mission und Vision abdecken, können Sie ihnen auf den Grund gehen:

1. **Mission und Vision**
   - Was ist die Kernmission meiner Praxis?
   - Welche langfristigen Ziele verfolge ich?
   - Wie stelle ich mir die Zukunft meiner Praxis vor?
2. **Werte und Kultur**
   - Welche Werte sind uns als Zahnarztpraxis wichtig?
   - Wie manifestieren sich diese Werte im täglichen Arbeitsleben?
   - Welche Verhaltensweisen und Einstellungen erwarte ich von meinen Mitarbeitern?

3. **Einzigartigkeit und Differenzierung**
   - Was unterscheidet uns als Zahnarztpraxis von unseren Mitbewerbern?
   - Welche einzigartigen Vorteile biete ich meinen Mitarbeitern?
   - Welche Aspekte unserer Praxiskultur machen uns besonders?
4. **Arbeitgeberattraktivität**
   - Warum sollten potenzielle Mitarbeiter sich für meine Praxis entscheiden?
   - Welche Karrieremöglichkeiten und Entwicklungschancen bieten wir?
   - Wie fördere und unterstütze ich das Wohlbefinden und die Work-Life-Balance meiner Mitarbeiter?
5. **Mitarbeitererfahrungen**
   - Was sagen meine aktuellen Mitarbeiter über ihre Arbeitserfahrungen in meiner Praxis?
   - Wie hoch ist die Mitarbeiterzufriedenheit und was trägt dazu bei?
   - Welche Geschichten und Erfolge können unsere Mitarbeiter teilen, die unsere Werte widerspiegeln?
6. **Kommunikation und Feedback**
   - Wie kommunizieren wir die Werte und die Mission intern und extern?
   - Wie offen bin ich für Feedback von unseren Mitarbeitern und wie nutze ich es zur Verbesserung?
   - Welche Kommunikationskanäle und -methoden nutze ich, um unsere Praxiskultur zu fördern?
7. **Leistung und Erfolg**
   - Welche Kriterien verwende ich zur Messung des Erfolgs meiner Praxis?
   - Wie definiere ich Erfolg und wie teile ich diese Definition mit meinen Mitarbeitern?
   - Welche Geschichten und Beispiele verdeutlichen unseren Erfolg und unsere Werte?
8. **Engagement und Gemeinschaft**
   - Wie fördere ich das Engagement meiner Mitarbeiter?
   - Welche Initiativen und Programme unterstützen die Gemeinschaft innerhalb und außerhalb der Praxis?
   - Wie tragen meine Mitarbeiter zu einem positiven Arbeitsumfeld bei?
9. **Nachhaltigkeit und Verantwortung**
   - Welche Rolle spielt Nachhaltigkeit in meiner Praxis?
   - Wie übernehmen wir mit unserer Praxis gemeinsam soziale Verantwortung und welchen Einfluss haben wir auf unsere Gemeinschaft und Umwelt?
   - Welche ethischen Standards und Praktiken befolgen wir?

Diese Fragen helfen dabei, ein klares Bild davon zu bekommen, wofür Ihre Praxis steht und was Ihre grundlegenden Werte sind. Sie dienen als Grundlage für die Entwicklung einer konsistenten und authentischen Employer-Branding-Strategie.

Damit Sie einen Eindruck zur praktischen Anwendung erhalten, habe ich ein praktisches Beispiel für Sie vorbereitet, welches sich exemplarisch durch dieses Kapitel zieht. Die Umsetzung des manchmal doch für eine Zahnarztpraxis etwas abstrakt wirkenden

Themas einer Arbeitgebermarke soll nicht dazu führen, dass Sie aufgrund der theorielastigen Ausführungen aufhören weiterzulesen. Sie werden sehen, so kompliziert ist es nicht, immerhin sprechen wir hier über Sie. Und nur Sie selbst wissen am besten, warum Sie jeden Tag gerne in Ihre Praxis gehen und wie Sie es schaffen, dass Ihre Mitarbeiter es Ihnen gleichtun.

1. Mission und Vision

Was ist die Kernmission meiner Praxis? Welche langfristigen Ziele verfolge ich? Wie stelle ich mir die Zukunft meiner Praxis vor?

Ich habe meine Praxis vor 5 Jahren gegründet mit dem Ziel, eine qualitativ hochwertige Zahnmedizin auf dem Land sicherzustellen. In meiner Region ist die nächste Großstadt 25 Km entfernt. Viele Patienten scheuen lange Anfahrtswege oder sind gesundheitlich gar nicht in der Lage, lange Strecken auf sich zu nehmen.

Ich habe das Ziel, allen Menschen gute Zahnmedizin zu ermöglichen, ganz gleich wo sie leben. Ich wünsche mir zukünftig mehr Zahnärzte in meinem Team, die mit mir an einem Strang ziehen und die Zahnmedizin auf dem Land attraktiv gestalten.

Ich möchte dem Image einer Landpraxis entgegenwirken und mit neuesten Behandlungsmethoden und modernster Ausstattung ein breites Spektrum der Zahnmedizin anbieten. Alles unter einem Dach ist mein Motto.

2. Werte und Kultur

Welche Werte sind uns als Zahnarztpraxis wichtig? Wie manifestieren sich diese Werte im täglichen Arbeitsleben? Welche Verhaltensweisen und Einstellungen erwarte ich von meinen Mitarbeitern?

Das Engagement in meiner Region steht für mich an erster Stelle. Ich möchte Verantwortung übernehmen und eine überdurchschnittliche Patientenzufriedenheit sicherstellen. Dabei gehe ich respektvoll mit Patienten, Mitarbeitern und den Ressourcen um.

Im Praxisalltag spiegeln sich meine Werte wie folgt wider:

- *Neben meiner zahnärztlichen Tätigkeit engagiere ich mich wohltätig und biete 1x im Monat Patientenbehandlung für Bedürftige pro bono an. Hiervon wird gerne Gebrauch gemacht, ohne dass ich das Gefühl habe, es wird ausgenutzt.*
- *Durch verschiedene Öffnungszeiten an unterschiedlichen Tagen (Mo, Di 6–12 h, Mi, Do 14–21 h, Fr8–14 h) stelle ich sicher, dass sowohl Patienten als auch Mitarbeiter mein Angebot annehmen können.*
- *Ich agiere verbindlich und zeige Verantwortung. Wenn ich etwas sage, halte ich mich daran. Beim Patienten äußert sich das bspw. in der Einhaltung von Terminen. Ich würde nie einen Termin mit einem Patienten verschieben, wenn es nicht unabdingbar wäre. Meine Mitarbeiter wissen, dass ich mich an Zusagen halte.*
- *Durch meine bedachte Art und mein verbindliches Handeln habe ich die gleichen Ansprüche an meine Mitarbeiter wie an mich selbst. Mein Mann kritisiert dies gelegentlich und sagt, meine Ansprüche seien zu hoch.*

3. Einzigartigkeit und Differenzierung
Was unterscheidet uns als Zahnarztpraxis von unseren Mitbewerbern? Welche einzigartigen Vorteile biete ich meinen Mitarbeitern? Welche Aspekte unserer Praxiskultur machen uns besonders?

Unsere Öffnungszeiten, respektive Arbeitszeiten können durch Flexibilität an den unterschiedlichen Tagen von allen Mitarbeitergruppen abgedeckt werden.

Ich biete meinen Mitarbeitern, die während der gesamten Praxisöffnungszeit anwesend sind, ein Vollzeit-Gehalt, obwohl sie zeitlich nicht auf eine Vollzeitstelle kommen. In der Kommunikation herrscht absolute Klarheit.

Ich unterstütze alle Formen der Weiterbildung meiner Mitarbeiter. Aufgrund meiner Wachstumsziele benötige ich perspektivisch eine hohe Anzahl an qualifizierten Mitarbeitern unterschiedlicher Qualifikationen.

Besonders macht uns insbesondere das Engagement in unserer ländlichen Region. Wir sind ein kleines Dorf und es spricht sich über die Grenzen hinaus herum, dass wir eine tolle Zahnarztpraxis sind – für Patienten und Mitarbeiter.

4. Arbeitgeberattraktivität
Warum sollten potenzielle Mitarbeiter sich für meine Praxis entscheiden? Welche Karrieremöglichkeiten und Entwicklungschancen bieten wir? Wie fördere und unterstütze ich das Wohlbefinden und die Work-Life-Balance meiner Mitarbeiter?

In meiner Praxis fühlt man sich dann wohl, wenn man genauso ambitioniert ist wie ich. Hier ist jeder willkommen, auch wenn Menschen auf dem Land oft den Ruf haben intolerant zu sein.

Bei mir kann jeder alles erreichen, was in der Zahnmedizin möglich ist, man muss es nur wirklich wollen und den Biss haben, durchzuhalten.

Ich biete selbst die flexibelsten Arbeitszeiten an, die ich kenne, hier finden wir für jeden einen Weg mit uns zu arbeiten. Meine Benefits sind keine Standards. Alle Benefits sind auf die Bedürfnisse der Mitarbeiter zugeschnitten.

5. Mitarbeitererfahrungen
Was sagen unsere aktuellen Mitarbeiter über ihre Arbeitserfahrungen in meiner Praxis? Wie hoch ist die Mitarbeiterzufriedenheit und was trägt dazu bei? Welche Geschichten und Erfolge können unsere Mitarbeiter teilen, die unsere Werte widerspiegeln?

Bisher habe ich noch keine Umfrage zur Mitarbeiterzufriedenheit durchgeführt. Ein Großteil der Mitarbeiter, die bei Gründung der Praxis bei mir gestartet haben, ist jetzt immer noch dabei. Die ersten zwei Azubis, die bei mir gelernt haben, machen gerade eine Weiterbildung zur ZMP. Ich habe sie genau nach meinen Vorstellungen ausgebildet und möchte sie unbedingt binden.

Eine Mitarbeiterin nutzt neben meinen Pro-Bono-Aktivitäten die Praxisräume alle 5 Wochen für 3 h, um für Kitas kostenfrei eine Zahnputzschule anzubieten. Sie macht das ohne separate Entlohnung oder Überstundenausgleich. Die Idee kam ihr, nachdem ich meine Art vorgelebt habe.

6. Kommunikation und Feedback

Wie kommunizieren wir die Werte und die Mission intern und extern? Wie offen bin ich für Feedback von unseren Mitarbeitern und wie nutze ich es zur Verbesserung? Welche Kommunikationskanäle und -methoden nutze ich, um unsere Praxiskultur zu fördern?

Bisher läuft viel über Mund-zu-Mund-Propaganda ohne festen Plan. Das möchte ich gerne ändern. Meine Website informiert nur rudimentär über meine fachlichen Behandlungsschwerpunkte und ist ausbaufähig. Ich denke ich lebe es einfach intuitiv vor, ohne es gezielt zu kommunizieren.

Wenn Mitarbeiter mit eigenen Ideen zu mir kommen, höre ich immer zu und schaue, wie wir diese in den Praxisalltag integrieren können. So ist auch die Zahnputzschule entstanden.

Den einzigen Kommunikationskanal, den wir wirklich häufig nutzen ist eine WhatsApp-Gruppe, eigentlich geht es hier aber inhaltlich eher um organisatorische Themen.

7. Leistung und Erfolg

Welche Kriterien verwende ich zur Messung des Erfolgs meiner Praxis? Wie definiere ich Erfolg und wie teile ich diese Definition mit meinen Mitarbeitern? Welche Geschichten und Beispiele verdeutlichen unseren Erfolg und unsere Werte?

Ich habe einen Zielumsatz definiert, den ich mit meinem Personal gemeinsam erreichen möchte. Jedes Jahr zu Beginn des Jahres überprüfe ich die Zahlen und teile sie meinen Mitarbeitern in einem Jahresauftaktevent mit. Erreichen wir diesen Umsatz, ist das für mich unser Erfolg.

Wir besprechen dann, was wir gemeinsam machen, wenn wir meine Ziele erreicht haben, oder sogar darüber liegen. 50 % des darüber liegenden Umsatzes spenden wir an eine regionale gemeinnützige Organisation, die wir vorher zusammen ausgesucht haben.

8. Engagement und Gemeinschaft

Wie fördere ich das Engagement meiner Mitarbeiter? Welche Initiativen und Programme unterstützen die Gemeinschaft innerhalb und außerhalb der Praxis? Wie tragen meine Mitarbeiter zu einem positiven Arbeitsumfeld bei?

Ich lebe es vor und animiere mitzumachen. Pro Bono, Zahnputzschule und die Überschuss-Spenden sind mein Dankeschön an unsere Gemeinschaft und unsere Patienten.

Meine Mitarbeiter tragen mit ihrem persönlichen Einsatz bei meinen Vorhaben dazu bei, dass diese erfolgreich sind und wir gerne miteinander arbeiten.

9. Nachhaltigkeit und Verantwortung

Welche Rolle spielt Nachhaltigkeit in meiner Praxis? Wie übernehmen wir mit unserer Praxis gemeinsam soziale Verantwortung und welchen Einfluss haben wir auf unsere Gemeinschaft und Umwelt? Welche ethischen Standards und Praktiken befolgen wir?

Nachhaltigkeit beschäftigt mich sehr, ist aber im Praxisalltag noch nicht weit fortgeschritten. Wir versuchen zu digitalisieren wo es geht, um Papier zu sparen. Rechnungen werden nach Möglichkeit im Anschluss an die Behandlungen bezahlt, um Ressourcen zu sparen und im Anschluss per Mail versandt.

Ich überprüfe immer genau, welcher Patient vor mir sitzt und kenne die meisten Patienten persönlich. Mir ist es wichtig, Leistungen nicht „aufzuschwatzen", auch wenn unsere Praxisergebnisse dann sicherlich besser ausfallen würden.

Soziale Verantwortung zeigen wir in meinen Projekten.

Nehmen Sie sich also jetzt die Zeit, diese Fragen zu beantworten. Analysieren Sie Ihre Antworten und überprüfen Sie, was häufig von Ihnen genannt wird. Wählen Sie die für Sie wichtigsten Werte aus und konzentrieren Sie sich auf einige Wenige.

Wichtig ist, dass Sie dahinterstehen und Werte nicht nur für die Außendarstellung entwickeln. Mehr Schein als Sein sollte hier nicht das Ergebnis sein. Daher: Weniger ist mehr. Weniger essenzielle Werte, die Sie ausarbeiten, leben und nach außen tragen, als eine Vielzahl von Werten, die wenig gehaltvoll von Ihnen schlecht repräsentiert werden.

5.2.2 Wie mache ich Kultur und Werte nach innen und außen sichtbar?

Eine sichtbare, gelebte Kultur innerhalb der Praxis wirkt sich direkt auf die Zufriedenheit und Loyalität der Mitarbeiter aus und beeinflusst die externe Wahrnehmung der Praxis als Arbeitgeber.

Im Employer Branding ist es sinnvoll, zunächst mit der **internen Kommunikation** zu beginnen, bevor man sich der externen Kommunikation widmet, aus mehreren wichtigen Gründen:

- **Glaubwürdigkeit und Authentizität**
  Bevor Sie mit Ihrer Praxis nach außen kommunizieren, was Sie als Arbeitgeber ausmacht, sollten Sie sicherstellen, dass diese Werte und Botschaften intern gelebt und wahrgenommen werden. Mitarbeiter sind die besten Botschafter Ihrer Praxis. Wenn die interne Wahrnehmung nicht mit der externen Kommunikation übereinstimmt, verliert Ihre Praxis und Ihr Image an Glaubwürdigkeit und Authentizität.
- **Engagement und Zufriedenheit der Mitarbeiter**
  Interne Kommunikation stärkt das Engagement und die Zufriedenheit Ihrer Mitarbeiter. Wenn die Belegschaft hinter den Praxiswerten und -zielen steht, sind sie motivierter und produktiver. Zufriedene Mitarbeiter tragen positiv zum Image der Praxis bei, was wiederum sowohl die Attraktivität für potenzielle neue Mitarbeiter als auch für Patienten erhöht.
- **Kontrolle und Konsistenz der Botschaft**
  Durch eine gezielte interne Kommunikation können Sie sicherstellen, dass alle Mitarbeiter dieselbe Botschaft verstehen und vermitteln. Dies verhindert Missverständnisse und sorgt für eine konsistente Kommunikation nach außen. Kommunizieren Sie klar, verständlich und vor allem kontinuierlich.

- **Feedback und Verbesserung**
  Durch die interne Kommunikation können Sie Feedback von Ihren Mitarbeitern sammeln. Dies ermöglicht es, Stärken und Schwächen der aktuellen Employer-Branding-Strategie zu identifizieren und gegebenenfalls anzupassen, bevor sie nach außen kommuniziert wird. Holen Sie die Informationen direkt von Ihren Mitarbeitern aktiv ein.
- **Mitarbeiter als Markenbotschafter**
  Mitarbeiter, die sich mit ihrem Arbeitgeber identifizieren und stolz darauf sind, in Ihrer Praxis zu arbeiten, fungieren als natürliche Markenbotschafter. Ihre positiven Erfahrungen und authentischen Geschichten sind wertvolle Inhalte für die externe Kommunikation und haben eine größere Wirkung auf potenzielle Bewerber. Dafür müssen Sie nicht gleich Influencer in Social Media sein.
- **Wettbewerbsvorteil**
  Praxen, die ihre internen Kommunikationsstrategien erfolgreich implementieren, können schneller und effektiver auf Marktveränderungen und neue Herausforderungen reagieren. Ihre Mitarbeiter sind informiert und wissen Bescheid. Dies gibt Ihnen einen Wettbewerbsvorteil, sowohl in Bezug auf die Mitarbeiterbindung als auch auf die Rekrutierung neuer Mitarbeiter.

Eine solide interne Kommunikation ist die Grundlage für ein starkes und glaubwürdiges Employer Branding. Nur wenn die internen Prozesse und die Mitarbeiterzufriedenheit stimmen, kann die externe Kommunikation erfolgreich sein und das gewünschte Bild der Praxis als attraktiver Arbeitgeber vermitteln.

Um die Praxiswerte sowohl intern als auch extern sichtbar zu machen, sollten verschiedene Strategien und Kommunikationskanäle genutzt werden. Hier sind einige bewährte Ansätze für Ihre interne Kommunikation:

- **Einarbeitungsprogramme und Schulungen**
  Integrieren Sie Ihre Praxiswerte in Einarbeitungsprogramme für Ihre neuen Mitarbeiter, so kommen sie direkt beim Einstieg mit dem in Berührung, was Ihnen besonders wichtig ist. Führen Sie regelmäßige Schulungen und Workshops durch, um Ihre Werte zu erklären und deren Bedeutung im Arbeitsalltag zu verdeutlichen. Sie müssen dafür sorgen, dass diese für Ihre Mitarbeiter greifbar, nahbar und erlebbar sind. Nutzen Sie hierfür beispielsweise Teambesprechungen und sorgen Sie dafür, dass Ihre Erklärungen bildhaft sind. Verwenden Sie praktische Beispiele, an denen Sie Ihre Werte verdeutlichen, damit sie im Gedächtnis Ihrer Mitarbeiter bleiben.
- **Kommunikationskanäle**
  Nutzen Sie interne Kommunikationskanäle wie das Intranet, Newsletter oder interne Social-Media-Plattformen, um regelmäßig über die Werte zu informieren. Bei Behandlern bieten sich beispielsweise regelmäßige Fallbesprechungen an, in denen Sie Ihre Werte in zu besprechende Patientenfälle integrieren. Veröffentlichen Sie Erfolgsgeschichten und Beispiele von Mitarbeitern, die die Praxiswerte verkörpern. Zeigen Sie

Ihren Mitarbeitern, wie jeder einzelne von ihnen sie bereits lebt, ohne dass es ihnen bewusst wird. Dies kann das Zugehörigkeitsgefühl verstärken.

- **Führungskräfte als Vorbilder**
  Führungskräfte sollten die Praxiswerte vorleben und in ihrem täglichen Handeln sichtbar machen. Wählen Sie diese also gezielt aus und überprüfen Sie neben der fachlichen Eignung auch die Identifikation mit Ihrer Praxis. Führungskräfte sollten regelmäßig über die Werte sprechen und ihre Bedeutung betonen – besonders im Team. Leiten Sie Ihre Führungskräfte dazu an, mit vielen Beispielen zu arbeiten, um das Verständnis der Mitarbeiter so leicht wie möglich zu machen.
- **Praxiskultur und Rituale**
  Integrieren Sie die Werte in die Praxiskultur durch regelmäßige Events, Team-Building-Aktivitäten und Rituale, die die Werte fördern. Führen Sie beispielsweise täglich vor Schichtbeginn eine Vorbesprechung mit Ihrem Team? Dies eignet sich hervorragend, die Werte einzubinden und mit Beispielen im täglichen Arbeitsalltag greifbar zu machen und zu verbinden.
- **Feedback und Anerkennung**
  Implementieren Sie Feedbacksysteme, bei denen Mitarbeiter ihre Kollegen für das Leben der Praxiswerte loben können. Dies kann auch beispielsweise Teil einer Teambesprechung sein, in der Sie darauf hinweisen, dass Mitarbeiter persönlich oder anonym (Briefkasten o. ä.) andere Teammitglieder für Ihr Engagement hinsichtlich Ihrer Praxiswerte loben.

  Schaffen Sie Anerkennungsprogramme, die Mitarbeiter belohnen, die die Praxiswerte in besonderem Maße vertreten. Sei es monetär oder kreativ mit beispielsweise einer persönlichen, handgeschriebenen Dankeskarte.

Die **externe Kommunikation** lässt sich wie folgt gestalten:

- **Praxiswebsite und Karriereseite**
  Stellen Sie die Praxiswerte prominent auf der Praxiswebsite und der Karriereseite dar. Verwenden Sie Videos oder Testimonials, um Ihre Werte live in Ihrer Praxis zu zeigen. Verdeutlichen Sie, dass Ihre Werte gelebt werden. Auch hier gilt, ein Beispiel, in diesem Falle visuell, prägt sich gut in den Köpfen ein und macht die Werte lebendig.

  Beschreiben Sie Ihre Werte und warum Ihnen genau diese wichtig sind. Bitten Sie auch Ihre Mitarbeiter, ihre eigene Version im Praxisalltag zu erläutern. Von Mitarbeitern getätigte Aussagen kommen beim Bewerber oft besser an als die von der Praxisführung.
- **Soziale Medien**
  Teilen Sie regelmäßig Inhalte auf Social-Media-Plattformen, die die Praxiswerte widerspiegeln. Nutzen Sie Social Media, um Geschichten von Mitarbeitern zu erzählen und zu zeigen, wie die Werte im Arbeitsalltag gelebt werden. Hierzu eignet sich auch prima die Einbindung von Azubis.

Achten Sie auf authentisches Bildmaterial. Hier ist weniger mehr. Wählen Sie lieber selbst gemachte Bilder, spontan und aus dem Praxisalltag, als sich nur auf Hochglanzbilder zu konzentrieren.

- **Marketing und Werbung**
  Integrieren Sie Ihre Praxiswerte in Marketing- und Werbekampagnen. Bieten Sie Tage der offenen Tür oder Informationsveranstaltungen beispielsweise zum Thema Zahnersatz an einem Tag an? Nutzen Sie diese Bühne und binden Sie Ihre Werte bewusst in die Kommunikation mit ein.
- **Öffentlichkeitsarbeit und PR**
  Wenn Sie redaktionell tätig sind, veröffentlichen Sie Artikel, die die Praxiswerte betonen und Erfolge im Einklang mit diesen Werten hervorheben. Engagieren Sie sich in öffentlichen Diskussionen und Foren zu Themen, die mit Ihren Praxiswerten übereinstimmen. Besuchen Sie Veranstaltungen der Deutschen Fachgesellschaften und werden Sie aktiv.
- **Rekrutierungsprozesse**
  Kommunizieren Sie die Praxiswerte während des gesamten Rekrutierungsprozesses, von Stellenausschreibungen bis hin zu Vorstellungsgesprächen. Nutzen Sie die Werte als Kriterium bei der Auswahl neuer Mitarbeiter und machen Sie dies transparent. Schmücken Sie hier aus und beziehen Sie Ihre Werte auf die zukünftigen Aufgaben für Ihre Bewerber, damit sich Ihre Werte so gut einprägen wie möglich – schon bevor der Mitarbeiter überhaupt bei Ihnen angefangen hat zu arbeiten.
- **Partnerschaften und Sponsoring**
  Wählen Sie Partnerschaften und Sponsoring-Aktivitäten, die mit den Praxiswerten im Einklang stehen. Kommunizieren Sie öffentlich über diese Partnerschaften und erklären Sie, wie sie die Werte der Praxis dabei unterstützen. Sind Sie Sponsor einer Jugendmannschaft im Sport? Engagieren Sie sich ehrenamtlich bei *Ärzte ohne Grenzen*? Tue Gutes und sprich darüber, übereinstimmend mit Ihren Werten.

Durch eine konsistente und authentische Kommunikation der Praxiswerte sowohl intern als auch extern können Sie Ihre Kultur und Ihre Marke stärken, was zu höherer Mitarbeiterbindung und einer besseren Positionierung auf dem Markt führt.

5.3 Strategieentwicklung

Abschließend ist die Entwicklung einer individuell auf die Praxis abgestimmten Employer-Branding-Strategie entscheidend, um langfristig erfolgreich zu sein. Nehmen Sie sich noch einmal die Zeit, um Ihre vorherigen Ausarbeitungen mit Leben zu füllen.

5.3.1 Schritte zur Erstellung einer Employer-Branding-Strategie

1. **Analyse der Ist-Situation**
2. **Ziele setzen und Maßnahmen planen**
3. **Umsetzung und Bewertung der Employer-Branding-Maßnahmen**

Das Erstellen eines nachhaltigen Employer Brandings ist ein fortlaufender, strategischer Prozess. Das Ziel dieses Unterkapitels ist es, Zahnärzten und Praxismanagern ein klares Verständnis der Methoden und Techniken zu vermitteln, mit denen sie ihre Praxis als bevorzugten Arbeitsplatz etablieren können.

Mit dieser Wissensgrundlage können Sie Ihre individuelle Employer-Branding-Strategie entwickeln und umsetzen, um langfristig wettbewerbsfähig zu bleiben. Es ist wichtig, dass jeder Schritt mit Sorgfalt und Bedacht durchgeführt wird, um das bestmögliche Ergebnis zu erzielen. Durch die richtige Umsetzung kann das „Wir" in der Zahnarztpraxis gestärkt und ein attraktives Arbeitsumfeld für Mitarbeiter geschaffen werden.

So können Sie Ihre Position am Markt langfristig sichern und gleichzeitig als Vorreiter in Bezug auf Employer Branding in der Dentalbranche fungieren.

5.3.1.1 Analyse der Ist-Situation

In diesem Schritt geht es darum, eine Bestandsaufnahme zu machen und die aktuelle Situation der Praxis als Arbeitgeber zu analysieren. Dazu können beispielsweise Mitarbeiterbefragungen, Auswertungen von Kündigungsgründen und die Untersuchung der Wahrnehmung der Praxis als Arbeitgeber durch potenzielle Bewerber genutzt werden.

Entscheiden Sie sich beispielsweise für eine Befragung, liefert diese wertvolle Einblicke in die aktuelle Wahrnehmung und Zufriedenheit der Mitarbeiter und hilft, Stärken und Schwächen zu identifizieren. Ein umfassender Fragenkatalog ist essenziell, um relevante und aussagekräftige Daten zu sammeln.

Warum ist eine Mitarbeiterbefragung wichtig?

1. **Einblicke in die Mitarbeiterzufriedenheit**
   Die Befragung gibt Aufschluss darüber, wie zufrieden Ihre Mitarbeiter mit verschiedenen Aspekten ihrer Arbeit sind, hierzu zählen – je nach Fragestellung – beispielsweise Arbeitsbedingungen, Führung und Work-Life-Balance.
2. **Identifikation von Verbesserungsbereichen**
   Befragungen Ihres Teams können helfen, Bereiche zu identifizieren, in denen Sie Verbesserungen vornehmen müssen, um die Mitarbeiterzufriedenheit und -bindung zu erhöhen.
3. **Stärkung der Mitarbeiterbindung**
   Durch die Einbeziehung Ihrer Mitarbeiter mittels einer Befragung zeigen Sie, dass Sie die Meinung Ihrer Mitarbeiter wertschätzen und bereit sind, auf ihre Bedürfnisse einzugehen.

4. **Grundlage für die Employer-Branding-Strategie**
   Die Ergebnisse der Befragung liefern die notwendigen Informationen, um eine zielgerichtete und erfolgreiche Employer-Branding-Strategie zu entwickeln.
5. **Förderung einer positiven Praxiskultur**
   Regelmäßige Mitarbeiterbefragungen tragen dazu bei, eine offene und kommunikative Praxiskultur zu fördern, in der Ihre Mitarbeiter das Gefühl haben, gehört und wahrgenommen zu werden.

Der folgende Fragenkatalog soll Ihnen helfen, direkt loszulegen.

Demografische Fragen
1. Wie lange sind Sie bereits in unserer Praxis tätig?
2. In welchem Bereich arbeiten Sie?
3. Welche Position haben Sie inne?
4. Wie alt sind Sie?

Arbeitszufriedenheit
1. Wie zufrieden sind Sie insgesamt mit Ihrem Arbeitsplatz und Ihren Aufgaben?
2. Wie würden Sie die Ausstattung und Arbeitsumgebung bewerten?
3. Wie schätzen Sie die Work-Life-Balance in unserer Praxis ein?
4. Wie zufrieden sind Sie mit den Arbeitszeiten und der Flexibilität?

Kommunikation und Zusammenarbeit
1. Wie zufrieden sind Sie mit der internen Kommunikation?
2. Fühlen Sie sich ausreichend über wichtige Praxisentscheidungen informiert?
3. Wie bewerten Sie die Zusammenarbeit mit Ihren Kollegen?
4. Wie gut funktioniert die Zusammenarbeit zwischen den verschiedenen Abteilungen?

Führung und Management
1. Wie zufrieden sind Sie mit der Führung durch Ihren Teamleiter?
2. Fühlen Sie sich von Ihrem Teamleiter ausreichend unterstützt und wertgeschätzt?
3. Wie bewerten Sie die Kompetenz und Fairness in der Praxis?
4. Haben Sie das Gefühl, dass Ihr Teamleiter auf Ihre Bedürfnisse und Anregungen eingeht?

Entwicklungsmöglichkeiten
1. Wie zufrieden sind Sie mit den Weiterbildungsmöglichkeiten in unserer Praxis?
2. Sehen Sie in unserer Praxis gute Karrierechancen für sich?
3. Haben Sie regelmäßig Feedback- und Entwicklungsgespräche?
4. Wie bewerten Sie die Förderung von Talenten und Potenzialen in unserer Praxis?

Praxiswerte und Kultur

1. Wie gut identifizieren Sie sich mit unseren Praxiswerten?
2. Wie bewerten Sie das Engagement unserer Praxis für soziale und ökologische Verantwortung?
3. Wie zufrieden sind Sie mit der allgemeinen Arbeitsatmosphäre in der Praxis?
4. Fühlen Sie sich als Teil eines Teams und wertgeschätzt?

Vergütung und Zusatzleistungen

1. Wie zufrieden sind Sie mit Ihrem Gehalt?
2. Wie bewerten Sie die angebotenen Zusatzleistungen (zum Beispiel betriebliche Altersvorsorge)?
3. Fühlen Sie sich hinsichtlich Ihrer Vergütung fair behandelt und leistungsgerecht bezahlt?
4. Wie zufrieden sind Sie mit den angebotenen Benefits insgesamt?

Offene Fragen

1. Was gefällt Ihnen am besten an Ihrem Arbeitsplatz?
2. Was könnten wir Ihrer Meinung nach verbessern?
3. Haben Sie Vorschläge oder Anregungen, die Sie gerne teilen möchten?

Eine umfassende Mitarbeiterbefragung liefert wertvolle Daten, die als Grundlage für die Entwicklung einer effektiven Employer-Branding-Strategie dienen. Sie ermöglicht es, spezifische Stärken und Schwächen zu identifizieren, die Zufriedenheit und Bindung der Mitarbeiter zu verbessern und eine positive Unternehmenskultur zu fördern.

Durch die Einbindung der Mitarbeiter in diesen Prozess zeigen Sie, dass Sie ihre Meinungen und Bedürfnisse ernst nehmen, was wiederum das Vertrauen und die Loyalität der Mitarbeiter stärkt.

Bevor Sie jedoch mit einer Mitarbeiterumfrage starten, gilt wie auch bei einer Zufriedenheitsumfrage: Wenn Sie die Antworten eigentlich nicht hören wollen und nicht bereit sind, etwas zu ändern, verschieben Sie diese auf einen späteren Zeitpunkt oder reduzieren Sie den Fragenkatalog auf das für Sie Wesentliche.

5.3.1.2 Definition der Zielgruppe

Um eine passende Employer-Branding-Strategie zu entwickeln, ist es wichtig zu wissen, wen man als Arbeitgeber ansprechen möchte. Hierbei kann die Zielgruppe sowohl intern (aktuelle Mitarbeiter) als auch extern (potenzielle Bewerber) sein.

Die Zielgruppendefinition ist ein wesentlicher erster Schritt bei der Entwicklung einer erfolgreichen Employer-Branding-Strategie. Ein gut definierter Zielgruppenkreis ermöglicht es Ihnen, gezielte Botschaften zu erstellen, die die richtigen Talente anziehen und binden. Nutzen Sie hierzu auch Ihre Auswertungen der Persona-Methode.

Der Prozess der Zielgruppendefinition kann in mehrere Schritte unterteilt werden:

1. **Analyse Ihrer aktuellen Mitarbeiter**
   Der erste Schritt besteht darin, die Ihre Mitarbeiter zu analysieren. Hierbei sollten demografische Daten wie Alter, Geschlecht, Bildungsstand und Berufserfahrung berücksichtigt werden. Ebenso wichtig sind psychografische Merkmale wie Werte, Einstellungen und berufliche Ziele. Diese Informationen helfen, ein klares Bild davon zu bekommen, wer derzeit in Ihrer Praxis arbeitet und welche Eigenschaften diese Mitarbeiter auszeichnen.

   Wenn Sie hier genauer hinsehen, können Sie überprüfen, ob Ihr vorhandenes Team auch Ihre Werte verkörpert. Finden Sie heraus, wer nicht dazu gehört und warum dies nicht der Fall ist.
2. **Identifikation der Idealmitarbeiter**
   Basierend auf der Analyse Ihrer vorhandenen Mitarbeiter sollten nun die Eigenschaften und Merkmale der idealen Mitarbeiter definiert werden. Diese idealen Mitarbeiter sind diejenigen, die am besten zur Praxiskultur passen und Ihre Praxisziele unterstützen. Dabei sollten sowohl Hard Skills (fachliche Qualifikationen) als auch Soft Skills (soziale Kompetenzen) berücksichtigt werden.

   Ein gutes Gespür für Ihre Mitarbeiter ist hier wichtig. Mit wem arbeiten Sie gerne zusammen und warum ist das der Fall. Diese Mitarbeiter können Sie bei Ihrem gesamten Vorhaben bestens unterstützen.
3. **Differenzieren der Zielgruppe**
   Die Zielgruppe sollte je Aufgabenbereich unterteilt werden, um gezieltere Employer-Branding-Maßnahmen entwickeln zu können. Dies könnte zum Beispiel nach Berufsfeldern, Karrierestufen oder anderen relevanten Kriterien geschehen.

   Trennen Sie also unbedingt nach ZFAs, ZFAs mit Aufstiegsfortbildung, Zahnärzten und Azubis. Jede Berufsgruppe hat ihre unterschiedlichen Interessen, Antrieb und vielleicht sogar Gründe, warum sie bei Ihnen arbeitet. Je genauer Sie jede einzelne Zielgruppe kennen, umso erfolgreicher kann Ihre Arbeitgebermarke werden.
4. **Wettbewerbsanalyse**
   Es ist wichtig zu verstehen, wie andere zahnärztliche Kollegen ihre Employer-Branding-Strategien gestalten und welche Zielgruppen sie ansprechen. Eine Wettbewerbsanalyse kann aufzeigen, welche Maßnahmen erfolgreich sind und wo es Lücken gibt, die Sie selbst nutzen können. Dies hilft, sich von der Konkurrenz abzuheben und ein einzigartiges Arbeitgeberversprechen zu formulieren.

   Vielleicht treten Mitbewerber am Markt aggressiver auf als Sie. Finden Sie heraus, was deren Versprechen sind und stellen Sie heraus, was Sie besser machen.

   Schauen Sie sich hierzu in Ihrem direkten Umfeld um und besuchen Sie deren Websites um einen Eindruck der Praxis zu bekommen.
5. **Entwicklung von Persona-Profilen**
   Auf Basis der gesammelten Daten sollten Persona-Profile erstellt werden.

Werfen Sie doch noch einmal einen Blick ins Kapitel Recruiting. Hier finden Sie eine ausführliche Anleitung nebst Beispiel. Während wir uns im Recruiting auf ein Persona-Profil für eine vakante Stelle gewidmet haben, beschäftigen wir uns im Employer Branding mit allen möglichen Personas, die für Ihre Praxis relevant sein könnten.

6. **Kommunikationsstrategie entwickeln**
   Mit klar definierten Zielgruppen und individuellen Personas kann nun eine für Sie und Ihre Praxis optimal gestaltete Kommunikationsstrategie entwickelt werden. Diese sollte die bevorzugten Kanäle der Zielgruppe nutzen und Informationen beinhalten, die Ihre Bedürfnisse und Erwartungen zum Ausdruck bringen. Hierbei ist es wichtig, authentisch zu kommunizieren, um Vertrauen aufzubauen und Ihre Arbeitgebermarke zu stärken.

   Wie erreichen Sie Ihre Zielgruppen am besten? Wobei können sie Ihre aktuellen Mitarbeiter unterstützen?
7. **Kontinuierliche Überprüfung und Anpassung**
   Die Zielgruppendefinition und die darauf basierenden Maßnahmen sollten regelmäßig überprüft und angepasst werden. Der Arbeitsmarkt und die Bedürfnisse der Mitarbeiter können sich ändern, daher ist Flexibilität und Anpassungsfähigkeit entscheidend für den langfristigen Erfolg Ihrer Employer-Branding-Strategie.

   Denken Sie hier auch an die unterschiedlichen Generationen von Arbeitnehmern und deren unterschiedliche Interessen und Schwerpunkte im Laufe der Zeit. Behalten Sie die Generation Alpha im Blick, um diese rechtzeitig dort anzusprechen, wo sie sich aufhalten.

Durch diesen strukturierten Ansatz bei der Zielgruppendefinition können Sie sicherstellen, dass Ihre Employer-Branding-Maßnahmen zielgerichtet und erfolgreich sind. Dies führt letztendlich zu einer stärkeren Arbeitgebermarke, die die richtigen Talente anzieht und an Ihre Praxis bindet.

5.3.1.3 Entwicklung der Employer Value Proposition

Die Employer Value Proposition beschreibt das Angebot, welches die Praxis ihren Mitarbeitern als Arbeitgeber machen kann. Im nächsten Schritt geht es also, wie Sie bereits erarbeitet haben, um die konkreten Vorteile und Anreize, die Mitarbeiter bei der Praxis erwarten können. Diese sollten sowohl auf die Bedürfnisse der Zielgruppe als auch auf die Werte und Ziele der Praxis angepasst sein. Wenden Sie Ihr Grundlagenwissen an und setzen Sie es in die Tat um.

Überprüfen Sie an diesem Punkt erneut und final, ob Sie hinter den Werten stehen, die Sie erarbeitet haben. Nichts kann weniger erfolgreich sein, als leere Versprechen, an die Sie sich im schlimmsten Fall nicht mehr erinnern – und alles nur, weil Sie „mal eben" Employer Branding gestalten wollten.

5.3.1.4 Umsetzung von Maßnahmen

Auf Basis der vorherigen Schritte können nun konkrete Maßnahmen entwickelt werden, um das Employer Branding erfolgreich umzusetzen. Dies kann beispielsweise die Gestaltung einer modernen und ansprechenden Karriereseite auf der Praxiswebsite oder die Teilnahme an Jobmessen und Recruiting-Events sein. Diese Maßnahmen sollten darauf abzielen, die definierten Zielgruppen gezielt anzusprechen und Ihre Praxis als attraktiven Arbeitgeber zu positionieren.

Hier sind einige Ideen und Beispiele für Maßnahmen. Um es für Sie leichter greifbar zu machen, bleiben wir inhaltlich beim Beispiel der Landpraxis, die Sie bereits bei der Ermittlung der Werte kennengelernt haben. Zu jedem Punkt gibt es ein Vision Board, welches Ihnen verdeutlichen soll, worum es geht. Die Vision Boards dienen jeweils als Basis, hieraus spezifische Inhalte zu generieren.

Karriereseite optimieren

Die Karriereseite auf der Praxiswebsite ist oft der erste Kontaktpunkt für potenzielle Bewerber. Stellen Sie sicher, dass die Seite informativ, ansprechend und benutzerfreundlich ist. Präsentieren Sie klare und authentische Informationen über Ihre Praxiskultur, Karrieremöglichkeiten und Benefits. Nutzen Sie ansprechende Bilder und Videos, um einen realistischen Einblick in den Arbeitsalltag zu geben (vgl. Abb. 5.1).

Mitarbeitergeschichten und Testimonials

Lassen Sie Ihre Mitarbeiter zu Wort kommen. Authentische Geschichten und Testimonials Ihrer Mitarbeiter können potenziellen Bewerbern einen realistischen Eindruck von der Arbeit in Ihrer Praxis vermitteln. Diese Geschichten können in Form von Videos, Blogbeiträgen oder Social Media Posts veröffentlicht werden (vgl. Abb. 5.2).

Social-Media-Präsenz stärken

Nutzen Sie Social-Media-Kanäle, um Ihre Arbeitgebermarke zu stärken. Teilen Sie regelmäßig Inhalte, die Einblicke in den Arbeitsalltag, Praxisevents und Erfolge geben. Verwenden Sie gezielte Hashtags und interagieren Sie aktiv mit Ihren Followern. Plattformen wie LinkedIn, Instagram und Facebook sind besonders gut geeignet, um verschiedene Zielgruppen zu erreichen (vgl. Abb. 5.3).

Mitarbeiterempfehlungsprogramme

Implementieren Sie *Mitarbeiter werben Mitarbeiter*, um die Rekrutierung durch bestehende Mitarbeiter zu fördern (vgl. Abb. 5.4). Bieten Sie Anreize wie Prämien oder zusätzliche Urlaubstage für erfolgreiche Empfehlungen. Dies stärkt nicht nur das Engagement der Mitarbeiter, sondern führt oft auch zu qualitativ hochwertigen Bewerbungen und einer längeren Bindung an Ihre Praxis.

Abb. 5.1 Karriereseite „Praxis am Kleefeld“

Abb. 5.2 Testimonials

Abb. 5.3 Social Media

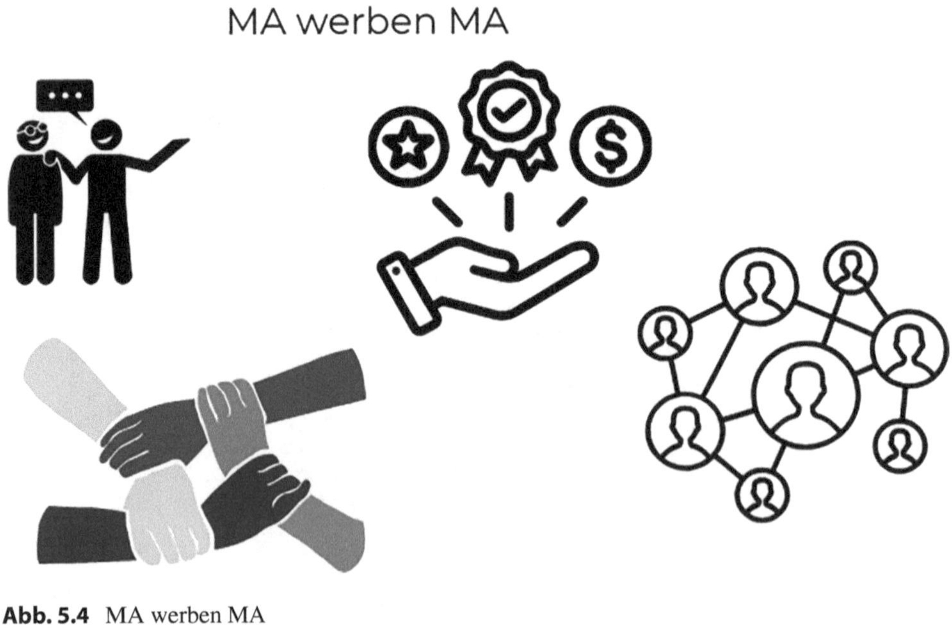

Abb. 5.4 MA werben MA

Karrieremessen und Recruiting-Events

Nehmen Sie an Karrieremessen und Recruiting-Events teil oder organisieren Sie eigene Veranstaltungen (vgl. Abb. 5.5). Dies bietet die Möglichkeit, direkt mit potenziellen Bewerbern in Kontakt zu treten und Ihre Praxis persönlich vorzustellen. Bereiten Sie ansprechende Präsentationen und Materialien vor, die Ihre Arbeitgebermarke hervorheben.

Weiterbildung und Entwicklungsmöglichkeiten

Zeigen Sie auf, welche Möglichkeiten zur beruflichen und persönlichen Weiterentwicklung Ihre Praxis bietet (vgl. Abb. 5.6). Dies kann durch interne Trainingsprogramme, externe Schulungen oder Mentoring-Programme geschehen. Eine klare Darstellung der Entwicklungsmöglichkeiten kann besonders attraktiv für ambitionierte Fachkräfte sein.

Flexible Arbeitsmodelle

Bieten Sie flexible Arbeitsmodelle an, wie zum Beispiel Home-Office, flexible Arbeitszeiten oder Teilzeitmodelle (vgl. Abb. 5.7). Schauen Sie, wie Sie dies in Ihren Praxisalltag integrieren können.

Überlegen Sie mit Ihrem Team gemeinsam, wie Sie trotz der im Allgemeinen örtlich gebundenen Arbeitsplätze in Ihrer Zahnarztpraxis so viel Flexibilität wie möglich anbieten können.

Transparente Kommunikation

Pflegen Sie eine offene und transparente Kommunikation mit Ihren Mitarbeitern und potenziellen Bewerbern. Dies umfasst regelmäßige Updates über Praxisentwicklungen,

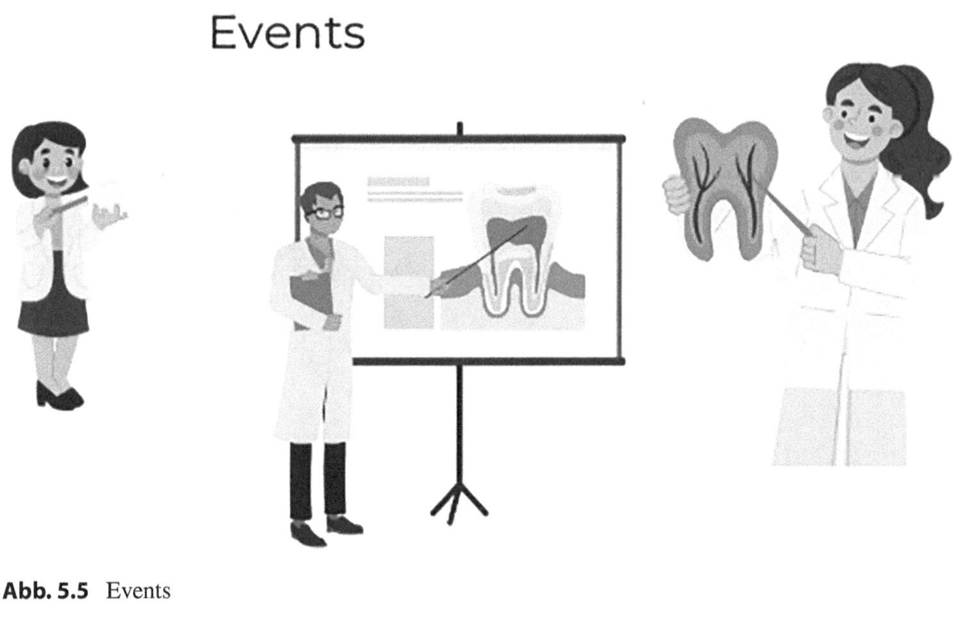

Abb. 5.5 Events

Abb. 5.6 Karriere

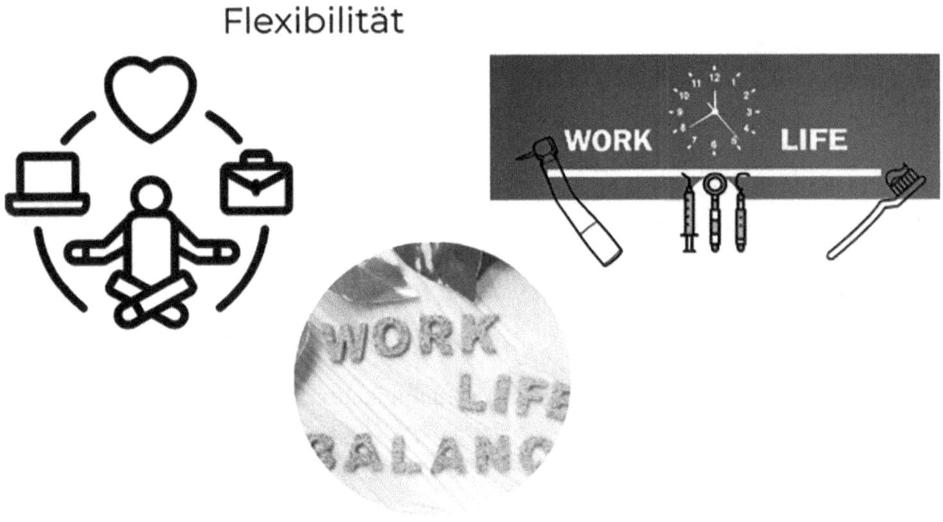

Abb. 5.7 Flexibilität

Abb. 5.8 Vision

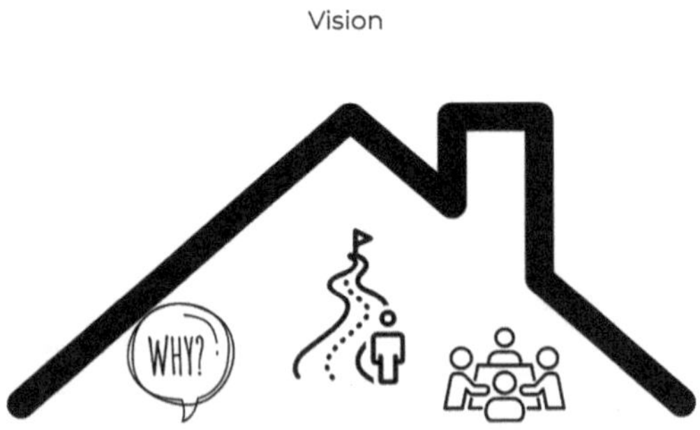

klare Karriereaussichten und transparente Rekrutierungsprozesse. Transparenz schafft Vertrauen und stärkt die Arbeitgebermarke.

Binden Sie Ihre Mitarbeiter, indem Sie sie teilhaben lassen an Ihrem Warum und Ihrer Vision (vgl. Abb. 5.8).

Indem Sie diese Maßnahmen in Ihre Employer-Branding-Strategie integrieren, können Sie eine starke und ansprechende Arbeitgebermarke aufbauen. Wichtig ist, dass die Maßnahmen authentisch sind und die tatsächlichen Werte und die Kultur der Praxis widerspiegeln.

Nehmen Sie die vorgestellten Vision Boards als Anregung, Ihre Werte zu visualisieren. Werden Sie sich durch Ihre Fleißarbeit klar, was Sie wie kommunizieren und darstellen möchten.

5.3.2 Warum das „Wir" in der Zahnarztpraxis so wichtig ist

Bei allen Ausarbeitungen zu Werten und Kultur, darf eins nicht vergessen werden. Die Zahnarztpraxis als Arbeitgeber, Unternehmen oder Dienstleister hat eine ganz besondere Eigenschaft.

Sie liegt nicht etwa in der Patientenorientierung – auch in anderen Unternehmen mit Kundenkontakt ist „der Kunde König".

Weiter ist eine gute Organisation zum Beispiel wichtig – spielt jedoch beispielsweise im Vergleich zu einem Hotelbetrieb mit 1000 Zimmern eine geringe Rolle.

Was aber wichtig ist, ist das Team. Das Team arbeitet nicht nur sprichwörtlich Hand in Hand, sondern direkt am Patienten, sehr eng zusammen. Neben der Nähe der Hände zueinander, arbeiten Menschen in der Zahnarztpraxis auch Kopf an Kopf, hier ebenfalls nicht sprichwörtlich in einem Rennen, sondern direkt am Patienten, in körperlicher Nähe miteinander. Und daher ist das „Wir" so wichtig.

Ohne einander, ohne ein gut aufeinander abgestimmtes Team, können die Patienten nicht auf dem Niveau behandelt werden, wie Sie es sich vorstellen. Zahnärzte und ihre Mitarbeiter können fokussiert und konzentriert arbeiten, wenn der Teamzusammenhalt stark ist und sie gemeinsam die wichtigsten Werte verfolgen. Dies führt zu einem leistungsstarken und harmonischen Arbeitsumfeld.

Gehen Sie daher keine Kompromisse ein, wenn es um Ihr Team geht. Weder bei Benefits, die Sie in eine Stellenanzeige schreiben, weil man es eben so macht, noch bei der Auswahl neuer Teammitglieder, weil Sie gerade jetzt einfach irgendeine Person als Unterstützung benötigen. Nehmen Sie sich Zeit und Geduld, bis Sie mit Ihrer Auswahl zufrieden oder besser, glücklich sind. Stellen Sie keinen Mitarbeiter ein, von dem Sie auf persönlicher Ebene nicht überzeugt sind. Erfragen Sie auch bei Ihrem Team, welches die Bewerber beim Probearbeiten kennengelernt und näher unter die Lupe genommen hat, wie sie zur möglichen Einstellung stehen. Sie können Ihrem Team vertrauen und sollten sich nach deren persönlicher Meinung erkundigen, bevor Sie einen Mitarbeiter einstellen, der sich bei Ihnen vorbildlich, im Team jedoch alles andere als teamorientiert gezeigt hat.

Sie arbeiten täglich viele Stunden eng zusammen. Bauen Sie sich Ihr Traum-Team auf, mit dem Sie langfristig erfolgreich sein können.

5.4 Experteninterview – Employer Branding – Dr. Lars Wagenmann

Zum Abschluss dieses Kapitels erhalten Sie einen exklusiven Einblick in eine spannende und unkonventionelle Art eine Praxis erfolgreich zu führen. Tauchen Sie in die inspirierende Welt von „Blankweiss" ein.

Wie hat sich die Übernahme deiner Praxis auf das Employer Branding ausgewirkt?
Im Jahr 2021 habe ich die Praxis meiner Mutter übernommen, mit dem klaren Ziel, sie weiterzuentwickeln, zu wachsen und dabei die persönliche Atmosphäre zu bewahren. Gemeinsam mit einer Marketingagentur haben wir eine strategische Neuausrichtung entwickelt, um den zukünftigen Weg der Praxis zu definieren. Der Name „Blankweiss" entstand dabei als einprägsamer Kunstname, der in Verbindung mit moderner Typografie und einem einzigartigen Praxisdesign sowohl bei Patienten als auch bei Mitarbeitern sofort wiedererkannt wird. Uns war es wichtig, klarzustellen: Wir sind eine Zahnarztpraxis, aber keine gewöhnliche.

Unser Konzept steht für Premium-Zahnmedizin zu einem fairen Preis. Ein wesentlicher Bestandteil unseres täglichen Handelns ist die Nähe und das familiäre Miteinander, das sich im Umgang mit den Mitarbeitern genauso widerspiegelt wie mit den Patienten. Wir haben bewusst die traditionellen Hierarchiegrenzen zwischen Praxisleitung, Mitarbeitern und Patienten aufgelöst. Bei uns agieren alle als eine große Familie mit dem gemeinsamen Ziel, unseren Patienten das bestmögliche zahnmedizinische Erlebnis zu bieten. Dabei entstehen echte Beziehungen zwischen den Teammitgliedern, der Praxisführung und unseren Patienten.

Ein besonders markantes Merkmal unserer Praxis ist, dass wir das „Du" nicht nur im Team pflegen, sondern auch unseren Patienten anbieten. Dieser vertrauliche und persönliche Umgang schafft eine Nähe und Verbundenheit, die uns von anderen Praxen unterscheidet. Wir legen großen Wert auf Authentizität und leben ein freundschaftliches Miteinander, das nicht aufgesetzt, sondern natürlich ist. Dieses offene Konzept wird von allen Beteiligten positiv aufgenommen und verleiht uns einen klaren Wiedererkennungswert.

Welchen Rat würdest du Zahnarztpraxen geben, die sich zum ersten Mal mit Employer Branding auseinandersetzen?
Authentizität ist entscheidend. Employer Branding muss auf den gelebten Werten und der Persönlichkeit des Praxisinhabers beruhen. Unser Konzept des freundschaftlichen Miteinanders ist nicht für jede Praxis übertragbar. Ich persönlich bin immer für meine Mitarbeiter da – nicht nur als Chef, sondern auch als vertrauensvoller Ansprechpartner für alle Belange. Es ist mir wichtig, dass sie mich als Vertrauten sehen und wissen, dass sie sich jederzeit auf meine Unterstützung verlassen können.

Nur weil ein Ansatz im Trend liegt, heißt das nicht, dass er für jede Praxis geeignet ist. Das Konzept muss authentisch und stimmig sein, da Mitarbeiter schnell merken, wenn etwas nur künstlich inszeniert ist.

Welche Methoden nutzt du bei der Suche nach qualifiziertem Personal für deine Praxis?

Unser gelebtes Konzept spielt auch bei der Personalgewinnung eine zentrale Rolle. Wir verstehen uns als Familie und gehen respektvoll und wertschätzend miteinander um. Dieser Ansatz spiegelt sich in unserem organischen Wachstum wider. Unsere bestehenden Mitarbeiter empfehlen die Praxis oft an Kolleginnen und Kollegen weiter, mit denen sie gerne zusammenarbeiten. Dieser persönliche Empfehlungsprozess sorgt dafür, dass neue Teammitglieder gut zur bestehenden Struktur passen und die familiäre Atmosphäre bewahrt bleibt.

Zusätzlich schalten wir bei Bedarf digitale Stellenanzeigen auf Social Media, um gezielt potenzielle Kandidaten zu erreichen. Zwar nutzen wir Social Media bei Bedarf aktiv zur Mitarbeitergewinnung, schätzen es jedoch ebenfalls sehr, neue Mitarbeiter aus dem Bekanntenkreis unserer bestehenden Teammitglieder zu gewinnen.

Darüber hinaus konnten wir bereits Mitarbeiter aus unserem Patientenstamm finden, die während ihres Aufenthalts in unserer Praxis so begeistert von unserem Konzept waren, dass sie beschlossen haben, selbst Teil unseres Teams zu werden. Dies ermöglicht uns ein perfekt passendes, organisches Wachstum, das unsere familiäre Kultur und Arbeitsweise nachhaltig stärkt.

Unsere innovative Herangehensweise, die durch die enge Verbindung zu unseren Patienten geprägt ist, hebt uns deutlich vom Wettbewerb ab und trägt maßgeblich zu unserem Erfolg bei.

5.5 Fazit und Learning – Employer Branding

Ein erfolgreiches Employer Branding ist ein wichtiger Bestandteil einer ganzheitlichen Personalstrategie Ihrer Praxis. Indem Sie Ihre Identität, Werte und Vorteile als Arbeitgeber erarbeiten, klar kommunizieren und gezielt auf die Bedürfnisse der Zielgruppe eingehen, können Sie qualifizierte Mitarbeiter gewinnen und langfristig an sich binden. Durch regelmäßige Überwachung und Pflege der Employer-Branding-Strategie können Sie sicherstellen, dass Sie als attraktiver Arbeitgeber wahrgenommen werden und somit wettbewerbsfähig bleiben.

Es lohnt sich also, Zeit und Ressourcen in ein gezieltes Employer Branding zu investieren, um langfristig erfolgreich am Markt agieren zu können. In einer Arbeitswelt, in der qualifizierte Mitarbeiter unersetzlich sind, kann eine starke Arbeitgebermarke den entscheidenden Unterschied machen.

Die Kommunikation mit Mitarbeitern sowie die tatsächliche Umsetzung der Praxiswerte spielen dabei eine entscheidende Rolle. Außerdem sollte Employer Branding auch als Chance betrachtet werden, die eigene Praxiskultur zu reflektieren und gegebenenfalls anzupassen, um den Bedürfnissen der Mitarbeiter gerecht zu werden. Bei allem Eingehen auf Ihre Mitarbeiter sollten Sie dabei bei sich selbst bleiben und Ihre Werte vertreten. Eine authentische und gelebte Praxiskultur ist ein wichtiger Faktor für die Identifikation der Mitarbeiter mit Ihrer Praxis und somit auch für deren Motivation und Bindung.

Also: Starten Sie noch heute mit der Entwicklung Ihrer Employer-Branding-Strategie und positionieren Sie sich erfolgreich als attraktiver Arbeitgeber in der Branche.

Fazit

Bearbeiten Sie Schritt die einzelnen Punkte auf dem Weg zu Ihrer Arbeitgebermarke. Fleiß, Durchhaltevermögen und Disziplin zahlen sich aus.

Führungskräfte in der Zahnarztpraxis 6

Führungskräfte spielen in der Zahnarztpraxis eine entscheidende Rolle, um den reibungslosen Ablauf aller Prozesse zu gewährleisten. Dieses Kapitel gibt einen Einblick, wie ein Organigramm aussehen könnte, klärt über Zuständigkeiten auf, diskutiert die Einführung von Zwischenebenen in größeren Praxen, zeigt auf, wie man Führungskräfte sinnvoll auswählt und deren Weiterentwicklung fördert.

Doch wer ist denn eigentlich eine Führungskraft in Ihrer Praxis?
Sofern Sie der Inhaber der Praxis sind, sind in erster Linie Sie die erste, relevante Führungskraft. Je nachdem in welcher Phase oder Größenordnung sich Ihre Praxis befindet, sind Sie erster Ansprechpartner, direkter Vorgesetzter und Ausbilder in einer Person.

Je größer die Mitarbeiteranzahl in der Praxis wird, umso weniger Zeit haben Sie, sich um die Belange jedes einzelnen Mitarbeiters zu kümmern. Um jedoch allen Mitarbeitern gerecht werden zu können, ist es zwingend erforderlich, dass jeder Mitarbeiter einen direkten Ansprechpartner hat. Dies ist – ganz gleich welche Größe Ihre Praxis hat – in einem Organigramm abbildbar.

6.1 Organigramm und Zuständigkeiten

Ein Organigramm ist ein grafisches Instrument, das die Struktur Ihrer Praxis und die Hierarchieebenen bzw. Verantwortlichkeiten zwischen den unterschiedlichen Positionen darstellt. In Ihrer Zahnarztpraxis kann ein Organigramm hierarchische Ebenen und Zuständigkeitsbereiche klären. Es erleichtert Kommunikationswege und gibt Aufschluss über direkte Ansprechpartner einer Berufsgruppe. Insbesondere im Rahmen des Onboar-

J.-K. Jonen, *Nachhaltiges Personalmanagement in der Zahnarztpraxis*, https://doi.org/10.1007/978-3-658-47559-8_6

dings neuer Mitarbeiter hilft es, Ihre Praxisstruktur einfach und auf einen Blick zu verstehen.

In den folgenden Darstellungen finden Sie drei unterschiedliche Organigramme, in Abhängigkeit der Praxisgröße. Hier stehen die Berufsbezeichnungen und Positionen im Vordergrund, jeweils auf der Folgeseite eine Erläuterung zu den unterschiedlichen Ebenen.

Ab welcher Größe Sie Zwischenebenen, also weitere Führungsebenen etablieren, bleibt Ihnen überlassen. Unter 15 Mitarbeitern ist das in der Regel nicht notwendig. Wenn Sie jedoch auch schon ab dieser Größenordnung Verantwortung delegieren möchten, passen Sie das Organigramm einfach an Ihre individuellen Praxisgegebenheiten an.

6.1.1 Organigramm bis 15 Mitarbeiter

Starten wir mit dem einfachsten Organigramm in einer Praxis mit bis zu etwa 15 Mitarbeitern (vgl. Abb. 6.1).

Sie beschäftigen maximal 2 angestellte Zahnärzte und sind ansonsten selbst zu 100 % in der Patientenbehandlung tätig.

Die Bereiche der Prophylaxe, der zahnärztlichen Abrechnung und des Empfangs sind durch Mitarbeiter besetzt, für die Sie unmittelbar der Vorgesetzte sind. Diese Mitarbeiter haben keinen Teamleiter über sich und keinen weiteren Mitarbeiter eine Hierarchieebene unter sich. Folglich sind sie keine Führungskräfte.

Sofern Sie angestellte Zahnärzte haben, befinden diese sich auf derselben Ebene wie die zuvor genannten Mitarbeitergruppen. Sie sind deren Vorgesetzter.

Nun kommen wir jedoch zur ersten Berufsgruppe, die neben Ihrer Rolle als Zahnarzt auch die Rolle einer Führungskraft innehat. Eine Hierarchieebene unter den Zahnärzten folgt die Zahnmedizinische Fachangestellte in der Assistenz. Ihre eigene Assistenz außen

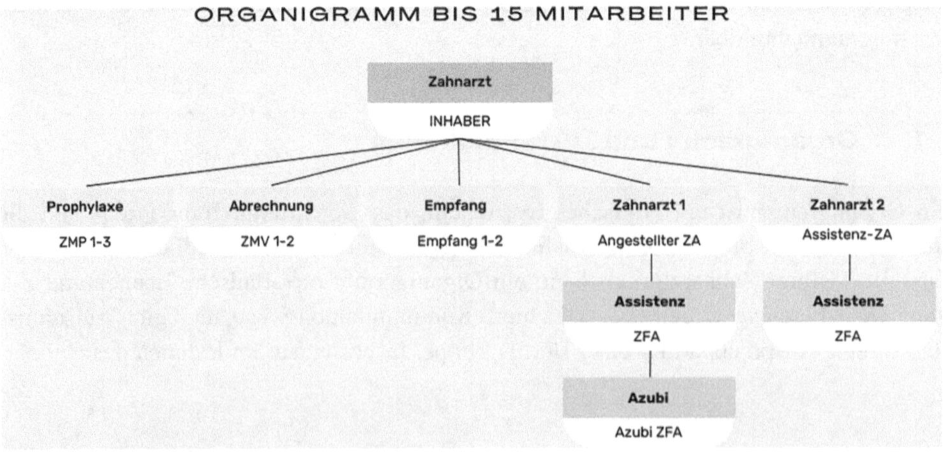

Abb. 6.1 Organigramm bis 15 Mitarbeiter

vor, hat die ZFA mit „ihrem“ Zahnarzt auch gleich ihren direkten Vorgesetzten im Team. Dies bringt den Vorteil mit sich, dass Sie selbst sich nicht um das Gesamtteam „kümmern“ müssen, da Sie mit den ZFA der anderen Zahnärzte auch nicht regelmäßig eng zusammenarbeiten. Diese Ausführung liegt der Annahme zugrunde, dass ZFAs und Zahnärzte in festen Teams arbeiten und nicht oder nur in Ausnahmefällen rotieren.

Arbeiten in Ihrer Praxis alle ZFAs mit allen Zahnärzten zusammen, ändert sich das Organigramm dahingehend, dass alle Mitarbeiter unmittelbar Ihnen unterstellt sind. Folglich bringen feste Teams den ersten Vorteil mit, dass Arbeiten in festen Teams Sicherheit, Beständigkeit und vor allem professionelleres Arbeiten am Patienten mit sich bringt. Weder ZFA noch ZA müssen sich jeden Tag von Neuem auf eine andere Person einstellen. Zweitens haben Sie Verantwortung an Ihre angestellten Zahnärzte delegiert und folglich mehr Zeit für andere Dinge.

In der dritten Hierarchieebene finden wir die Auszubildenden – sofern Sie welche in Ihrer Praxis beschäftigen. Ich empfehle die Azubis einer festen ZFA zuzuordnen, die für ihre Ausbildung verantwortlich ist und als Mentor eingesetzt wird. Durch die festen Verantwortlichkeiten können Sie eine fundierte Ausbildung sicherstellen und geben der ZFA neben Ihrem Hauptjob in der Assistenz die Möglichkeit, erste Führungserfahrung zu sammeln.

Zuständigkeiten, wie beispielsweise QM, Hygiene oder Materialbestellung, sind bewusst nicht in diesem und auch nicht in den folgenden Organigrammen implementiert. Diese Funktionen können an bestimmte Stellen oder auch an bestimmte Personen geknüpft sein und würden bei dem grundsätzlichen Aufbau eines Organigramms nur stören. Organisatorisch zu finden wären diese Zusatzfunktionen beispielsweise in einer Stellenbeschreibung oder in einer separaten Übersicht über alle Aufgaben, die in Ihrer Praxis anfallen, die jedoch nicht automatisch immer an ein und dieselbe Stelle geknüpft sind.

6.1.2 Organigramm 15–30 Mitarbeiter

Wächst Ihre Praxis und wirde größer, können Sie darüber nachdenken, eine weitere Hierarchieebene einzuführen (vgl. Abb. 6.2).

Ab dieser Größe kann die Einstellung eines Praxismanagers einen Mehrwert bieten und Ihnen Arbeit abnehmen. Haben Sie einen Praxismanager mit großer Expertise, können Sie ihm getrost Führungsverantwortung übertragen.

Differenzieren Sie Ihre Mitarbeiter beispielsweise in drei Abteilungen: das Team Prophylaxe, Team Administration mit den Bereichen Abrechnung und Empfang, Team Assistenz und Ihre angestellten Zahnärzte. Die nicht-ärztlichen Teams haben nun als direkten Vorgesetzten den Praxismanager. Dieser ist erster Ansprechpartner in der gesamten Kommunikation und führt beispielsweise auch Mitarbeitergespräche. Je nachdem wie viele Mitarbeiter in der Linie folgen, können Sie für jedes einzelne Team zusätzlich Teamleiter einführen, die dann folgerichtig Vorgesetzter für die Mitarbeiter ihres kleinen Teams sind.

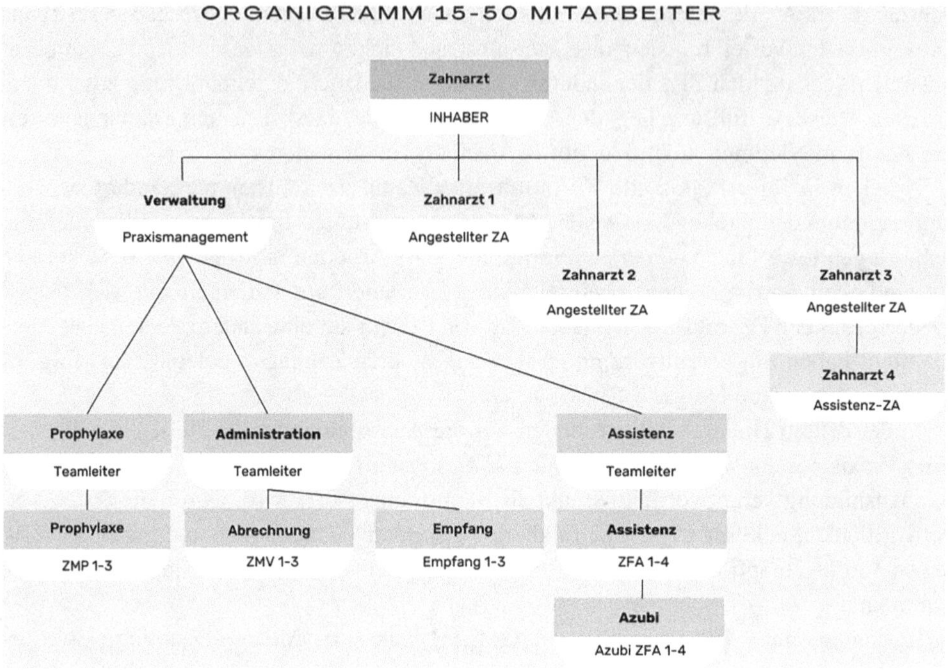

Abb. 6.2 Organigramm 15–50 Mitarbeiter

Unter drei – fünf Personen pro Team machen Teamleiter allerdings wenig Sinn und verkomplizieren Abläufe und deren Verwaltung.

Ihre angestellten Zahnärzte haben entsprechend der Darstellung nun keine Personalverantwortung mehr. Mit Ausnahme desjenigen, der sich beispielsweise um die Ausbildung von Assistenzzahnärzten kümmert. Wenn Sie Spaß an der Ausbildung junger Kollegen haben, heben Sie den Assistenzzahnarzt eine Ebene höher, direkt unter sich selbst. Diese abgebildete Struktur ist nicht in Stein gemeißelt und dient als Beispiel. Die Anzahl der Mitarbeiter in den jeweiligen Berufsgruppen variiert ebenfalls, je nach Praxisstruktur, Schwerpunkt und Größe.

Auch das Team Assistenz müssen Sie nicht zwingend separat betrachten. Haben sich bei Ihnen feste Zahnarzt-Assistenz-Teams erfolgreich etabliert, können Sie die ZFAs hierarchisch auch unmittelbar unter den Zahnärzten anordnen, wie ein Organigramm zuvor. Je größer Ihre Praxis wird, umso weniger Sinn macht dies. Das werden Sie zum Beispiel merken, wenn es um Teambesprechungen geht. Hier trennen sich ab einer gewissen Größe die Interessen und Belange und konzentrieren sich auf die jeweiligen Berufsgruppen, sodass eine Teamleitung nur für die Assistenz mehr Sinn macht. Die Azubis bleiben nach wie vor hierarchisch unter der ZFA angeordnet.

6.1.3 Organigramm ab 50 Mitarbeiter

Spätestens in der Größenordnung ab 50 Mitarbeitern kommen Sie um eine Reihe an Führungskräften nicht mehr herum (vgl. Abb. 6.3). Bei den Zahnärzten halte ich es kurz,

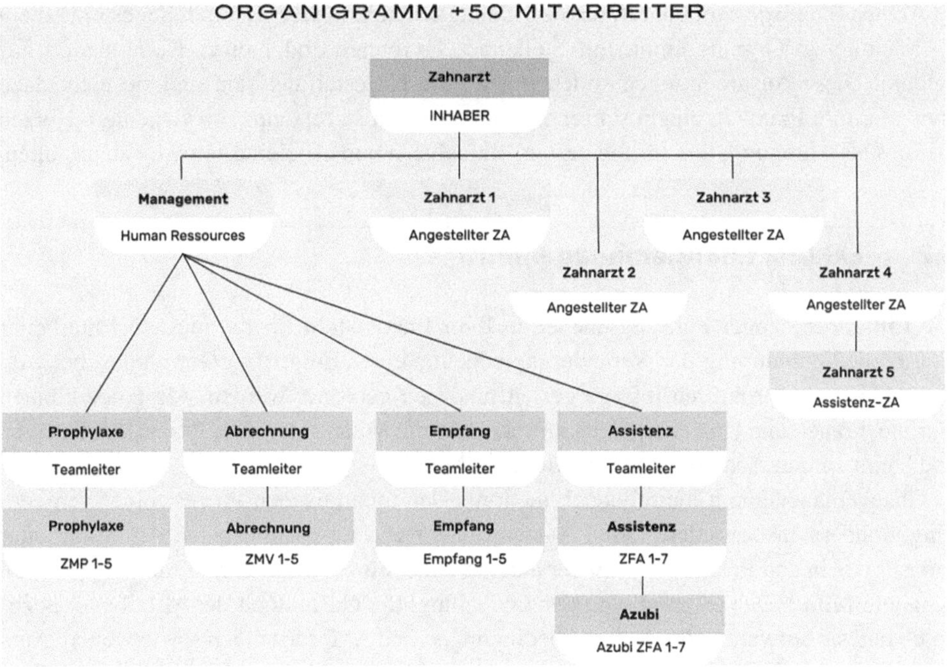

Abb. 6.3 Organigramm 50+ Mitarbeiter

hier ändert sich im Vergleich zum vorangegangenen Organigramm nichts, abgesehen von der Anzahl der angestellten Zahnärzte. Ob Sie nun 4 oder 8 angestellte Zahnärzte haben, ist im Organigramm nicht relevant. Die Grundstruktur des gesamten Organigramms bleibt ebenfalls erhalten.

Die Position des Praxismanagers kann nach und nach ersetzt werden durch eine verantwortliche Position im Bereich Personalmanagement. Bei dieser Anzahl an Mitarbeitern ist Expertise gefragt, um die sie nicht herumkommen. Statt des Praxismanagers ist der Personalverantwortliche nun Vorgesetzter der Teamleiter in den jeweiligen Berufsgruppen. Das vorherige Team Administration, bestehend aus Abrechnung und Empfang, differenziert sich im Laufe des Wachstums nach ihren Kernkompetenzen. Nun benötigen Sie für jedes Team separat Teamleiter und Ansprechpartner.

QM, Materialbestellung, Hygiene etc. – wer kümmert sich darum? Wie bereits angesprochen, sehe ich diese Aufgabenbereiche nicht im Organigramm, sondern in einer zusätzlichen Funktionsübersicht. Da sie nun Teamleiter für jede Abteilung benannt haben, können Sie überlegen, ob sie die Zusatzfunktionen den einzelnen Abteilungen zuordnen. Bleiben wir bei den drei Genannten, könnte dies beispielsweise wie folgt verteilt werden: Die Abteilung Prophylaxe kümmert sich um die Materialbestellung (Teamleiter trägt die Verantwortung, ein Mitarbeiter führt aus – oder Teamleiter führt diese Funktion selbst aus. Dies ist abhängig von Ihrer Struktur und von der Zeit, die Ihr Teamleiter zur Verfügung gestellt bekommt), Team Abrechnung um das QM und Team Assistenz um die Hygiene. So können Sie diese Bereiche einmalig delegieren und die Ausführung kann individuell verteilt werden.

Achten Sie insgesamt darauf, dass Zuständigkeiten klar geregelt sind. Sei es mit einem übersichtlichen Organigramm, mit Stellenbeschreibungen oder einer Kombination aus beidem. Diese Ausarbeitungen sollen Ihnen eine Hilfestellung sein und sie nicht dazu zwingen, Ihre Praxis in einem starren Korsett zu organisieren, ganz im Gegenteil. Nutzen Sie dies als Anregung, den für Sie besten, einfachsten und effizientesten Weg zu gestalten.

6.2 Exkurs: Changemanagement

Die Einführung neuer Führungsebenen in Ihrer Praxis stellt für die meisten Mitarbeiter eine große Veränderung dar. Veränderung bedeutet einen Eingriff in Gewohntes, bei welchem bekannte Strukturen infrage gestellt und neu geordnet werden. Als Folge können Unruhe, Fragen und Unsicherheiten auftreten, die die Mitarbeiter Ihrer Praxis beschäftigen und somit zu unterschiedlichen Reaktionen führen können.

Changemanagement meint jedoch nicht nur den theoretischen Prozess einer Veränderung, sondern insbesondere deren Auswirkungen und das Einbeziehen der Mitarbeiter Ihrer Praxis in den Prozess. Neben der aktiven Unterstützung durch bestimmte, von Ihnen benannte Mitarbeiter ist es von großer Bedeutung, die Gesamtheit der Mitarbeiter abzuholen und sie auf veränderte Rahmenbedingungen und Anforderungen sowie weitere Ausgestaltungen gezielt vorzubereiten.

Im Folgenden finden Sie eine kurze Beschreibung der einzelnen Schritte, die der Reihe nach durchlaufen werden sollten, um Changemanagement in Ihrer Praxis zum Erfolg zu führen. Für tiefer gehendes Durchdringen der Thematik empfehle ich Ihnen das Buch „Leading Change“ von John P. Kotter (2011).

Stufe 1: Dringlichkeit erzeugen

Um Kooperationsbereitschaft der Mitarbeiter zu generieren, ist es erforderlich, Dringlichkeit zu erzeugen. Gelingt dies nicht, ist es schwer für die Mitarbeiter zu erkennen, warum sie die Veränderung, die Sie vorhaben, mitgestalten und unterstützen sollen.

Eine unterschwellige Selbstgefälligkeit seitens der Mitarbeiter Ihrer Praxis kann durch Erfolge entstehen, die auch in angespannten Zeiten stets im Vordergrund bleiben. Das Nicht-Wahrhaben-Wollen einer Krisensituation, die auf den ersten Blick nicht vorhanden erscheint, ist dann häufig ein Hemmnis für die anstehende Veränderung. Sie müssen sich folglich trauen, Krisen entstehen zu lassen, negative Google- oder Jameda-Rezensionen ernst zu nehmen und Schwächen aufzudecken sowie mögliche Chancen der Veränderung eindringlich aufzuzeigen. Lassen Sie die sog. Selbstgefälligkeit dadurch aufkommen und versuchen Sie sie langfristig zu eliminieren. Denken Sie einmal daran, dass Ihre Praxis beispielsweise schon immer viele Neupatienten hatte, so dass Sie zwischenzeitlich einen Neupatientenstopp ausgerufen haben. Das Mindset, die innere Haltung kann auch über diesen Stopp hinaus anhalten und spiegelt sich im Umgang mit Ihren Patienten wider, auch wenn diese Situation längst nicht mehr existiert. Hinterfragen Sie Ihr und natürlich das Verhalten Ihrer Mitarbeiter regelmäßig machen Sie deutlich, wenn etwas verändert werden muss.

Stufe 2: Führungskoalitionen aufbauen

Damit Changemanagement Erfolg in Ihrer Praxis hat, ist der Aufbau eines sog. Change-Teams, d. h. einer Personengruppe, die die Veränderung führt und begleitet, von großer Bedeutung. Neben der Position des Change-Teams in Ihrer Praxis, sind seine Expertise, Glaubwürdigkeit und Leitungsfähigkeit wichtig, damit alle Mitarbeiter an einem Strang ziehen und kein „Gegenwind" aufkommt. Suchen Sie sich die Mitarbeiter Ihrer Praxis aus, von denen Sie glauben, Sie unterstützen Sie, Ihr Vorhaben und die gesamte Veränderung zu 100 %. Wählen Sie hierzu nicht zwingend nur Leistungsträger, sondern vor allem Mitarbeiter, denen Sie zutrauen, die Veränderung aktiv mit voranzutreiben. Nicht immer sind es nur die Führungskräfte, die sich hier besonders hervortun. Überprüfen Sie, wem Sie vertrauen und wer wirklich Spaß an Veränderung hat.

Stufe 3: Vision entwickeln

Die Vision veranschaulicht das zukünftige Bild Ihrer Praxis oder des Bereichs, der im Rahmen des Changemanagements verändert werden soll. Sie soll einen Ausblick darauf geben, wie es in Zukunft aussehen könnte, und gibt somit die Richtung vor, etwas worauf Sie gemeinsam mit Ihrem Team hinarbeiten wollen. Mithilfe der Vision sollen Mitarbeiter motiviert und koordiniert werden. Fehlt die Vision oder ist sie unglaubwürdig, fällt es vielen Mitarbeitern schwer, langfristig motiviert zu sein und an den Erfolg des Wandels zu glauben. Geben Sie ihnen ein realistisches Bild Ihrer Ziele. Nehmen Sie Ihre Mitarbeiter mit auf Ihre Reise. Bereiten Sie eine Präsentation vor, sprechen Sie über Ihr Vorhaben und zeigen Sie deutlich, was Sie im Kopf haben, damit Ihre Mitarbeiter Ihnen folgen.

Stufe 4: Vision des Wandels kommunizieren

Die Kommunikation der Vision macht die Veränderung und die Zielvorstellung erst sichtbar und gibt somit den Startschuss für den Wandel. Wichtig ist hierbei, die Formulierung der Vision so einfach wie möglich zu halten, um sie für jeden verständlich und erlebbar zu machen.

Bilder oder Vergleiche können hilfreich sein, damit die Vorstellungskraft Ihres Teams angeregt wird. Auch ist es nötig, möglichst konkret zu formulieren. Darüber hinaus sind Wiederholungen der Vision das A und O, um die Vision nachhaltig zu implementieren. Ein einmaliges Kick-Off-Meeting ist hier nicht ausreichend, sondern muss durch regelmäßige Wiederholungen etabliert werden. Die Akzeptanz für die Vision in Ihrer Praxis steigt zudem, wenn das anvisierte Szenario von allen vorgelebt wird. Wünschen Sie sich eine Führungsebene, die kooperativ und mit dem Team gemeinsam agiert, leben Sie es genauso vor.

Stufe 5: Mitarbeiter befähigen

Damit der Wandel herbeigeführt werden kann, müssen Ihre Mitarbeiter zu diesem Zweck befähigt werden. Im Kapitel zur Personalentwicklung sind wir schon darauf eingegangen. Die Kommunikation des Vorhabens inklusive der Intention ist wichtig, damit Verständnis und Akzeptanz geschaffen werden können. Prozesse und Strukturen müssen ebenso angepasst werden. Führen Sie nicht nur Führungsebenen ein, sondern gestalten Sie das passende

Organigramm dazu und schaffen Sie somit Klarheit und Transparenz. Fühlen sich Mitarbeiter nicht fähig, den Change-Prozess mitzugestalten, müssen sie entsprechend fortgebildet und gefördert werden. Nicht jeder Mitarbeiter ist gleich begeistert von Ihren Ideen. Fragen Sie, was diese Mitarbeiter zur Unterstützung benötigen, damit Ihre Vision wahr wird.

Stufe 6: Erfolge erzielen

Das Sprichwort „Tue Gutes und sprich darüber" ist ein gutes Beispiel für den nächsten Faktor, der dazu beiträgt, Changemanagement zum Erfolg zu verhelfen. Erfolge liefern Beweise dafür, dass Aufwand und Kosten sich gelohnt haben; sie steigern die Motivation des gesamten Teams. Die Kommunikation erfolgreicher Schritte kann auch dabei helfen, Zweifler zu überzeugen und aktive Unterstützung zu erhalten. Sie sind mittendrin eine neue Software zu implementieren? Machen Sie in wöchentlichen Infomails oder Gesprächen darauf aufmerksam, wie weit Sie schon gekommen sind und loben Sie das gesamte Team für ihren Einsatz.

Stufe 7: Erfolge konsolidieren

Auf Stufe 7 befindet sich Ihre Praxis bereits mitten im Change-Prozess. Festigung ist nun das Stichwort. Die Glaubwürdigkeit der Führungskräfte bzgl. des Change-Vorhabens ist an diesem Punkt bereits bestätigt und eine weitere Unterstützung durch am Wandel beteiligte Mitarbeiter erfolgt; Sie „leben" die Stufen 1–6 bereits ohne jeglichen Zweifel und unnötige Abhängigkeiten wurden reduziert. Seien Sie stolz auf das, was Sie mit Ihrem Team geschafft haben und zeigen Sie dies.

Stufe 8: Neuerungen verankern

Den kulturellen Wandel in Ihrer Praxis zu verankern, stellt die letzte Stufe des Prozesses dar. Eine bestehende Kultur kann nicht „einfach so" verändert werden. Gibt es neue Wege und Ansätze, werden sie nur dann akzeptiert und kulturell etabliert, wenn sie sich bewährt haben – nicht vorher. Wie der gesamte Change-Prozess erfordert diese Stufe eine umfangreiche Kommunikation mit allen Beteiligten. Dies ist vor allem dann geboten, wenn eine Fluktuation der Mitarbeiter zu erwarten ist, und kann hilfreich sein, um eine neue Praxiskultur zu etablieren. Überlegen Sie sich, wie Sie daran arbeiten, dass Sie und das Team nicht in alte Verhaltensmuster zurückfallen.

6.3 Wie wähle ich Führungskräfte aus?

Entscheiden Sie sich für neue Führungsebenen in Ihrer Organisationsstruktur, stehen Sie vor der Herausforderung, geeignete Führungskräfte zu finden. Es stellt sich die Frage, ob Sie die zu besetzende Stelle durch eine weitere externe Person oder durch interne Mitarbeiter mittels Beförderung besetzen möchten. Beide Herangehensweisen bringen sowohl Vor- als auch Nachteile mit sich, betrachten wir zunächst die interne Besetzung:

- **+ Vertrautheit mit der Praxiskultur**
  Ein Mitarbeiter, der bereits in Ihrer Praxis tätig ist, kennt bereits die Praxiskultur, die internen Prozesse und die Dynamik des Teams. Er kennt Sie und weiß wie Sie „ticken" und was Sie für Anforderungen stellen. Er kennt den Patientenstamm und ist – je nach Betriebszugehörigkeit – mit allem bestens vertraut. Dies ermöglicht eine schnellere und reibungslosere Anpassung an die neue Führungsrolle.
  Auch das Team, das er künftig führen wird, ist ihm bereits vertraut – ebenso wie die Stärken, Schwächen und potenziell herausfordernde Mitarbeiter.
- **+ Motivation und Loyalität**
  Die Beförderung interner Mitarbeiter kann die Motivation und Loyalität und die Wahrnehmung von Ihren Handlungen im gesamten Team steigern. Mitarbeiter sehen, dass es Aufstiegsmöglichkeiten gibt, was die allgemeine Stimmung im Team verbessern kann. Betrachten wir die aufgezeigten Karrierewege, merken die Mitarbeiter spätestens jetzt, dass Sie Ihr Wort halten und verbindlich handeln. In Ihrer Praxis ist es möglich, aus der Rolle des Mitarbeiters heraus in eine Position als Führungskraft hineinzuwachsen.
- **+ Geringere Einarbeitungszeit**
  Da der interne Mitarbeiter bereits mit den Abläufen vertraut ist, benötigt er weniger Zeit für die Einarbeitung. Dies kann zu einer schnelleren Übernahme der neuen Aufgaben führen.
  Sie beginnen hier nicht mit Basics Ihrer Zahnarztpraxis, sondern können sich direkt um die Einarbeitung in die Führungsrolle konzentrieren. Auch für die Führungskraft selbst ist es einfacher, sich auf einen neuen Bereich zu konzentrieren und zu lernen, als auf zwei zur gleichen Zeit.
- **- Möglicher Mangel an Ideen**
  Interne Beförderungen können zu einer „Betriebsblindheit" führen, da der Mitarbeiter bereits mit den bestehenden Denkmustern und Abläufen vertraut ist. Gefahr besteht, dass Abteilungen mit einer Führungskraft aus den eigenen Reihen weniger vorangetrieben als weitergeführt werden wie bisher. Folglich kann mehr Passivität als Aktivität vorherrschen.
  Denken Sie daher daran, Mitarbeiter zu befördern, die von sich aus gerne eigene Ideen einbringen und aktiv sind.
- **- Neid und Spannungen im Team**
  Die Beförderung eines Teammitglieds kann zu Neid und Spannungen innerhalb des Teams führen, insbesondere wenn mehrere Mitarbeiter auf die Position gehofft haben. Missgunst und Enttäuschung können sogar so weit führen, dass die Führungskraft in ihrer neuen Rolle nicht akzeptiert wird und es schwer hat sich zu behaupten. Eruieren Sie im Vorfeld, an welcher Stelle Schwierigkeiten auftreten können und führen Sie entsprechende Gespräche vorab.

Dem gegenüber steht die externe Besetzung einer vakanten Führungsposition

- **+ Frische Perspektiven**
  Ein externer Mitarbeiter bringt neue Ideen und Perspektiven mit, die Ihre Praxis bereichern können. Dies kann Innovationen fördern und zu verbesserten Prozessen führen, da neue Mitarbeiter mit einem neuen, unvoreingenommenen Blick auf Ihre Praxis blicken. Dies kann zu einem Motivationsschub im gesamten Team führen, sofern die neue Führungskraft mitreißen und motivieren kann.

  Suchen Sie nach berufserfahrenen Mitarbeitern, die im besten Falle schon eine Führungsrolle innehatten. Dies stärkt die Akzeptanz im Team.
- **+ Breiteres Netzwerk**
  Externe Mitarbeiter haben oft ein breiteres berufliches Netzwerk, das Ihrer Praxis zugutekommen kann. Sie bringen möglicherweise wertvolle Kontakte und Ressourcen mit.

  Auch neue Mitarbeiter können Sie auf diesem Wege rekrutieren. Ist die neue Führungskraft zufrieden mit Ihnen als neuem Arbeitgeber, folgen ihr im besten Fall weitere Mitarbeiter in Ihre Praxis. Nicht selten bringen neu eingestellte Zahnärzte ihre Assistenz gleich mit zu Ihnen in die Praxis.
- **- Längere Einarbeitungszeit**
  Externe Mitarbeiter benötigen in der Regel mehr Zeit, um sich an die Praxiskultur, die internen Prozesse und das Team anzupassen. Was bei der internen Beförderung ein Vorteil ist, wird hier zum Nachteil.

  Die neue Führungskraft muss sich bei Ihnen sowohl in den Aufgabenbereich der Abteilung einarbeiten als auch in den Aufgabenbereich der Führung, was somit eine doppelte Belastung für sie darstellen kann.
- **- Höheres Risiko**
  Es besteht ein höheres Risiko, dass der externe Mitarbeiter nicht ins Team passt oder Ihre Erwartungen nicht erfüllt. Dies kann zu erhöhten Kosten und weiteren Einstellungsrunden führen, wenn im schlimmsten Fall die Entscheidung zu einer Kündigung führt. Wählen Sie Führungskräfte daher mit Bedacht und nach Möglichkeit mit vorhandener Führungserfahrung aus.

Ob es sinnvoller ist, eine Führungskraft intern zu befördern oder extern einzustellen, hängt von der spezifischen Situation und den Bedürfnissen Ihrer Praxis ab. Interne Beförderungen bieten Vorteile wie geringere Einarbeitungszeit und höhere Mitarbeiterloyalität, während externe Einstellungen neue Perspektiven und nützliche Kontakte mitbringen können.

Beachten Sie bei einer internen Beförderung auch, dass Sie damit zwar die Führungsposition erfolgreich besetzt haben, sich hieraus jedoch eine neue freie Vakanz ergibt. Der Mitarbeiter, der jetzt Führungskraft ist, hinterlässt – je nach Umfang der neuen Aufgabe – nun eine freie Stelle im Team. Wägen Sie folglich auch hier ab, welche Stelle im Zweifel schneller erfolgreich zu besetzen ist.

Eine sorgfältige Abwägung der Vor- und Nachteile und eine gründliche Auswahlentscheidung sind entscheidend für den Erfolg. Lassen Sie sich im Auswahlprozess lieber etwas mehr Zeit, als auf die Schnelle einen Mitarbeiter einzustellen. Gehen Sie bei der Einstellung keine Kompromisse ein – weder bei Mitarbeitern noch bei Führungskräften.

> **Praxistipp** Haben Sie mehrere interne Interessenten auf eine Führungsposition, kommunizieren Sie bei negativem Ergebnis offen und transparent. Erklären Sie, warum Sie sich nicht für sie entschieden haben und woran sie noch arbeiten müssten, um auch für zukünftige Führungspositionen in Betracht zu kommen. Bieten Sie ggf. Unterstützung oder eine gemeinsame Karriereplanung an.

Doch woran erkennen Sie eine gute Führungskraft, abgesehen von Ihrem Bauchgefühl und dem Cultural Fit?
Eine gute Führungskraft handelt stets verantwortungsbewusst. Sie hält sich an Prinzipien und steht zu ihrem Wort – so wie Sie es bestenfalls selbst vorleben.

Auf sie ist Verlass und das ist im Team bekannt, sie handelt verbindlich und steht zu ihrem Wort. Integrität ist ebenfalls eine wichtige Eigenschaft. Ihre Führungskraft widersetzt sich folglich nicht Ihren Vorgaben und handelt stets nach den Regeln der Praxis. Ihr Verhalten ist dabei nicht von Demut geprägt, sondern einer natürlichen, authentischen und intrinsischen Motivation als Führungskraft Vorbild zu sein. Das erkennen Sie auch schon, wenn der Mitarbeiter bei Ihnen arbeitet und noch keine Führungsrolle innehat.

Sie ist ein Kommunikationstalent. Eine Führungskraft muss klar und präzise Anweisungen geben können, aber auch in der Lage sein, zuzuhören und Feedback zu geben. Gute Kommunikation fördert ein offenes Arbeitsumfeld, in dem sich Mitarbeiter wohlfühlen und sich trauen, ihre Ideen zu äußern. So wie Sie es in der Praxis vorleben, werden es Ihre Führungskräfte spiegeln.

Achten Sie demnach darauf, dass auch Sie das Verhalten an den Tag legen, was Sie von Ihren Mitarbeitern bzw. Führungskräften erwarten. Führungskräfte müssen in der Lage sein, schnelle und fundierte Entscheidungen zu treffen. Dies erfordert vorausschauendes Denken und ein gutes Urteilsvermögen, um Risiken abzuwägen und zu entscheiden. Den Rahmen, in dem Ihre Führungskräfte entscheiden dürfen, geben Sie vor; verantwortungsvoll entscheiden, müssen sie selbst.

Das Verständnis für die Gefühle und Bedürfnisse Ihrer Teams ist wichtig. Empathische Führungskräfte können leicht in Kontakt mit dem Team kommen, auch wenn Sie selbst neu im Team sind.

Ihre neue Führungskraft muss anpassungsfähig sein. Sie sollte in der Lage sein, auf Veränderungen zu reagieren und ihr Handeln entsprechend anzupassen. Auch wenn Sie einmal spontan eine andere Richtung vorgeben als geplant. Flexibilität zeigt sich auch in der Fähigkeit, verschiedene Führungsstile je nach Situation und Mitarbeitern anzuwenden und sich auf diese einzustellen.

Eine Führungskraft sollte über umfassendes Wissen in ihrem Fachgebiet verfügen. Dies verschafft ihr Glaubwürdigkeit und ermöglicht es ihr, das Team fachlich zu unterstützen und zu führen. Doch nur weil ein Mitarbeiter fachlich auf sehr gutem Niveau arbeitet, ist er nicht automatisch auch eine gute Führungskraft. Behalten Sie dies im Hinterkopf, bevor Sie Ihre Erstassistenz zum Teamleiter befördern und am Ende mangels Führungskompetenz weder Assistenz noch Führungskraft haben.

Möchten Sie einen internen Mitarbeiter befördern, sollten Sie darauf achten, dass er von seinem Team respektiert und geschätzt wird. Dieser Respekt zeigt sich in der Art und Weise, wie die Mitarbeiter auf seine Anweisungen reagieren und wie sie über ihn sprechen. Prüfen Sie, ob er Probleme frühzeitig identifiziert und proaktiv an deren Lösung herangeht. Mitarbeitern, die mit dem Satz: „Ich habe ein Problem" auf Sie zukommen, sollten Sie immer entgegnen: „Und wie lösen Sie Ihr Problem?". Mitarbeiter, die zu Führungskräften werden möchten, gehen hierauf ein und setzen sich mehr mit der Lösung auseinander, anstatt sich nur auf das Problem zu konzentrieren.

Nutzen Sie gezielte Fragestellungen, um herauszufinden, ob ein bestimmter interner Mitarbeiter infrage kommen kann.

Fragen, die Sie unterstützen

- Haben Sie Ideen, wie wir unsere Azubis noch besser ausbilden/unterstützen können?
- Was finden Sie, können wir in den Abläufen in der Behandlung/Assistenz/Prophylaxe/Empfang/Abrechnung besser gestalten?
- Wie können wir sicherstellen, dass alle MA in der Prophylaxe auf dem aktuellen Stand der Wissenschaft arbeiten?
- Wie können wir sicherstellen, dass alle MA in der Prophylaxe gleich arbeiten/die Abläufe für den Patienten gleich sind?
- Wie können wir unsere Patienten unterstützen, was können wir machen, damit sie sich bei uns wohlfühlen?
- Wie können wir die Dokumentation in der Assistenz optimieren?
- Haben Sie weitere Veränderungs- oder Verbesserungswünsche?

Verwenden Sie diese und Fragen dieser Art nicht nur für Jahres- oder Entwicklungsgespräche. Binden Sie Fragen in Tür-und-Angel-Gespräche ein und finden Sie (auch) beiläufig heraus, ob ein Mitarbeiter sich für eine Führungsrolle eignet. Dies eignet sich beispielsweise dann, wenn Sie planen, zukünftig Führungsebenen einzuführen. Bevor Sie Ihr Team über die geplanten Veränderungen informieren, lernen Sie Ihre Mitarbeiter gezielt näher kennen und gehen auf die Potenzialträger direkt zu.

Mithilfe der folgenden 2 Dokumentationsbögen können Sie sich auf die Suche machen nach Ihrem Führungsteam. Die Fragen sind hier geeignet für „offizielle" Gespräche hinsichtlich einer neuen Führungsrolle mit ausgewählten Mitarbeitern aus Ihrem Team – interne Besetzung (vgl. Abb. 6.4).

Der zweite Bogen (vgl. Abb. 6.5) richtet sich an den Auswahlprozess für die externe Besetzung. Beide Dokumente zielen auf Führungseigenschaften ab und nicht auf fachliche Expertise aus der Zahnmedizin. Führen Sie neue Ebenen in Ihrer Praxis ein, konzentrieren Sie sich auf Führungs-Profis. Starten Sie nicht mit Anfängern, bei denen Sie unsicher sind. Selbstbewusste Kandidaten unterstützen Sie in Ihrem Vorhaben und lassen das Etablieren neuer Führungsstrukturen zum Erfolg werden.

Gespräch Führungskraft - INTERN

Name: ____________________ **Wochenstunden:** ____________

Datum: ____________________ **Abteilung:** ______________

Erläutern Sie zunächst Ihr Vorgehen und Ihre Pläne zur anvisierten Veränderung der Praxisstruktur.

In welcher Rolle sehen Sie sich nach der Veränderung und warum?

____

Wenn Sie zukünftig als Teamleiter eingesetzt werden, was wäre Ihre größte Herausforderung und wie gehen Sie damit um?

____

Wie gehen Sie damit um, wenn ein Teammitglied Sie nicht unterstützt oder akzeptiert?

____

Wie reagieren Sie, wenn Sie regelmäßig Beschwerden über einen Mitarbeiter aus Ihrem Team hören?

____

Warum wären Sie ein guter Teamleiter?

____

Woran müssen Sie hinsichtlich der Mitarbeiterführung noch arbeiten?

____

Was erwarten Sie von mir?

____

Haben Sie Fragen an mich?

____

Weiteres Vorgehen erläutern, ggf. Entscheidungsprozess, interne oder externe Besetzung zweigleisig

Abb. 6.4 Gesprächt Führungskraft intern

Vorstellungsgespräch Führungskraft - EXTERN

Name: ____________ **Wochenstunden:** ________ **Software:** ________

Datum: ____________ **Gehalt:** ____________

Haben Sie gut hergefunden? Wie geht es Ihnen heute? Ablauf des Gespräches erklären.

Nennen Sie mir Ihre wichtigsten 3 Stationen aus Ihrem Lebenslauf.

____

Was ist Ihnen bei einem Jobwechsel besonders wichtig?

____

Berichten Sie von Ihrem größten beruflichen/privaten Erfolg?

____

Was wäre Ihre größte Herausforderung in der Rolle als Teamleiter und wie gehen Sie damit um?

____

Wie gehen Sie damit um, wenn ein Teammitglied Sie nicht unterstützt oder akzeptiert?

____

Wie reagieren Sie, wenn Sie regelmäßig Beschwerden über einen Mitarbeiter aus Ihrem Team hören?

____

Warum wären Sie ein guter Teamleiter?

____

Was erwarten Sie, um gut als Führungskraft integriert zu werden?

____

Haben Sie Fragen an mich?

____

Weiteres Vorgehen erläutern, ggf. Entscheidungsprozess, interne oder externe Besetzung zweigleisig, Probearbeiten, Arbeitsvertrag

Abb. 6.5 Gespräch Führungskraft extern

6.4 Wie unterstütze ich meine Führungskräfte?

Sobald Sie sich für Ihre Führungskräfte entschieden haben, bieten sich Ihnen eine Reihe an Möglichkeiten zur Aus- und Weiterbildung. Diese Vielzahl an externen Anbietern und Formaten zum Thema Führung kann und muss hier nicht abgebildet werden. Vielmehr geht es hier um Ihre persönliche Unterstützung.

Denken Sie daran, dass Führungskräfte auch an ihrer eigenen Entwicklung arbeiten müssen, um ihre Fähigkeiten und Qualitäten kontinuierlich zu verbessern. Denn eine gut geführte Praxis bedeutet zufriedene Mitarbeiter und natürlich zufriedene Patienten. Für Sie ist es wichtig, neue Führungskräfte nicht nur in den täglichen Abläufen zu unterstützen, sondern auch dabei, von ihrem Team akzeptiert zu werden. Dies kann durch verschiedene Maßnahmen erreicht werden. Das Wichtigste ist jedoch, dass Sie hinter Ihrer Entscheidung stehen und dies dem Team zeigen. Stehen Sie hinter Ihrer Führungskraft und hinterfragen Sie Ihre Entscheidungen nicht. Üben Sie Kritik aus, jedoch nicht vor dem Team, sondern in einem Vier-Augen-Gespräch.

Nicht selten stehen die Führungskräfte selbst zwischen zwei Stühlen. Auf der einen Seite vertreten sie Ihre Interessen im Team und geben Ihren Führungsstil und Ihre Ziele weiter. Auf der anderen Seite fungieren Sie als Sprachrohr des Teams zu Ihnen und müssen deren Interessen vertreten. Haben Sie Verständnis dafür, wenn das zu Beginn noch schwerfällt, und motivieren Sie die Teamleiter unternehmerisch zu denken und das sogenannte große Ganze zu sehen, was zwischenzeitlich im Team vielleicht unangenehm aufgefasst werden kann.

Haben Sie ein offenes Ohr für Ihre Führungskräfte und führen Sie regelmäßige Besprechungen ein, beispielsweise in Form eines wöchentlichen Jour-fixe-Termins. Nutzen Sie die Gelegenheit, Ihre Themen zu besprechen und Ihre Führungskräfte zeitnah zu befähigen, ihre Rolle zu 100 % innezuhaben. Je besser Sie zu Beginn unterstützen, umso eher erhalten Sie Entlastung bei der Übertragung von Aufgaben.

6.4.1 Führungsstile

Um Ihnen einen Überblick zu geben, welche Grundideen der Führungsstile es gibt, wird im Folgenden auf die gängigsten Arten eingegangen. Wichtig hierbei ist, dass Sie für sich einen Führungsstil finden, der zu Ihnen und Ihrer Praxis passt. Leben Sie das vor, was Sie auch von Ihren Führungskräften erwarten.

- **Autoritärer Führungsstil**
  Die Führungskraft trifft alle Entscheidungen selbstständig und erwartet von den Mitarbeitern, dass sie diese ohne Gegenwind umsetzen. Sie haben in Ihrer Praxis klare Hierarchien, wenig Raum für eigene Ideen Ihrer Mitarbeiter und profitieren dadurch von schnellen Entscheidungsprozessen. Dies resultiert daraus, dass alle Entscheidungen von oben herab getroffen werden, ohne dass Sie Ihr Team einbinden. Vorteilhaft beim autoritären Führungsstil ist die enorme Effizienz, klare Anweisungen sowie eine schnelle Umsetzung aller Ihrer Vorgaben. Dadurch kann jedoch eine geringe Motivation und Kreativität der Mitarbeiter entstehen, was zu Widerstand im Team führen kann. Dieser Führungsstil gilt als eher veraltet und ist tendenziell der Generation der Babyboomer zuzuordnen. Jüngere Generationen bringen Sie mit autoritärer Führung nicht dazu, für Sie und mit Ihnen zu arbeiten.

- **Kooperativer Führungsstil**
  Sie fördern die Zusammenarbeit und den Austausch zwischen sich und Ihrem Team. Sie leben ein partnerschaftliches Verhältnis, geprägt von Mitbestimmung, offener Kommunikation und Teamarbeit.

  Die hohe Motivation und Zufriedenheit der Mitarbeiter, die Verbesserung der Zusammenarbeit und des Teamgeistes, Förderung von Kreativität und Innovation sind klare Vorteile, insbesondere im Vergleich zum autoritären Führungsstil. Langsamere Entscheidungsprozesse sowie mögliche Konflikte bei unterschiedlichen Meinungen sind dem gegenüber nachteilig und können zu unerwünschten Diskussionen führen.

  Die Kooperation als wichtigstes Merkmal spiegelt das wider, wonach die aktuell am Arbeitsleben beteiligten Generationen streben. Kooperation bedeutet hierbei neben dem Teamgedanken klare Linien und Leitplanken innerhalb derer Ihre Mitarbeiter agieren können.
- **Laissez-faire-Führungsstil**
  Agieren Sie nach diesem Stil, greifen Sie kaum in die Arbeitsabläufe ein und geben den Mitarbeitern viel Freiheit bei der Durchführung ihrer Aufgaben.

  Die Mitarbeiter genießen eine hohe Autonomie, wenig direkte Führung und absolute Selbstorganisation. Dies bringt eine Förderung der Eigenverantwortung und Kreativität sowie einen hohen Grad an Zufriedenheit bei selbstständigen Mitarbeitern mit sich. Im Gegenzug dazu besteht eine Gefahr der Orientierungslosigkeit. Ihre Mitarbeiter wissen in diesem Falle schlichtweg nicht, was zu tun ist.

  Laissez-faire ist für Mitarbeiter in Zahnarztpraxen schon aufgrund der Tätigkeiten schwer umsetzbar. Wenn Sie grundsätzlich Gefallen an diesem Führungsstil finden, kombinieren Sie ihn mit dem kooperativen Führungsstil, damit Sie überhaupt noch von Führung im eigentlichen Sinne sprechen können.
- **Transformationeller Führungsstil**
  Sie motivieren Ihre Mitarbeiter durch eine visionäre Führung und setzen auf persönliche Entwicklung und Veränderung. Sie haben eine Vision, bestimmt von Inspiration, Förderung der persönlichen Entwicklung Ihrer Mitarbeiter und einer starken emotionalen Bindung, die Sie dadurch erfahren können.

  Ergebnis dieses Führungsstils können eine hohe Motivation, Identifikation mit den Praxiszielen und eine Förderung von Innovation und Wandel sein. Parallel dazu existieren oft hohe Anforderungen an die Führungskraft, welche möglicherweise nicht immer umsetzbar sind. Gerade Neulinge in der Führungsrolle können hier an ihre Grenzen kommen.

  Einflüsse dieses Stils können Sie gut bei der Führung Ihrer Führungskräfte anwenden. Das Gesamtteam einer Zahnarztpraxis könnte jedoch leicht überfordert sein mit visionärer Führung dieser Art.
- **Transaktionaler Führungsstil**
  Der transaktionale Führungsstil ist geprägt von klaren Strukturen, Belohnungen und Bestrafungen, um die Leistung der Mitarbeiter zu beeinflussen und zu steuern. Diesen

Führungsstil finden Sie vermutlich eher in älteren Zahnarztpraxen mit eher konservativer Grundhaltung.

Zielvorgaben, Belohnungen für Zielerreichung und Konsequenzen bei Nichterfüllung sind typische Merkmale. Klare Erwartungen, Struktur und Ordnung sowie eine gute Kontrolle der Leistung sind deutliche Vorteile, beispielsweise gegenüber dem Laissez-Faire-Führungsstil.

Der geringe Raum für Kreativität und Eigeninitiative und eine mögliche Abhängigkeit von Belohnungen können sich negativ auf die Mitarbeiter auswirken.

Denken Sie darüber nach, ob Sie Einflüsse dieses Führungsstils als passend für Ihre Behandler erachten. Eine ZFA in der Assistenz fühlt sich im Vergleich dazu sicherlich weniger wohl.

- **Situativer Führungsstil**
  Beim situativen Führungsstil passen Sie Ihre Führung eher spontan, an die jeweilige Situation und die Bedürfnisse der Mitarbeiter an. Dadurch können Sie sehr flexibel und angepasst an Umstände und Mitarbeiter agieren und vor allem reagieren.

  Der situative Führungsstil stellt eine Mischung aus verschiedenen Führungsstilen dar. Typisch ist hierbei eine hohe Anpassungsfähigkeit durch seine Spontanität, sowie effektive Führung in unterschiedlichen Situationen. Ein hohes Maß an Einfühlungsvermögen und Flexibilität von der Führungskraft wird jedoch vorausgesetzt und kann für sie zeitweise sehr herausfordernd sein.

  Dieser Führungsstil ist alles andere als strategisch und ist schwer mit klaren Visionen und gut definierten Praxiszielen kombinierbar.

Jeder Führungsstil hat seine eigenen Vor- und Nachteile und kann je nach Situation, Team und Praxiskultur unterschiedlich erfolgreich sein. Es ist von Vorteil, verschiedene Stile zu kombinieren oder flexibel anzuwenden, um den bestmöglichen Führungserfolg zu erzielen. Das Wichtigste ist, bleiben Sie sich selbst treu und versuchen Sie sich nicht in einen Stil hineinpressen zu wollen. Das ist am Ende weder authentisch noch von Erfolg gekrönt.

Bei über diese Grundlagen hinausgehendem Interesse zum Thema Führung empfehle ich das Buch „Mitarbeiterführung", siehe Literaturverzeichnis.

Sprechen Sie in diesem Zusammenhang auch mit Ihren Führungskräften darüber, was Sie von Ihnen erwarten. Selbst wenn Sie sich persönlich mit Laissez-Faire am ehesten identifizieren, müssen Sie hierzu im besten Falle eine verbindliche Aussage treffen.

6.4.2 Grundlagen der Kommunikation

Die Grundlagen der Kommunikation beinhalten verschiedene Elemente und Ideen, die das Verständnis und den Austausch von Informationen zwischen Ihnen und Ihren Mitarbeitern oder auch gesamten Teams ermöglichen.

Nahezu jede Fort- und Weiterbildung aus dem Bereich HR hat dieses Thema schon einmal angeschnitten, jedoch werden wir Personaler nicht müde, dies erneut zu tun.

Die Grundlagen der Kommunikation sind wichtig zu verstehen, damit Kommunikation erfolgreich gelingen kann. Kommunikation im Privaten und in der Praxis, zwischen Ihnen und Ihren Behandlern, Führungskräften und Mitarbeitern und natürlich in der Kommunikation mit Ihren Patienten.

Je besser Sie Kommunikationsmodell und damit verbundene Herausforderungen verstehen, umso besser können Sie kommunizieren: Klar und ohne Missverständnisse.

Für tiefer gehendes Interesse empfehle ich das Buch „Psychologie der Kommunikation", weitere Details finden Sie im Literaturverzeichnis.

1. Das Kommunikationsmodell

Ein einfaches Kommunikationsmodell besteht aus den folgenden Bausteinen:

- **Sender:** Der Sender ist die Person, die eine Nachricht übermitteln möchte.
- **Nachricht:** Die Nachricht ist die Information, die übermittelt werden soll.
- **Kanal:** Der Kanal ist das Medium oder der Weg, über den die Nachricht gesendet werden soll, (z. B. Sprache, Text, Bild).
- **Empfänger:** Der Empfänger ist die Person, die die Nachricht erhalten soll.

Beeinflusst werden können Sender, Empfänger, Nachricht und Kanal von Rückkopplungen und Störungen.

Die Rückkopplung ist die Reaktion oder die Antwort des Empfängers auf die Nachricht, die dem Sender signalisiert, dass die Nachricht angekommen und verstanden wurde.

Störungen sind Faktoren, die die Nachricht während der Übertragung stören oder verfälschen können (z. B. Hintergrundgeräusche, technische Probleme oder aber auch Missverständnisse).

2. Arten der Kommunikation

- Die **verbale Kommunikation** ist der Austausch von Informationen durch gesprochene oder geschriebene Worte. Sie teilen Ihre Nachricht also bewusst mit.
- Die **nonverbale Kommunikation**, der Austausch von Informationen durch Körpersprache, Gestik, Mimik, Augenkontakt und andere visuelle Signale läuft oft unbewusst und intuitiv ab. Profis der Kommunikation sind sich Ihrer nonverbalen Kommunikation bewusst und setzen diese entsprechend ein.
- Ergänzend dazu ist die **paraverbale Kommunikation** der Austausch von Informationen durch Stimmklang, Tonfall, Lautstärke und andere auditive Merkmale. Auch diese Art der Kommunikation läuft teilweise unbewusst ab.

Je intensiver Sie sich mit den Arten der Kommunikation auseinandersetzen, umso bewusster können Sie Ihre Kommunikation einsetzen. Dies ist neben Transparenz und Kommunikation im Team auch im Dialog mit Ihren Patienten vorteilhaft. Während man jungen zahnärztlichen Kollegen beispielsweise die Enttäuschung im Gesicht ablesen kann, wenn der Patient sich nach deren Beratung über verschiedene Füllungstherapien für die Kassenleistung entscheidet, erkennen Profis das noch bevor der Patient es ausgesprochen hat.

Sehen Sie dieses Unterkapitel daher nicht nur als Basics, die Sie schon vermehrt gehört und gelesen haben, sondern verstehen Sie diese aktiv. Nutzen Sie Ihre Expertise, um sie Ihren Mitarbeitern beizubringen und dies in den Teil der Personalentwicklung zu integrieren. So fördern Sie nicht nur das selbstbewusste Auftreten Ihrer Mitarbeiter am Patienten, sondern merken dies auch in den Umsatzentwicklungen.

3. Kommunikationsprozesse

Als Kommunikationsprozesse werden die **Einwegkommunikation** und die **Zweiwegkommunikation** bezeichnet. Bei der Erstgenannten übermittelt der Sender eine Nachricht, ohne eine direkte Rückmeldung vom Empfänger zu erhalten oder erhalten zu wollen.

Die Einwegkommunikation finden Sie im Alltag beispielsweise in Anweisungen, die Sie erteilen. Geben Sie Ihrer Assistenz die Aufgabe ein Provisorium zu erstellen, erwarten Sie hieraus keinen folgenden Dialog. Sie weisen an, Ihre Assistenz erledigt die Aufgabe.

Folgt Sie Ihrer Anweisung nicht unmittelbar, sondern antwortet – mit positiver oder negativer Intention, folgt auf die ursprüngliche Einwegkommunikation die Zweiwegkommunikation.

Bei der Zweiwegkommunikation übermittelt der Sender eine Nachricht und erhält eine Rückmeldung vom Empfänger, was einen Dialog oder eine Interaktion ermöglicht. Kommt diese Rückmeldung wie im Beispiel genannt unerwartet, achten Sie unbedingt auf Ihre Nonverbale Kommunikation. Als Profi lassen Sie es sich nicht anmerken, dass Sie eigentlich nur die Anweisung nach Plan im Kopf hatten, ohne einen Dialog zu beginnen. Sie delegieren ja inzwischen diverse Aufgaben und waren schon auf dem Weg zum nächsten Patienten.

4. Grundsätze der Kommunikation nach Paul Watzlawick

Paul Watzlawick formulierte fünf Axiome der Kommunikation, die die Komplexität und Vielschichtigkeit menschlicher Kommunikation verdeutlichen und die Ihnen sicherlich bekannt sind, daher im Folgenden lediglich rudimentär angeschnitten:

1. **Man kann nicht nicht kommunizieren**
   Jedes Verhalten ist Kommunikation, auch Schweigen oder Nichtstun. Dieser Grundsatz weist insbesondere auf die nonverbale Kommunikation hin.
2. **Inhalts- und Beziehungsaspekt**
   Jede Kommunikation hat einen Inhaltsaspekt (*was* gesagt wird) und einen Beziehungsaspekt (*wie* es gesagt wird), der die Beziehung zwischen den Kommunikationspartnern definiert. Der sog. „Unterton“ ist hier Dreh- und Angelpunkt.
3. **Interpunktion von Kommunikationsabläufen**
   Kommunikation ist ein kontinuierlicher Austausch, bei dem jeder Teilnehmer seine eigenen Interpretationen und Betonungen einbringt. Das kann die Kommunikation mit

Unbekannten, beispielsweise Neupatienten oder neuen Mitarbeitern zeitweise erschweren. In der Kommunikation mit Bekannten oder langjährigen Mitarbeitern gibt es hier weniger Schwierigkeiten.

4. **Digitale und analoge Kommunikation**
   Digitale Kommunikation bezieht sich auf klar definierte Worte und Zeichen (Sprache), während analoge Kommunikation durch Körpersprache, Mimik und Tonfall erfolgt.
5. **Symmetrische und komplementäre Kommunikation**
   Symmetrische Kommunikation findet zwischen gleichrangigen Personen – also Personen auf einer Hierarchieebene – statt, während komplementäre Kommunikation zwischen nicht gleichrangigen Personen abläuft. Denken Sie hier an Führungsebenen und beispielsweise die Kommunikation zwischen Führungskraft und Mitarbeiter, die sich nicht auf derselben Ebene befinden.

5. Kommunikationsbarrieren
Als Kommunikationsbarrieren, also Hindernisse, die Ihre erfolgreiche Kommunikation beeinflussen können, werden folgende bezeichnet:

- **Physische Barrieren**
  Entfernung, Lärm, physische Hindernisse → Sie stehen neben dem laufenden Kompressor und erklären Ihrem Auszubildenden, wie dieser funktioniert.
- **Psychologische Barrieren**
  Vorurteile, Emotionen, mentale Zustände → Sie stellen einen Quereinsteiger ein, der vom Team nicht freundlich und integrierend empfangen wird.
- **Semantische Barrieren**
  Unterschiedliches Verständnis von Worten und Begriffen → Sie erklären Ihrem neuen, fachfremden Mitarbeiter in der Personalabteilung, dass Sie jemanden für die Abrechnung benötigen, Sie meinen die zahnärztliche Abrechnung, der Mitarbeiter aus dem Bereich HR denkt sofort an die Lohn- und Gehaltsabrechnung.
- **Kulturelle Barrieren**
  Unterschiedliche kulturelle Hintergründe und Erwartungen → Sie befördern eine Zahnärztin als Teamleiterin und ein Zahnarzt hat aus kulturellen Prägungen ein Problem mit einer Frau als Führungskraft.

6. Effektive Kommunikationstechniken
Diese sollen Ihnen schlussendlich helfen, Kommunikation erfolgreich zu gestalten:

- **Aktives Zuhören**
  Bewusstes und aufmerksames Zuhören, um die Nachricht des Senders vollständig zu verstehen. Die hohe Kunst der Führungskräfte und das A und O im Mitarbeitergespräch. Achten Sie darauf, im Gespräch wirklich aktiv dabei zu sein. Sobald Sie sich schon Antworten im Kopf zurechtlegen, sind Sie nicht mehr zu 100 % in der Rolle des Zuhörers.

- **Klarheit und Präzision**
  Bezeichnet eine deutliche und präzise Ausdrucksweise, um Missverständnisse zu vermeiden. In der Führung von Mitarbeitern hilft Ihnen klare Kommunikation erheblich, um sicher aufzutreten und Akzeptanz vom Mitarbeiter zu erhalten. Je klarer Sie kommunizieren, umso mehr Sicherheit geben Sie Ihren Mitarbeitern in der Ausführung ihrer Aufgaben.
- **Empathie**
  Sich in die Lage des Gegenübers versetzen und dessen Perspektive nachvollziehen. Empathie kann schlecht gelernt werden, achten Sie darauf, dass Ihre Führungskräfte diese mitbringen. Bringen Sie immer wieder Beispiele, in denen Mitarbeiter ein besonders empathisches Auftreten an den Tag legten. Dies ist auch im Umgang mit Ihren Patienten wichtig.
- **Feedback geben und annehmen**
  Bedeutet, eine Rückmeldung zur erhaltenen Nachricht zu geben und offen für Rückmeldungen sein. Nehmen Sie Rückmeldungen auch von Ihnen untergeordneten Mitarbeitern ernst und vor allem an. Nutzen Sie neben Teambesprechungen auch Mitarbeitergespräche und bitten Sie Ihre Mitarbeiter aktiv um Feedback.

  Geben Sie Ihren Führungskräften regelmäßig Feedback zu ihrem Führungsstil, evaluieren Sie mit ihnen gemeinsam, ob dieser Ihren Werten entspricht.

Diese Grundlagen bieten Ihnen eine Basis, um die Dynamik und Komplexität der menschlichen Kommunikation besser zu verstehen und effektivere Kommunikationsfähigkeiten zu entwickeln. Vielleicht war es Ihnen auch nur als Auffrischung dienlich.

Da es sich hierbei um Grundlagen handelt, empfehle ich Ihnen, diese stets im Hinterkopf zu haben und gelegentlich in Erinnerung zu rufen. Finden Sie die für Sie und Ihre Praxiskultur wichtigsten Bestandteile und etablieren Sie diese in Ihrem täglichen Handeln, Ihren Werten und Überzeugungen. Zeigen Sie Ihrem Team, was Ihnen wichtig ist und übertragen Sie das auf Ihre Führungskräfte.

Eine gute Kommunikation ist ein wichtiger Bestandteil einer positiven Führungskultur. Dabei geht es nicht nur um die Weitergabe von Informationen, sondern auch um den Austausch von Ideen und Feedback innerhalb des Teams. Eine offene und konstruktive Kommunikation schafft Vertrauen und fördert ein besseres Arbeitsklima.

Führungskräfte sollten daher darauf achten, regelmäßige Teammeetings abzuhalten und auch Einzelgespräche mit ihren Mitarbeiterinnen und Mitarbeitern zu führen. Dabei ist es wichtig, sowohl positive als auch konstruktive Kritik zu äußern und auch auf die Meinungen der Teammitglieder einzugehen. Immer im Sinne Ihrer Werte und der Praxiskultur.

6.4.3 Förderung der Führungskräfte

Sie als Vorbild fordern und fördern Ihre Führungskräfte, in dem Sie authentisch und offen agieren.

Die Grundlagen der Führungsstile und der Kommunikation sollen Sie dazu ermuntern, sich mit Ihren persönlichen Führungskompetenzen auseinanderzusetzen. Je klarer Sie sind, umso klarer können Ihre Führungskräfte selbst ihre Rollen ausführen. Finden Sie Ihre Führungskultur, die zu Ihrer Praxiskultur und Ihnen selbst passt und begeben Sie sich nicht in eine Rolle, in der Sie sich nicht wohlfühlen. Reflektieren Sie Ihr Handeln regelmäßig.

Neben den zahlreichen (und auch in regelmäßigen Abständen unbedingt notwendigen!) Fort- und Weiterbildungen, Seminaren, Webinaren, Coachings und auch Literatur zum Thema Personalführung, unterstützen Sie Ihre Führungskräfte damit, Vorbild zu sein.

Leben Sie einen Führungsstil vor, den Ihre Mitarbeiter z. T. adaptieren und für sich im Kleinen individualisieren können, um gemeinsam erfolgreich zu sein. Nehmen Sie sich Zeit für Ihre Mitarbeiter, schätzen Sie sie Wert und unterstützen Sie sie in ihren eigenen Karrieren, um langfristig mit einem erfolgreichen Team arbeiten zu können.

6.5 Ihre Führungskraft als Vorbild

Die Führungskräfte sind in einer Praxis Vorbilder für ihre Mitarbeiterinnen und Mitarbeiter. Eine positive Einstellung, ein respektvoller Umgang mit anderen und eine hohe Arbeitsmoral können sich auf das gesamte Team übertragen. Das, was Sie bisher selbst gezeigt und an den Tag gelegt haben, übernehmen und adaptieren nun Ihre Führungskräfte in den jeweiligen Teams.

Daher ist es wichtig, dass Führungskräfte auch selbst an ihrer persönlichen Entwicklung arbeiten und sich weiterbilden. Eine offene und lernbereite Einstellung kann auch für die Mitarbeiterinnen und Mitarbeiter motivierend sein und dazu beitragen, dass sich die gesamte Praxis stetig weiterentwickelt.

6.5.1 Die Rolle der Führungskräfte

Ohne das Engagement und die Unterstützung der Führungskräfte kann Ihre Praxis nicht erfolgreich sein. Sie spielen eine wichtige Rolle bei der Identifikation von Entwicklungspotenzialen Ihrer Mitarbeiter und sollten sie aktiv unterstützen: im Arbeitsalltag, bei Problemen und Herausforderungen und auch bei der Planung und Umsetzung ihrer persönlichen Weiterentwicklung.

Wenn Sie sich dazu entschieden haben, Führungsebenen zu etablieren, ist es nun an der Zeit zu delegieren – spätestens. Nicht die Aufgaben in der Assistenz, wie beispielsweise das Herstellen von Provisorien – das haben Sie ja bereits erfolgreich delegiert. Hier beziehe ich mich auf Aufgaben mit Verantwortung, die in einer Zahnarztpraxis typischerweise vom Praxisinhaber selbst ausgeführt werden, wie beispielsweise zunächst das Innehaben der Funktion als direkter Vorgesetzter.

Bisher waren Sie vielleicht direkter Ansprechpartner aller Ihrer Mitarbeiter für jegliche Belange. Üben Sie sich darin, Aufgaben Stück für Stück abzugeben und Verantwortung sukzessive zu delegieren. Befähigen Sie Ihre Führungskräfte darin, selbst Verantwortung zu übernehmen und Entscheidungen zu treffen – auch wenn es zu Beginn schwerfällt und auch Fehler passieren.

Geben Sie das Führen von Mitarbeitergesprächen an Ihre Teamleiter ab. Diese arbeiten täglich mit ihren jeweiligen Teams zusammen und können deren Leistung und Befinden ab einer gewissen Praxisgröße oft besser einschätzen und beurteilen als Sie selbst. Auch Kritikgespräche können nach einer gewissen Einarbeitungszeit besser von Teamleitern geführt werden als von Ihnen selbst. Schulen Sie Ihre Führungskräfte in allen Bereichen des HR, die Sie hier erarbeitet haben. Je mehr Hintergrundwissen Ihre Führungskräfte haben, umso sicherer treten Sie auf, umso besser werden Sie im Team akzeptiert.

Überlegen Sie sich genau, welche Aufgaben von Ihnen selbst ausgeführt einen hohen Zeitaufwand erfordern und welche Aufgaben Sie davon guten Gewissens delegieren können.

Um auch für Ihre Teamleiter Klarheit zu schaffen, bietet es sich (spätestens) an diesem Punkt in der Praxisentwicklung an, Stellenbeschreibungen zu erstellen. Ich beziehe mich hier auf Stellenbeschreibungen, die einen Mehrwert bieten und nicht Stellenbeschreibungen, die sich in Ihrem QM-Order befinden, auf die keiner einen Blick wirft, geschweige denn weiß, wo diese abgelegt sind. Da Stellenbeschreibungen für Führungskräfte besonders hilfreich sind, finden Sie in Abb. 6.6 ein Beispiel, welches Sie individuell anpassen können.

Sie können die dargestellte Stellenbeschreibung selbstverständlich auch an Ihre Mitarbeiter ohne Führungsverantwortung anpassen. Achten Sie dann darauf, alle Mindestinhalte des QM zu ergänzen.

Bei dieser Stellenbeschreibung steht mehr die Klarheit der Aufgaben und Zuständigkeiten im Vordergrund und weniger, das Erfüllen von verwaltungstechnischer Mindeststandards des QM.

Diese Stellenbeschreibung dient als Hilfestellung und Klärung von Aufgaben und Verantwortlichkeiten für Sie und für Ihren Teamleiter. Passen Sie diese an und füllen Sie sie mit so vielen Informationen wie möglich, damit zwischen Ihnen und der Führungskraft Klarheit herrscht. Arbeitsrechtlich ersetzt sie eine zusätzliche Vereinbarung zum Arbeitsvertrag inkl. Kündigungsbedingungen an die Funktion geknüpft nicht.

6.5.2 Die Bedeutung von kontinuierlichem Lernen

Um wettbewerbsfähig zu bleiben und den Anforderungen des sich ständig verändernden Arbeitsmarktes gerecht zu werden, ist kontinuierliches Lernen unerlässlich. Dies gilt für Sie, für Ihre Mitarbeiter und auch im Besonderen für Ihre Führungskräfte.

Sie sollten daher die Möglichkeit für Ihre Mitarbeiter schaffen, sich regelmäßig weiterzubilden und neue Fähigkeiten zu erwerben. Dies hat insbesondere für Führungskräfte

Stellenbeschreibung Teamleiter Assistenz

Stelleninhaber: Marie Schulz

Seit: 01.07.2024

Überblick

Als Teamleiter Assistenz ist der Stelleninhaber verantwortlich für die gesamte Organisation rund um die Assistenz in der zahnärztlichen Behandlung und führt hierzu organisatorisch das gesamte Assistenzteam. Er ist verantwortlich für die Ausbildung unserer Auszubildenden ZFAs und fördert deren fachliche und schulische Ausbildung. Weiter ist der Stelleninhaber verantwortlich für die korrekte Durchführung der der Abteilung Assistenz zugehörigen Zusatzfunktionen. Die Wochenstunden des Stelleninhabers werden prozentual verteilt zwischen der Assistenz in der zahnärztlichen Behandlung selbst und zur Verfügung gestellter Zeit für die Organisation und Führung der Abteilung Assistenz

Das sind die wichtigsten Infos

Voraus-setzung	Persönliche Eigenschaften	Zusatzfunk-tionen der Abteilung	Aufgaben	Verteilung
Abschluss ZFA, mind. 2 Jahre Berufs-erfahrung	Empathie, Durchsetzungs-stärke, kommunikativ, organisiert	Hygiene, Steri, Röntgen, Azubis, Mat.-Bestellung	Einsatz- und Urlaubs-planung, MA-Gespräche, Assistenz	75% Assistenz, 25% Führung und Orga

Abb. 6.6 Stellenbeschreibung Teamleiter Assistenz

hohe Relevanz, um u. a. auch die Möglichkeit zu haben, sich mit anderen Führungskräften auszutauschen und den persönlichen Horizont zu erweitern.

Das Lernen kann dabei auf verschiedene Arten stattfinden, sei es durch interne Schulungen, externe Seminare oder auch E-Learning-Angebote. Wichtig ist, dass die Mitarbeiter selbst Verantwortung für ihre eigene Weiterbildung übernehmen und sich aktiv um ihre

Sonstige Informationen

MA-Gespräche	Der Stelleninhaber verpflichtet sich, 1x pro Jahr mit den Mitarbeitern seines Teams MA-Gespräche nach unseren Leitlinien zu führen. Hierzu holt er sich zusätzlich zu seiner Einschätzung Feedback des jeweiligen Behandlers ein.
Weiterbildung	Der Stelleninhaber nimmt 1x jährlich an einer Fort-/Weiterbildung zum Thema Führung teil und bereitet im Anschluss die wichtigsten Learnings für die anderen Teamleiter auf.
Entwicklung der Abteilung	Der Stelleninhaber trägt aktiv zur Weiterentwicklung der Abteilung Assistenz und zu den damit verbundenen Zusatzaufgaben bei.
Vergütung	Der Stelleninhaber erhält für die Ausübung der Funktion als Teamleiter eine Funktionszulage iHv 500,- € pro Monat.

Ich erkläre mich als Stelleninhaber mit der Zusatzfunktion als Teamleiter Assistenz einverstanden mit der Übernahme der Funktion und der damit verbundenen Aufgaben.

Datum: ______________________________

Unterschrift: ___________________________

Abb. 6.6 (Fortsetzung)

persönliche Entwicklung bemühen. Integrieren Sie dieses Thema in Ihrer Praxiskultur, um sie in der Praxis präsent zu haben und sich im Wettbewerb von anderen Praxen abzuheben.

Für den Themenbereich Führung und HR kann ich durchaus empfehlen, auf fachfremde Schulungsanbieter zurückzugreifen. Dies führt zu einem Perspektivenwechsel Ihrer Führungskräfte und gewährt Einblicke in Strukturen anderer Unternehmen.

Entscheiden Sie sich für die interne Besetzung und somit für eine Beförderung eines Mitarbeiters, legen Sie Wert auf Weiterbildung noch vor Antritt der Stelle. Befähigen Sie Ihre zukünftige Führungskraft, die Rolle von Beginn auszufüllen. Nicht mit Aufgaben, sondern mit Expertise und Selbstbewusstsein.

Kontinuierliches Lernen kann auch direkt von der Führungskraft ins Team getragen werden. Lassen Sie bzw. Ihre Führungskräfte ihre Mitarbeiter eigenständig kleine Inhouse-Schulungen vorbereiten. Jeder Mitarbeiter, der eine Fort- oder Weiterbildung besucht hat, kann zum Beispiel einen kurzen Impulsvortrag für die nächste Teambesprechung vorbereiten. Inhaltlich sollte er sich auf die wesentlichen Aspekte und Learnings konzentrieren.

So kann jeder Mitarbeiter profitieren und Sie nehmen das Thema des kontinuierlichen Lernens leicht in Ihren Praxisalltag mit auf.

In diesem Sinne sollten Führungskräfte in Ihrer Praxis immer daran arbeiten, das Beste aus ihrem Team herauszuholen und es weiterzuentwickeln. Denn letztendlich sind es die Mitarbeiterinnen und Mitarbeiter, die den Erfolg Ihrer Praxis ausmachen. Eine gute Führungskraft kann dabei als Vorbild fungieren und das Team motivieren sowie unterstützen, um gemeinsam erfolgreich zu sein. Also nehmen Sie sich Zeit für eine gute Teamführung und investieren Sie in die Entwicklung.

6.6 Fazit und Learning – Führungskräfte

Sie haben in diesem Kapitel viel gelernt und wieder aufgefrischt.

Die Darstellung der Organigramme hilft Ihnen für Ihr Verständnis unterschiedlicher Führungsstrukturen und Hierarchieebenen. Passen Sie es – wie alle anderen Vorlagen in diesem Buch auch – an Ihre individuellen Praxisgegebenheiten an und sehen Sie diese als Basis.

Wenn Sie sich dazu entscheiden Führungskräfte einzustellen und noch mehr Aufgabenbereiche zu delegieren, wählen Sie diese mit Bedacht aus. Überlegen Sie, ob eine interne Beförderung oder eine externe Neubesetzung für Ihre Praxis am meisten Sinn macht.

Unterstützen Sie Ihre Führungskräfte, gerade zu Beginn. Nehmen Sie sich die Zeit diese auszubilden, Gespräche zu führen und lassen Sie sie mit ihren täglichen Herausforderungen nicht allein. Seien Sie Vorbild und kommunizieren Sie klar und unmissverständlich.

Sie haben Ihre Kenntnisse rund um das Thema Kommunikation aufgefrischt und können diese wieder bewusster anwenden. Lehren Sie auch Ihre Führungskräfte bewusst zu kommunizieren und Vorbild zu sein.

Fazit

Kommunizieren Sie – mit Ihrem gesamten Team. Regelmäßig, transparent, klar und bewusst.

Fazit 7

Schön, dass Sie bis hierhin durchgehalten haben. Sie haben nun umfangreiches Fachwissen zum gesamten Aufgabenspektrum aus HR – herzlichen Glückwunsch!

Mir ist bewusst, dass Zahnmediziner in ihrem Studium vor allem eines gelehrt bekommen, das ist die Zahnmedizin. Mit Erhalt Ihrer Approbation sind Sie aber nicht nur Behandler, sondern auch Führungskraft. Und mit einer Praxisgründung sind Sie nicht nur Führungskraft, sondern auch Arbeitgeber. Und das, ohne dass hierauf in Ihrem Studium Bezug genommen wurde.

Ich hoffe, ich konnte Sie zu allen Themenbereichen abholen und vor allem sensibilisieren. Ich lade Sie herzlich ein, mit mir in den Dialog oder auch gerne in die Diskussion zu gehen. Der einfachste Weg ist LinkedIn. Kontaktieren Sie mich aktiv, ich freue mich über jede Vernetzung mit Kollegen aus der Branche. Nutzen Sie diese Plattform auch gleich dafür, sichtbar zu werden. Immer mehr Menschen aus der dentalen Welt finden den Weg hierher. Sie haben ja nun gelernt, wie Sie sich gut positionieren und können das gleich live ausprobieren. Denn gutes Personal können Sie heute überall finden – auch in der Welt des Social Media.

Ihre Recruiting Strategie können Sie hier auch gleich ausprobieren. Einen Teil Ihrer Zielgruppe werden Sie bestimmt finden.

Ich wünsche Ihnen persönlich viel Erfolg und vor allem viel Spaß mit dem Aufbau eines nachhaltigen Personalmanagements in Ihrer Zahnarztpraxis.

J.-K. Jonen, *Nachhaltiges Personalmanagement in der Zahnarztpraxis*,
https://doi.org/10.1007/978-3-658-47559-8_7

Literatur

Canva (2024a): *Female office worker.* @gettysignature, ivosevicv. https://www.canva.com/photos/MAED3CphGV8-female-office-worker/, zugegriffen am 27.01.2025

Canva (2024b): *I Will Be Happy To Join.* @sergeynivens. https://www.canva.com/photos/MACf6uXWgMU-i-will-be-happy-to-join/, zugegriffen am 27.01.2025

Canva (2024c): *Confident female legal consultant explaining document specific.* @gettyimages MangoStar_Studio. https://www.canva.com/photos/MADnQY8AVxo-confident-female-legal-consultant-explaining-document-specific/, zugegriffen am 27.01.2025

Canva (2024d): *Group of Students with Instructor during Photography Classes.* @pixelshot. https://www.canva.com/photos/MAD-UzM0BQs-students-with-instructor-during-photography-class/, zugegriffen am 27.01.2025

Canva (2024e): *Woman Creating Vision Board with Different Photos Indoors.* @africa-images. https://www.canva.com/photos/MAGZgHXPpUI-woman-creating-vision-board-with-different-photos-indoors/, zugegriffen am 27.01.2025

Kotter, John P. (2011): *Leading Change*, München: Vahlen

Krieger, Wolf Reiner (2022): *Praxishandbuch Employer Branding: Mit starker Arbeitgebermarke eine sinnstiftende Arbeitswelt gestalten*, 4. Auflage, Freiburg: Haufe

Röhner, Jessica; Schütz, Astrid (2020): *Psychologie der Kommunikation*; 3. Auflage, Wiesbaden: Springer

Schirmer, Uwe; Woydt, Sabine (2023): *Mitarbeiterführung*; 4. Auflage, Wiesbaden: Springer

J.-K. Jonen, *Nachhaltiges Personalmanagement in der Zahnarztpraxis*,
https://doi.org/10.1007/978-3-658-47559-8

FSC
www.fsc.org
MIX
Papier | Fördert gute Waldnutzung
FSC® C083411

Kolibri 360 GmbH
Ferdinand-Jühlke-Straße 7
99095 Erfurt, Deutschland
produktsicherheit@kolibri360.de